A Grande Regressão

ORGANIZAÇÃO

HEINRICH GEISELBERGER

A GRANDE REGRESSÃO

Um debate internacional sobre os novos populismos — e como enfrentá-los

Tradução

Silvia Bittencourt
Alexandre Hubner
Débora Landsberg
Sérgio Molina
Luciano Vieira Machado

2ª edição

Estação Liberdade

Preparação Editora Estação Liberdade | Revisão Beatriz Carneiro e Gabriel Joppert | Supervisão editorial Letícia Howes | Edição de arte Miguel Simon
Direção editorial Angel Bojadsen

A tradução deste livro foi gentilmente financiada pelo Ministério das Relações Exteriores da República Federal da Alemanha.

CIP-BRASIL. CATALOGAÇÃO NA PUBLICAÇÃO
SINDICATO NACIONAL DOS EDITORES DE LIVROS, RJ

G779

A grande regressão : um debate internacional sobre os novos populismos e como enfrentá-los / Arjun Appadurai ... [et al.] ; tradução Silvia Bittencourt ... [et al.]. - 1. ed. - São Paulo : Estação Liberdade, 2019.
352 p. ; 21 cm.

Tradução de: Die große regression
ISBN 978-85-7448-303-0

1. Populismo. 2. Direita e esquerda (Ciência política). I. Appadurai, Arjun. II. Bittencourt, Silvia.

19-57793 CDD: 320.5662
CDU: 323.2

Meri Gleice Rodrigues de Souza - Bibliotecária CRB-7/6439
17/06/2019 24/06/2019

Esta publicação segue as normas do Acordo Ortográfico da Língua Portuguesa, Decreto nº 6.583, de 29 de setembro de 2008.

Editora Estação Liberdade Ltda.
Rua Dona Elisa, 116 | Barra Funda
01155-030 São Paulo – SP | Tel.: (11) 3660 3180
www.estacaoliberdade.com.br

Sumário

Prefácio

"Quando uma ordem mundial desaba,
inicia-se a reflexão a seu respeito."
ULRICH BECK, 2011[1]

A ideia deste livro surgiu no final do outono de 2015, após uma série de atentados ter abalado Paris, em 13 de novembro, e a discussão sobre a chegada de centenas de milhares de refugiados ter se tornado cada vez mais intensa na Alemanha. O trato político, midiático e discursivo para com esses acontecimentos deixou a impressão de que o mundo voltara de repente para trás dos padrões arduamente alcançados e tidos como seguros.

Em um contexto imediato de terrorismo e migração está o fato de que ao redor do mundo se expandem os territórios onde não vigora mais um Estado. Os três países de origem da maioria das pessoas que pediram asilo na Alemanha em 2016 — Síria, Afeganistão e Iraque — ocupam os primeiros lugares no *Fragile State Index* daquele

1. Ulrich Beck. "Kooperieren oder scheitern. Die Existenzkrise der Europäischen Union". In: *Blätter für deutsche und internationale Politik 2* (2011), p. 41-53.

ano, elaborado pela ONG Fund for Peace.[2] Enquanto as manchas brancas nos mapas tornavam-se cada vez menores ao longo dos séculos, isto parece agora ir em outra direção: nos tempos de Google Maps, crescem paradoxalmente os territórios sobre os quais pouco se sabe e que os antigos cartógrafos teriam descrito com a frase *hic sunt leones*.

Muitas reações políticas frente aos atentados terroristas e aos movimentos migratórios encaixam-se, por sua vez, em um modelo que poderíamos qualificar de "securitização" (*securitization*) e de política simbólica pós-democrática: tornaram-se barulhentos os apelos por cercas ou mesmo por ordens de disparo nas fronteiras; o presidente francês impôs o estado de exceção e declarou que o país encontrava-se em guerra. Incapazes de tratar as causas globais de desafios como migração, terrorismo e crescente desigualdade com meios nacionais ou confrontá-las com estratégias de longo prazo, cada vez mais políticos preferem aplicar o *law and order* em seu país e prometer torná-lo "grande" de novo.[3] No seu papel de empregados, cossoberanos, estudantes ou usuários da infraestrutura pública, não se pode mais oferecer muita coisa aos cidadãos e cidadãs nos tempos de austeridade. Assim, o ponto principal da ação política desloca-se para a dimensão do pertencimento nacional, para a promessa de segurança e restabelecimento do (suposto) brilho de tempos passados.

2. J. J. Messner. *Fragile State Index 2016*. Washington: The Fund for Peace, 2016, p. 7.

3. Ver também Zygmunt Bauman. *Estranhos à nossa porta*. Rio de Janeiro: Zahar, 2017.

Seria possível aumentar a lista dos sintomas da recaída quase de forma ilimitada: com o desejo de uma desglobalização anárquica e unilateral ou com o surgimento do movimento identitário, por exemplo, na França, Itália e Áustria; com a xenofobia e islamofobia crescentes; com uma onda da chamada criminalidade do ódio; e, naturalmente, com a ascensão de demagogos autoritários como Rodrigo Duterte, Recep Tayyip Erdoğan ou Narendra Modi.

Tudo isto se associou, já no final do outono de 2015, a um histerismo e brutalização do discurso público e a certo instinto apocalíptico por parte das mídias consolidadas. Aparentemente, não se podia mais falar de fuga e migração sem empregar conceitos de campos lexicais como "catástrofes naturais" e "epidemias".[4] Em vez de clamar por descontração e pragmatismo ou contextualizar os acontecimentos historicamente e, desta forma, relativizá-los, o perigo do terror e a migração foram estilizados, não só na Alemanha, como os maiores desafios — e, assinalemos, não desde a reunificação, mas desde a Segunda Guerra Mundial. E tanto nas manifestações como na internet circulam, de repente, conceitos como "imprensa mentirosa", "ditadura da chanceler" e "traidores do povo".

Sintomas como estes serão discutidos neste livro sob o conceito da "grande regressão". Este deve exprimir, para

4. O que seria visualmente salientado pelo fato de que as fotos correspondentes mostravam, com frequência, pessoas usando máscara bucal (para o que deve haver motivos práticos), como é o caso da jornalista húngara, que em setembro de 2015 deu pontapés nos refugiados.

além de toda crença progressista ingênua — provavelmente implicada no conceito —, que os "efeitos-catraca" parecem ter sido anulados nos mais diversos campos e que nos tornamos testemunhas de uma perda de "civilidade" considerada definitiva.[5] Entretanto, o termo deve caracterizar, ao mesmo tempo, outro fenômeno: o fato de que o debate sobre os efeitos da globalização caiu, às vezes, para aquém do nível que ele alcançara cerca de vinte anos atrás. Duas previsões — que hoje podem ser consideradas proféticas — foram várias vezes lembradas logo depois da eleição de Donald Trump: a frase de Ralf Dahrendorf, segundo a qual o século XXI poderia se tornar "o século do autoritarismo"[6], e o livro de Richard Rorty *Achieving Our Country*, no qual ele problematiza os efeitos da globalização (e o papel da "esquerda cultural") e lista toda uma série de possíveis retrocessos: a ascensão de "demagogos ordinários", um aumento da desigualdade social e econômica, o irromper de um "mundo orwelliano", uma revolta dos mais frágeis, um retorno do "sadismo", do ressentimento e dos comentários depreciativos sobre mulheres e membros de minorias.[7]

5. Ver também, a respeito do conceito "modernização regressiva", Oliver Nachtwey. *Die Abstiegsgesellschaft. Über das Aufbegehren in der regressiven Moderne*. Berlim: Suhrkamp, 2016.

6. Ralf Dahrendorf. "Anmerkungen zur Globalisierung". In: *Perspektiven der Weltgesellschaft*. Org. Ulrich Beck. Frankfurt: Suhrkamp, 1998, p. 41-54, p. 52 e seguintes.

7. Richard Rorty. *Stolz auf unser Land. Die amerikanische Linke und der Patriotismus*. Frankfurt: Suhrkamp, 1999, sobretudo o capítulo 4, "Eine kulturelle Linke", p. 43-103, p. 81 e seguintes. [Ed. orig.: *Achieving Our Country: Leftist Thought in Twentieth-Century America*. Cambridge: Harvard University Press, 1999.]

A coletânea na qual se encontra a perspectiva de Dahrendorf aqui citada surgiu em 1998 e, com ela, chegou-se ao auge de uma primeira onda de reflexão sobre a globalização. Ao folhear os livros daquele ano, nos deparamos com outras frases que podem servir como comentários sobre os acontecimentos de 2016. Wilhelm Heitmeyer chamava a atenção para um "capitalismo autoritário", uma "política de repressão estatal" e um "populismo de direita brutal".[8] Dani Rodrik profetizava que a globalização levaria a uma "desintegração social", e advertia para o fato de que uma "recaída protecionista" não seria um cenário irrealista.[9]

Muitas dessas avaliações baseiam-se em algo como a "mecânica polanyiana" de uma segunda grande transformação. O historiador econômico austro-húngaro Karl

8. Wilhelm Heitmeyer. "Autoritärer Kapitalismus, Demokratieentleerung und Rechtspopulismus. Eine Analyse von Entwicklungstendenzen". In: *Schattenseiten der Globalisierung. Rechtsradikalismus, Rechtspopulismus und separatistischer Regionalismus in westlichen Demokratien*. Org. Dietmar Loch e Wilhelm Heitmeyer. Frankfurt: Suhrkamp, 1998, p. 497-534, p. 500.

9. Dani Rodrik. *Grenzen der Globalisierung. Ökonomische Integration und soziale Desintegration*. Frankfurt/Nova York: Campus, 2000 [1997], p. 86. Também podemos citar neste contexto, entre outros, Benjamin Barber. *Coca-Cola und Heiliger Krieg. Wie Kapitalismus und Fundamentalismus Demokratie und Freiheit abschaffen*. Berna/Munique/Viena: Scherz, 1996; Noam Chomsky. *Profit Over People. Neoliberalismus und globale Weltordnung*. Hamburgo/Viena: Europa Verlag, 2000; Viviane Forrester. *Der Terror der Ökonomie*. Viena: Zsolnay, 1997 [ed. bras.: *O horror econômico*, São Paulo: Unesp, 1997]; Robert B. Reich. *Die neue Weltwirtschaft. Das Ende der nationalen Ökonomie*. Berlim/Frankfurt: Ullstein, 1993; Harald Schumann e Hans-Peter Martin. *Die Globalisierungsfalle. Der Angriff auf Demokratie und Wohlstand*. Reinbek: Rowohlt, 1996; Joseph E. Stiglitz. *Die Schatten der Globalisierung*. Berlim: Siedler, 2002.

Polanyi esboça em seu clássico *The Great Transformation*, publicado em 1944, como a sociedade industrial capitalista surge no século XIX a partir de relações menores, feudais, marcadamente agrárias, integradas política, cultural e institucionalmente, trazendo uma série de consequências colaterais e movimentos contrários, até a economia adequar-se novamente aos patamares dos Estados de bem-estar nacionais.[10] Este desenvolvimento extensivo do ponto de vista geográfico e social repete-se agora, pois o capitalismo deixa para trás as fronteiras do Estado nacional — e mais uma vez com muitas consequências colaterais e movimentos contrários.[11] Basta lembrarmo-nos da fundação da Attac em 1998, da chamada "Batalha de Seattle" em 1999 e do primeiro fórum social internacional em 2001, em Porto Alegre, do lado da esquerda[12], e dos primeiros sucessos dos populistas críticos à globalização, à direita: do surpreendentemente forte desempenho de Pat Buchanan nas prévias dos Republicanos estadunidenses em 1996

10. Karl Polanyi. *The Great Transformation. Politische und ökonomische Ursprünge von Gesellschaften und Wirtschaftssystemen*. Frankfurt: Suhrkamp, 1978 [1944].

11. Ver também — referindo-se explicitamente a Polanyi — Philip G. Cerny. "Globalisierung und die neue Logik kollektiven Handels". In: *Politik der Globalisierung*. Org. Ulrich Beck. Frankfurt: Suhrkamp, 1998, p. 263-296.

12. Acompanhados naquele tempo por outros influentes diagnósticos jornalísticos e teóricos, devemos nos lembrar de livros como Naomi Klein. *No Logo! Der Kampf der Global Players um Marktmacht — ein Spiel mit vielen Verlierern und wenigen Gewinnern*. Munique: Riemann, 2001; ou Michael Hardt e Toni Negri. *Empire. Die neue Weltordnung*. Frankfurt/Nova York: Campus, 2002 [ed. bras.: *Império: a nova ordem política da globalização*, Rio de Janeiro: Record, 2000].

(e ao qual Rorty e Rodrik se referiram) ou do sucesso do FPÖ[13] de Jörg Haider, que conseguiu ser o segundo mais votado nas eleições parlamentares austríacas em 1998.

Resumindo as possíveis soluções daquela época, impunha-se uma readequação da economia desenfreada em um patamar global: através do estabelecimento de instituições transnacionais, a política devia dedicar-se a procurar soluções globais para problemas globais. Paralelamente a isto, devia surgir uma mentalidade correspondente, um sentimento cosmopolita do "nós".[14]

A ironia amarga consiste no fato de que os riscos da globalização esboçados naqueles tempos tornaram-se reais nos anos seguintes — terrorismo internacional, mudança climática, crise financeira e monetária e, finalmente, grandes movimentos migratórios —, apesar de não estarmos preparados para isto politicamente. E também do lado subjetivo não se instituiu um sentimento forte e cosmopolita do "nós". Experimentamos, muito mais, uma renascença étnica, nacional e confessional das diferenças entre o nós e o eles. Depois do suposto "fim da história", a lógica de uma "luta das culturas" substituiu surpreendentemente rápido o esquema "amigo-inimigo" da guerra fria.

Olhando sob este contexto, a regressão que se espalhou no final do outono de 2015, os acontecimentos seguintes — como o conflito na Síria, o resultado da votação do Brexit, o atentado em Nice, os sucessos da Alternativa

---

13. Freiheitliche Partei Österreichs ou Partido Austríaco da Liberdade (extrema-direita), que voltaria a integrar o governo em fins de 2017. [N.T.]

14. Ver também Ulrich Beck. *Der kosmopolitische Blick oder: Krieg ist Frieden*. Frankfurt: Suhrkamp, 2004.

para a Alemanha (Alternative für Deutschland — AfD) na Alemanha, a tentativa de golpe na Turquia e suas consequentes reações políticas, a vitória eleitoral de Trump, etc. — encaixaram-se muito bem neste panorama sombrio.

Enquanto se falou até agora sobretudo de riscos *da globalização*, vários ensaios desta coletânea enfatizam tratar-se de uma globalização de *mercado radical*; por isso poderíamos falar da mesma forma de riscos do *neoliberalismo*. Assim, os artigos aqui reunidos também podem ser entendidos como estudos sobre em quantos aspectos — citando Ernst Wolfgang Böckenförde de outra forma[15] — as democracias neoliberais vivem de precondições que elas mesmas não podem garantir: mídias que ofereçam certo pluralismo de opinião, associações intermediárias como sindicatos, partidos e organizações, nas quais as pessoas podem experimentar algo como uma autoeficácia; partidos realmente de esquerda, que consigam articular os interesses de meios diversos; e um sistema educacional que não reduza a educação ao fornecimento de "capital humano" e à "decoreba" dos critérios do Pisa.

Possivelmente, a grande regressão agora observada é o resultado de uma *combinação* de riscos da globalização e do neoliberalismo: os problemas resultantes da falta de condução política na interdependência global atingem

15. Lê-se no livro de Böckenförde, mesmo que em outro contexto: "O Estado liberal e secularizado vive de precondições que ele mesmo não pode garantir." (Ernst-Wolfgang Böckenförde. "Die Entstehung des Staates als Vorgang der Säkularisation". In: idem. *Staat, Gesellschaft, Freiheit. Studien zur Staatstheorie und zum Verfassungsrecht*. Frankfurt: Suhrkamp, 1977 [1967], p. 42-64, p. 60.)

sociedades que não estão preparadas para isto institucional e culturalmente.

Este livro quer retomar a discussão sobre a globalização dos anos 1990 e prossegui-la. Cientistas e intelectuais manifestam-se aqui sobre questões urgentes: Como chegamos a esta situação? Onde estaremos daqui a cinco, dez ou vinte anos? Como deter a regressão global e invertê-la? Trata-se de uma tentativa de estabelecer, frente a uma "Internacional dos Nacionalistas", algo como uma esfera pública transnacional em três níveis: no nível das colaboradoras e dos colaboradores, no nível dos fenômenos investigados e no nível da distribuição (a coletânea é publicada simultaneamente em vários países).

Meus agradecimentos vão, em primeiro lugar, às colaboradoras e aos colaboradores por sua prontidão em participar desta empreitada e produzir, em um tempo relativamente curto, textos substanciais. Além disso, agradeço às editoras parceiras por sua confiança no projeto, assim como a Mark Greif e John Thompson por seus conselhos. Esta coletânea é também um projeto editorial que não teria sido possível sem meus colegas da Suhrkamp. Por isso, um agradecimento especial vai para Edith Baller, Felix Dahm, Andrea Engel, Eva Gilmer, Petra Hardt, Christoph Hassenzahl, Christian Heilbronn, Nora Mercurio e Janika Rüter.

Berlim, dezembro de 2016
Heinrich Geiselberger

(tradução: Silvia Bittencourt)

Fadiga da democracia

Arjun Appadurai

A pergunta central da nossa época é se estaríamos testemunhando a rejeição mundial da democracia liberal e sua substituição por uma espécie de autoritarismo populista. Fortes sinais dessa tendência são vistos nos Estados Unidos de Trump, na Rússia de Putin, na Índia de Modi e na Turquia de Erdoğan. Também temos diversos exemplos de governos autoritários que já existiam (Orbán na Hungria, Duda e Kaczyński na Polônia) e aspirantes de destaque a governos autoritários de direita na França, na Áustria e em outros países da União Europeia. A população total desses países é de quase um terço da população total do mundo. Há um alarmismo crescente quanto a essa guinada global à direita, mas boas explicações para tanto são bem parcas. Neste artigo, tentarei apresentar uma explicação e um esboço de contraofensiva sob uma ótica europeia.

Líderes e seguidores

Precisamos repensar a relação entre líderes e seguidores nos novos regimes populistas que nos cercam. Nossos meios de análise tradicionais nos levam a imaginar que correntes sociais de destaque na esfera política têm a ver com coisas tais como carisma, propaganda, ideologia e outros fatores, todos inferindo a forte ligação entre líderes e seguidores. Hoje, é claro que líderes e seguidores estabelecem conexões, mas elas se baseiam nas coincidências parciais e acidentais entre as ambições, ideias e estratégias dos líderes e os temores, feridas e ódios de seus seguidores. Os líderes que ascenderam nos novos movimentos populistas têm estilos tipicamente xenófobos, patriarcais e autoritários. Os seguidores talvez partilhem de algumas dessas propensões, mas também estão assustados, zangados e ressentidos com o que a sociedade em que vivem fez por e com eles. É evidente que esses perfis se encontram, principalmente nas eleições (por mais que sejam manipuladas ou controladas). Mas o ponto de encontro nunca é fácil de entender. Por que alguns muçulmanos da Índia e dos Estados Unidos votam em Modi e Trump? Por que algumas mulheres dos Estados Unidos adoram Trump? Por que estratos da antiga República Democrática Alemã hoje votam em políticos de direita? Abordar esses enigmas nos obriga a pensar sobre os líderes e seguidores dos novos populismos de forma até certo ponto independente.

A mensagem vinda de cima

Os novos líderes populistas reconhecem que almejam a liderança nacional em uma época em que a soberania nacional está em crise. O sintoma mais impressionante dessa crise de soberania é que nenhum Estado-nação moderno controla sua economia nacional, como poderíamos chamá-la. É um problema tanto para as mais ricas como para as mais pobres das nações. Uma parte substancial da economia dos Estados Unidos está em mãos chinesas, os chineses têm uma dependência crucial de matérias-primas da África, da América Latina e de outras partes da Ásia, todo mundo depende em certa medida do petróleo do Oriente Médio e praticamente todos os Estados-nação modernos dependem dos armamentos sofisticados de um número pequeno de países ricos. Como base para a soberania nacional, a soberania econômica sempre foi um preceito duvidoso. Hoje, é cada vez mais irrelevante.

Na ausência de uma economia nacional que os Estados modernos possam alegar que protegem e fortalecem, não é surpresa ter havido uma propensão a que Estados de fato, bem como diversos movimentos populistas em ascensão, tentem reencenar a soberania nacional por meio do chauvinismo cultural dominante, do etnonacionalismo e da opressão às dissidências intelectuais e culturais internas. Em outras palavras, a perda generalizada da soberania econômica gera uma mudança rumo à ênfase na soberania cultural. Essa guinada em direção à cultura como espaço de soberania nacional se manifesta de várias formas.

Veja-se a Rússia nas mãos de Vladimir Putin. Em dezembro de 2014, Putin assinou um decreto estabelecendo uma política cultural pública para a Rússia centrada na máxima "A Rússia não é a Europa". Reflexo da hostilidade explícita ao Ocidente cultural e ao multiculturalismo europeu, caracterizado por Putin como "castrado e estéril"[1],

1. Vladimir Putin, discurso presidencial no Congresso Nacional (12 de dezembro de 2014); uma tradução do discurso para o inglês está disponível em: <http://en.kremlin.ru/events/president/news/19825> (acesso em janeiro de 2017).

ambas expressões carregadas de teor sexual, ele recruta a masculinidade russa como força política. Essa retórica é um apelo explícito à retomada dos valores russos tradicionais e se ancora em uma longa história de sentimento eslavófilo e política cultural russófila. O contexto imediato desse documento foi a batalha acerca do futuro da Ucrânia e fundamentou o cancelamento de shows do roqueiro russo anti-Kremlin Andrei Makarevitch, ao mesmo tempo em que refletia a perseguição mais duradoura ao conjunto musical Pussy Riot. A medida preconiza um "espaço cultural unificado" na Rússia inteira e deixa claro que a uniformidade e a singularidade culturais russas são ferramentas essenciais contra as minorias culturais no país e inimigos políticos no exterior.

A Turquia governada por Recep Tayyip Erdoğan também transformou a cultura em palco da soberania. O veículo principal dessa estratégia é a defesa do retorno às tradições, formas linguísticas e grandeza imperial otomanas (ideologia que seus críticos apelidaram de "neo-otomanismo"). Essa visão da Turquia também codifica suas ambições globais, sua resistência às intervenções russas no Oriente Médio e é um contrapeso ao desejo do país de fazer parte da União Europeia. Essa postura neo-otomana também é uma peça-chave dos esforços de Erdoğan para marginalizar e substituir o nacionalismo secular de Kemal Atatürk, o ícone da Turquia moderna, por um estilo de governo mais religioso e imperial. O país também testemunhou uma censura considerável da arte e das instituições culturais junto com a repressão direta à dissidência política popular, como ocorrido na praça Taksim em 2013.

Sob diversos aspectos, o melhor exemplo de como os novos líderes autoritários produzem e mantêm uma estratégia populista está em Narendra Modi, o ideólogo de direita que agora desfruta do cargo de primeiro-ministro da Índia. Modi tem uma longa carreira como partidário e ativista da direita hindu na Índia. Foi primeiro-ministro de Gujarat de 2001 a 2014 e foi implicado no genocídio de muçulmanos em Gujarat em 2002, depois de alguns muçulmanos atacarem um trem que transportava peregrinos hindus pelo estado. Muitos indianos progressistas ainda creem que Modi teve um papel ativo na orquestração desse genocídio, mas ele conseguiu superar inúmeras condenações judiciais e civis e vencer a campanha para se tornar o primeiro-ministro da Índia em 2014. Ele defende abertamente o *hindutva* (nacionalismo hindu) como ideologia diretriz da Índia e, assim como grande parte da safra atual de populistas autoritários mundo afora, combina o nacionalismo cultural extremado com políticas e projetos notoriamente neoliberais. Sob sua liderança de quase três anos, houve um número inaudito de investidas contra as liberdades sexual, religiosa, cultural e artística na Índia, ancoradas na desarticulação sistemática do legado secular e socialista de Jawaharlal Nehru e da visão não violenta de Mahatma Gandhi. No governo Modi, a guerra com o Paquistão está sempre a um passo de distância, os muçulmanos da Índia vivem com um medo cada vez maior e os *dalits* (castas mais baixas, antes "intocáveis") são atacados e humilhados descaradamente todos os dias. Modi juntou o léxico da pureza étnica com o discurso da limpeza e do saneamento. As imagens culturais da Índia no exterior, que destacam a mistura de modernidade digital e autenticidade hindu, e o domínio hindu no próprio país são os pilares da soberania indiana.

E esse também é o caso do nosso último pesadelo, a vitória de Donald Trump nas eleições dos Estados Unidos, em 8 de novembro de 2016. Como esse acontecimento ainda é bastante recente, nos falta algum recuo. Porém, desde que foi eleito, Trump já começou a pôr em prática suas propostas de campanha com as escolhas de gabinete e as declarações acerca das medidas que tomará. Não podemos esperar que sua vitória modere seu estilo. O recado de Trump, que mistura misoginia, racismo, xenofobia e megalomania num grau inédito na história recente, é centrado em duas mensagens extremas, uma implícita e outra explícita. A mensagem explícita é sua meta de "tornar a América grande outra vez" por meio do reforço das opções militares dos Estados Unidos no exterior, da renegociação de vários acordos de comércio que acredita terem diminuído a riqueza e o prestígio do país, de livrar as empresas estadunidenses de diversas limitações tributárias e ambientais e, acima de tudo, do cumprimento da promessa de "registrar" todos os muçulmanos que estão nos Estados Unidos, deportar todos os ilegais, reforçar as fronteiras do país e aumentar enormemente o controle imigratório. A mensagem implícita é racista e racial, e fala aos estadunidenses brancos com a sensação de que perderam sua dominância imaginária da política e da economia estadunidenses para os negros, latinos e migrantes de todos os tipos. O maior sucesso retórico de Trump é pôr os gregos da "brancura" dentro do Cavalo de Troia de cada uma de suas mensagens sobre a grandeza "americana" para que a ideia de tornar a América grande outra vez seja o modo público de prometer que os brancos da América serão grandes outra vez. Essa é a primeira vez que um recado sobre o poder dos Estados Unidos no mundo se torna um canto da sereia para tornar os brancos a classe dominante dos e nos Estados Unidos outra vez. A mensagem sobre a salvação da economia estadunidense foi transformada em uma mensagem sobre a salvação da raça caucasiana.

Portanto, é isso o que os líderes dos novos regimes populistas autoritários têm em comum: a admissão de que nenhum deles pode de fato controlar a economia de seus países, refém de investidores estrangeiros, acordos globais, finanças transnacionais, mão de obra móvel e capital de modo geral. Todos eles prometem a purificação da cultura nacional como via de poder político global. Todos são simpáticos ao capitalismo neoliberal, cada um com a própria versão de como fazê-lo funcionar para a Índia, a Turquia, os Estados Unidos e a Rússia. Todos buscam converter poder brando em poder coercitivo. E nenhum deles tem restrições quanto a reprimir minorias e dissidentes, abafar a liberdade de expressão ou usar as leis para sufocar os oponentes.

Esse pacote mundial também é visível na Europa: no Reino Unido de Theresa May, na Hungria de Viktor Orbán, na Polônia de Andrzej Duda e Jarosław Kaczyński e em inúmeros partidos de direita cada vez mais ruidosos e "predominantes" em praticamente todos os países. Na Europa, os barris de pólvora que geram essa tendência são o medo da última onda de migrantes, a raiva e o choque diante de vários ataques terroristas em algumas de suas cidades mais importantes e, é claro, o impacto do voto pelo Brexit. Consequentemente, demagogos e líderes populistas autoritários são vistos em todos os cantos do velho continente e também atuam com a mesma mistura de neoliberalismo, chauvinismo cultural, ira contra os imigrantes e fúria majoritária de acordo com os exemplos relevantes discutidos neste ensaio. Temos, portanto, uma primeira impressão sobre como enxergar os líderes dos novos populismos autoritários e a atração que exercem. Mas o que dizer de seus seguidores?

Vox Populi

Sugeri anteriormente que uma explicação para o sucesso mundial dos populistas autoritários não deve partir do pressuposto de que os seguidores simplesmente endossam ou reproduzem as crenças dos líderes que parecem adorar. Existe, óbvio, certa coincidência ou compatibilidade entre o que esses líderes criticam ou prometem e as crenças ou temores dos seguidores. Mas essa justaposição é parcial, e as legiões de admiradores que possibilitaram a Modi, Putin, Erdoğan e Trump, bem como a May, Orbán e Duda na Europa, alcançar ou manter o poder têm seus próprios universos de crenças, afetos e motivações. A fim de entender como são esses universos, retomo as famosas ideias apresentadas pelo filósofo e economista político Albert O. Hirschman no brilhante livro *Saída, voz e lealdade*.[2] Hirschman proporciona uma interpretação muito esclarecedora de como os seres humanos reagem à decadência

2. Albert Hirschman, *Saída, voz e lealdade: reações ao declínio de firmas, organizações e estados*. São Paulo: Perspectiva, 1973.

de produtos, organizações e Estados continuando leais a eles, abandonando-os ou permanecendo com eles no intuito de protestar contra a deterioração "expressando" sua oposição, resistência ou reclamações na esperança de conserto ou reformulação. A grande originalidade da análise de Hirschman foi o vínculo do comportamento do consumidor ao comportamento organizacional e político, e sua abordagem foi um passo vital para compreendermos por quanto tempo e em quais circunstâncias pessoas comuns seriam capazes de tolerar a decepção com bens e serviços antes de mudar de marca, de organização ou de país. Publicada em 1970, a obra de Hirschman representou uma perspectiva densa sobre as democracias capitalistas modernas antes que a globalização começasse a destruir a lógica das economias nacionais, comunidades locais e identidades baseadas na geografia. Também foi escrita antes da ascensão da internet e das mídias sociais e, portanto, não poderia ter previsto a natureza da decepção e do protesto no mundo do século XXI.

Ainda assim, as ideias de Hirschman lembram que o Brexit é acima de tudo uma saída e que a saída sempre tem relação com a lealdade e a voz. Como o uso que Hirschman faz desses termos nos auxilia hoje em dia? Sugiro que, do ponto de vista da massa de seguidores que apoiam Trump, Modi, Erdoğan e as outras figuras do populismo autoritário estabelecidas ou em ascensão, a saída que muitos apoiam atualmente é uma forma de voz, não uma alternativa a ela. Falando de modo mais concreto, Hirschman tinha razão ao declarar que as eleições eram a grande via pela qual os cidadãos davam voz e demonstravam decepção ou satisfação com seus líderes.

Mas as eleições de hoje — e a recente eleição nos Estados Unidos é um exemplo excelente — transformaram-se em uma via de "saída" da democracia em si em vez de ser um meio de corrigir e debater a política democraticamente. Os cerca de 62 milhões de estadunidenses que votaram em Trump votaram nele e contra a democracia. Nesse sentido, o voto deles foi um voto pela "saída". E assim foi também com a eleição de Modi, a eleição de Erdoğan e a pseudoeleição de Putin.

Em todos esses casos, e na maioria dos bolsões populistas da Europa, existe uma fadiga da própria democracia, e essa fadiga é a base do sucesso eleitoral de líderes que prometem revogar todos os elementos independentes, deliberativos e inclusivos de suas versões nacionais de democracia. Pode-se fazer a objeção de que todos os líderes populistas vicejam a partir dessa frustração com a democracia e constroem suas carreiras a partir dela, remontando a Stalin, Hitler, Perón e muitos outros líderes da primeira metade do século XX que exploraram o fracasso das democracias de suas épocas e lugares. Portanto, o que há de novo na fadiga em relação à democracia hoje em dia?

Há três modos em que a atual sensação predominante de cansaço da democracia tem um contexto e uma lógica singulares. A primeira é que a expansão da internet e das mídias sociais a setores crescentes da população e a acessibilidade da busca de pares, construção identitária, propaganda e mobilização baseadas na web criaram a ilusão perigosa de que todos podemos encontrar semelhantes, aliados, amigos, colaboradores, convertidos e colegas, independentemente de quem somos e do que desejamos. A segunda é o fato de que todos os Estados-nação perderam terreno nas tentativas de manter qualquer simulacro de soberania econômica. O terceiro fator é que a propagação mundial da ideologia dos direitos humanos deu um mínimo de apoio a forasteiros, estrangeiros e migrantes em praticamente todos os países do mundo, ainda que enfrentem recepções hostis e condições rigorosas em qualquer lugar para onde se mudem. Juntos, esses três fatos intensificaram a intolerância global contra o devido processo legal, a racionalidade deliberativa e a paciência política que sistemas democráticos sempre exigem. Quando acrescentamos a esses três fatores o aprofundamento mundial da desigualdade econômica, a erosão global do bem-estar social e a penetração planetária das indústrias financeiras que prosperam ao multiplicar a ideia de que todos corremos o risco de um desastre financeiro, a impaciência com as vagarosas temporalidades da democracia é composta de um clima constante de pânico econômico. Os mesmos líderes populistas que prometem a prosperidade para todos muitas vezes produzem intencionalmente esse tipo de pânico. A recente decisão tomada por Narendra Modi, de erradicar o dinheiro do "mercado negro" (riqueza monetária não tributada) da economia indiana tirando de circulação as cédulas de 500 e de 1.000 rupias, é um exemplo excelente de pânico financeiro e aperto econômico induzido. Na Índia de hoje, essas cédulas são parte vital do cotidiano para operadores comerciais de pequeno porte, consumidores e trabalhadores pobres e de classe média, já que valem cerca de 7 e 14 euros, respectivamente.

Assim, um novo capítulo está sendo escrito na história mundial dos populismos autoritários, e ele se baseia na justaposição parcial das ambições e promessas de seus líderes e da mentalidade de seus seguidores. Esses líderes detestam a democracia por ser um obstáculo à sua busca monomaníaca por poder. Os seguidores são vítimas da fadiga da democracia, percebendo na política eleitoral o melhor caminho para sair da democracia em si. O ódio e a exaustão encontram um denominador comum natural no âmbito da soberania cultural, representada em roteiros de vitória racial para maiorias ressentidas, pureza étnica nacional e renascimento global através das promessas de poder brando. Esse denominador comum cultural inevitavelmente esconde as enormes contradições entre as políticas econômicas neoliberais da maioria desses líderes autoritários e seu capitalismo de compadrio muito bem documentado somados à angústia e ao sofrimento econômico genuínos da maior parte de sua massa de seguidores. Também é o terreno de novas políticas de exclusão, cujos alvos são ou migrantes ou minorias étnicas internas ou ambos. Enquanto empregos, pensões e salários continuarem a diminuir, as minorias internas e os migrantes continuarão a ser os bodes expiatórios óbvios até que uma mensagem política persuasiva sobre a reestruturação de salários, bem-estar social e recursos públicos surja das vozes progressistas de esquerda. Para ser realista, não se trata de um projeto de curto prazo, mas é necessário que seja a grande prioridade de médio prazo. Nesse ponto, visto que a Europa está na vanguarda, concluo voltando ao velho continente.

Para onde vai a Europa?

As consequências do voto pelo Brexit ainda estão se desenrolando. Mas o resultado indica um estado de espírito na Europa que não é desvinculado da tendência global à direita e à ambivalência crescente em relação à União Europeia em vários de seus países-membros. Afora as particularidades da política no Reino Unido, algumas observações gerais me ocorrem.

A primeira é que o Brexit é apenas a versão mais recente de um debate longo e recorrente sobre o que é e o que significa a Europa. Essa discussão é tão antiga quanto a própria ideia de Europa. A questão da missão, da identidade e das fronteiras europeias nunca foi resolvida. Seria a Europa um projeto da cristandade ocidental? Seria a filha da lei e do império romanos? Ou da racionalidade e dos valores democráticos gregos? Ou do humanismo e secularismo renascentistas? Ou do universalismo e cosmopolitismo do Iluminismo? Essas imagens alternativas se enfrentam há séculos e continuam a ser temas de uma divisão profunda. São imagens adotadas por classes, regiões, nações e intelectuais diferentes em épocas diferentes, e nenhuma delas foi totalmente hegemônica. E nenhuma saiu de cena completamente. Também coexistiram com guerras internas sangrentas, cismas religiosos massivos e tentativas brutais de eliminar minorias, forasteiros, hereges e dissidentes políticos. A combinação de fatores permanece relevante hoje em dia.

Não é difícil ver que o medo de novos imigrantes (bem como das populações migrantes já existentes) é uma parte enorme do recente crescimento dos debates contra a União Europeia em seus países principais, tais como França, Holanda e Alemanha, bem como na Polônia, Hungria e Eslovênia, que se ressentem de tentativas que a liderança da União Europeia em Bruxelas fez de impor cotas, critérios e categorização legal a respeito de refugiados e outros migrantes a países que enfrentavam o impacto imediato de novas chegadas. Também é evidente que esse rancor pelo modo como a União Europeia aborda novos migrantes é agravado pela sensação de que ser parte da União é um prejuízo líquido em nome do bem-estar econômico de vários de seus países-membros. Tais saídas são tentativas condenadas de reconquistar o tipo de soberania econômica impossível de recuperar na atual era de globalização. Aliás, o debate sobre migrantes (em muitos casos no primeiro plano dos projetos e movimentos políticos de direita da Europa) é um ótimo exemplo da tradução de questões de soberania econômica em questões de soberania cultural, uma tradução e deslocamento que, conforme eu alego, está no cerne do crescimento dos populismos de direita no mundo todo.

Na Europa, os diversos movimentos que defendem algum tipo de “saída” da União Europeia são também os que estão usando processos eleitorais para abandonar a democracia, assim como argumento ser o caso de Estados Unidos, Índia, Rússia e Turquia. O que os casos europeus de fadiga da democracia trazem à nossa atenção de modo mais nítido é o desejo que muitos grupos e movimentos políticos têm de colher os benefícios da globalização sem os fardos da democracia, e no caso da Grã-Bretanha, a participação na União Europeia ficou vinculada à ideologia liberal em casa.

Assim, a recente visita de Theresa May à Índia para conversar com Narendra Modi é um vislumbre revelador do futuro do neoliberalismo global em um mundo libertado da democracia. Os dois líderes concordaram nas questões do terrorismo transnacional (leia-se Paquistão), investimentos financeiros britânicos na infraestrutura indiana, mas foram ríspidos no tema das cotas de vistos estudantis para indianos no Reino Unido e da situação dos indianos que ficam no Reino Unido com o visto "vencido". Portanto, uma líder do Partido Conservador que chegou ao poder devido ao voto pró-Brexit e um indiano populista de direita, um tirano de renome mundial, já negociam como reconciliar o fluxo livre de capital internacional enquanto barganham vistos e migrantes. É um relance de como os negócios serão tratados entre os novos líderes autoritários do mundo quando não carregarem mais o fardo da democracia em seus países e quando alçados ao poder por uma massa de seguidores que sofre de fadiga da democracia. Trump e Putin já têm laços convenientes, e entre os indianos dos Estados Unidos os seguidores de Modi e Trump já estão estreitamente alinhados.

A democracia liberal europeia está à beira de uma crise perigosa. O cansaço da democracia chegou à Europa, e é visível da Suécia à Itália e da França à Hungria. Na Europa as eleições também estão virando um meio de dizer "não" à democracia liberal. Nessa conjuntura, a Alemanha está em uma encruzilhada perigosa e de grande porte. Ela pode usar sua riqueza incrível, estabilidade econômica e autoconsciência histórica para sustentar os ideais da União Europeia, para dar as boas-vindas aos refugiados da África e do Oriente Médio, para buscar soluções pacíficas a crises políticas globais e para usar o poder do euro para expandir o escopo da igualdade tanto dentro de suas fronteiras como na Europa de modo geral. Ou também pode sair, fechar as fronteiras, acumular riquezas e deixar que o resto da Europa (e do mundo) resolva seus problemas. Essa é provavelmente a mensagem política da direita alemã. Mas seria uma opção tola. A interdependência global veio para ficar e a riqueza alemã é tão dependente da economia global quanto a de qualquer outro país. A solução da "saída" não seria boa para a Alemanha. Ela não tem alternativa senão lutar por uma Europa democrática, e a Europa democrática é um recurso vital na luta mundial contra o populismo autoritário.

Mas para que esse enredo alemão funcione, a Alemanha precisa convencer os outros membros da União Europeia de que ela não será a voz da austeridade e da disciplina financeira impostas, sobretudo na Europa mediterrânea e no Leste Europeu. Em outras palavras, a política branda quanto a migrantes e a tolerância cultural dentro do país não condizem com a abordagem impositiva a respeito da dívida interna europeia e da redução drástica de soberania fiscal para países como Grécia, Espanha e Itália. É um problema delicado porque a riqueza alemã também depende de um euro forte, e sem a riqueza da Alemanha é improvável que o liberalismo alemão sobreviva. O problema é se a Alemanha pode apoiar as forças da democracia liberal naqueles países europeus que ameaçam se mover para a direita, e se isso seria possível sem pôr a Alemanha (de novo) no papel de poder hegemônico europeu. Não existe resposta fácil para esse dilema, mas não é um dilema que se deva evitar. A democracia liberal alemã não conseguirá sobreviver em um oceano de populismo autoritário europeu. Portanto, no final das contas, há apenas um caminho, aquele em que o povo liberal europeu (trabalhadores, intelectuais, ativistas, políticos) se una dentro das fronteiras internas da Europa a fim de defender o liberalismo econômico e político. Precisamos de uma multidão liberal. Essa é a única resposta à multidão regressiva que está em ascensão na Europa e além.

(tradução: Débora Landsberg)

Sintomas à procura de um objeto e um nome

Zygmunt Bauman

Ouvi o som de um trompete e perguntei a meu criado o que significava. Ele não sabia de nada e não ouviu nada. No portão, ele me parou e indagou: "Aonde o senhor vai?" "Não sei", respondi, "só estou saindo daqui, só saindo daqui. Sair daqui, nada mais, é a única forma de eu atingir minha meta." "Então o senhor sabe qual é a sua meta?", ele perguntou. "Sei", respondi. "Acabei de lhe dizer. Sair daqui — esta é a minha meta."[1]

Quando um número crescente de pessoas ouve trompetes, inquieta-se e sai em retirada, duas questões podem, precisam e de fato tendem a ser postas: *de onde* essas pessoas estão saindo? E vão *para onde*? Criados suporiam que os senhores soubessem e, conforme sugeriu Kafka, perguntariam e insistiriam que lhes contassem o destino. Os senhores, no entanto, pelo menos os mais prudentes e responsáveis, e acima de tudo os mais perspicazes (aqueles ávidos por aprender com a experiência amarga do anjo da história de Paul Klee/Walter Benjamin, conhecido por ser impelido irresistivelmente ao futuro para o qual vira

1. Franz Kafka, "A partida", em: *Narrativas do espólio (1914-1924)*. São Paulo: Companhia das Letras, 2002.

as costas enquanto a pilha de ruínas sobe à sua frente, os olhos fixos nas inanidades e horrores repugnantes e por demais palpáveis do passado e do presente, capaz, na melhor das hipóteses, de especular e tecer fantasias sobre seu destino), provavelmente se esquivam de responder sem fazer rodeios, imaginando que o "de onde" é o ponto máximo onde ousam chegar na tentativa de explicar. Estão a par de que têm motivos mais que suficientes para fugir, mas que correm de costas para o Grande Desconhecido, com pouquíssimos indícios que lhes permitam prever o destino. Mas tal resposta desconcertaria os criados. No mínimo, elevaria seus níveis de ansiedade e raiva a acessos de pânico e fúria.

Hoje sentimos que todos os expedientes e estratagemas que usamos até pouco tempo atrás e são eficientes — se não infalíveis no tocante a resistir e enfrentar os perigos das crises — já passaram ou estão prestes a passar do prazo de validade. Mas temos pouca noção do que pôr no lugar, se é que temos alguma. A esperança de submeter a história à gestão humana, e a resultante decisão de fazê-lo, quase sumiu à medida que os sucessivos passos largos da história humana rivalizaram, e acabaram por superar, as catástrofes naturais no que diz respeito a serem imprevisíveis e incontroláveis.

Se ainda acreditamos em "progresso" (de jeito nenhum uma conclusão óbvia), nossa tendência é vê-lo agora como uma mistura de bênção e maldição, as maldições crescendo regularmente em termos de volume enquanto as bênçãos vão ficando mais escassas e espaçadas. Nossos ancestrais recentes ainda acreditavam no futuro como o lugar mais seguro e mais promissor para investirem as esperanças, mas nós somos propensos a projetar nele primeiramente nossas várias apreensões, angústias e temores: da falta crescente de empregos, de que as rendas em queda reduzam as chances que nós e nossos filhos teremos na vida, da fragilidade ainda maior de nosso status social e da transitoriedade do que realizamos na vida, do abismo cada vez maior entre as ferramentas, recursos e habilidades à nossa disposição e a importância dos desafios que temos à nossa frente. Acima de tudo, sentimos que o domínio sobre nossas vidas escorrega por entre os dedos, rebaixando-nos à condição de peões movimentados em uma partida de xadrez jogada por estranhos indiferentes às nossas necessidades, se não categoricamente hostis e cruéis, e assaz dispostos a nos sacrificar em busca dos próprios objetivos. O conceito de futuro, até há pouco associado a mais conforto e menos inconveniência, hoje quase sempre evoca a ameaça horripilante de sermos percebidos ou classificados como ineptos ou incompetentes para o trabalho, de negarem nosso valor e dignidade e por isso sermos marginalizados, excluídos e proscritos.

Permitam-me focar em um dos sintomas de nosso estado atual — a tragédia do "pânico imigratório", encenada recentemente e provavelmente ainda longe do fim — tratando-o como uma janela através da qual certos aspectos assustadores da nossa situação (que poderiam de resto continuar escondidos) possam ser revelados.

Existe, para começar, *emigração/imigração* (de/para). E existe *migração* (de, mas para onde?). São governadas por conjuntos distintos de leis e lógicas, a diferença tendo sido determinada pela divergência de suas raízes. Ainda assim, existe similaridade entre seus impactos, ditados pela natureza das condições psicossociais nos países de destino. Tanto as diferenças como as similaridades são ampliadas pela contínua e muito provavelmente irrefreável globalização da economia e da informação. A primeira transforma todos os territórios genuína ou supostamente soberanos em "vasos comunicantes", entre os quais é sabido que os conteúdos líquidos fluem até que o nível em todos se iguale. A última estende a difusão de estímulos, o comportamento imitador e as áreas e parâmetros da "privação relativa" a uma dimensão total e verdadeiramente planetária.

O fenômeno da imigração, conforme o singularmente visionário Umberto Eco destacou bem antes da migração de povos contemporânea deslanchar, "pode ser controlado politicamente, restringido, incentivado, planejado ou aceito. Não é esse o caso da migração".[2] Em seguida, Eco faz a pergunta crucial: "É possível distinguir imigração de migração quando o planeta inteiro vem se tornando o território de movimentos entrecruzados de pessoas?". Como ele sugere na resposta:

> O que a Europa ainda tenta abordar como imigração na verdade é migração. O Terceiro Mundo está batendo às nossas portas, e entrará mesmo se não estivermos de acordo. [...] A Europa se tornará um continente multirracial — ou "mestiço" [...]. É assim que vai ser, quer você goste, quer não.

2. Umberto Eco, "As migrações, a tolerância e o intolerável", em: *Cinco escritos morais*. Rio de Janeiro: Record, 2002.

E, vou acrescentar, quer *todos* "eles" gostem e/ou *todos* "nós" guardemos rancor.

Em que momento a emigração/imigração vira migração? Em que momento o gotejamento de imigrantes que batem à nossa porta, gerenciável do ponto de vista político, transforma-se no gigantesco influxo praticamente autossustentável e autopropulsor de migrantes que inundam por todos os lados e passam por todas as portas, arrematados pelos diques políticos costurados às pressas? Em que momento os acréscimos quantitativos se tornam mudanças qualitativas? As respostas para tais questões estão destinadas a permanecer essencialmente controvertidas muito depois do momento que talvez em retrospecto seja visto como o divisor de águas.

O que separa os dois fenômenos é o problema da "assimilação": sua presença endêmica no conceito de imigração e sua ausência ostensiva no conceito de migração — uma lacuna preenchida primeiro pelas noções de "*melting pot*" ou "hibridização" e agora, cada vez mais, pela ideia de "multiculturalismo", isto é, da diversidade e diferenciação culturais que devem permanecer no futuro próximo, em vez de serem uma etapa rumo à homogeneidade cultural e portanto, basicamente, nada além de um aborrecimento passageiro. Para evitar qualquer confusão entre o estado de coisas existente e as medidas concebidas para enfrentá-lo — uma espécie de perplexidade pela qual o conceito de "multiculturalismo" é infame — é recomendável substituir este último termo pelo conceito de "diasporização". Isso é indício de dois atributos cruciais do estado de coisas que emerge atualmente como resultado da migração — um estado muito mais sujeito a influências e processos de base do que dependente da regulação de cima para baixo, e que fundamenta a interação entre diásporas mais na divisão do trabalho do que no enrijecimento de culturas.

Eco publicou o ensaio em 1997. Em 1990, a cidade de Nova York, que ele usou como exemplo, tinha em sua população 43% de "brancos", 29% de "negros", 21% de "hispânicos" e 7% de "asiáticos". Vinte anos depois, em 2010, "brancos" constituíam apenas 33% e estavam ainda mais perto de virarem uma minoria.[3] Um número bastante similar de diferentes categorias étnicas, religiosas ou linguísticas, com distribuição de porcentagens similar, pode ser registrada em todos os continentes do mundo, nas grandes cidades, também cada vez mais numerosas. E vale lembrar que pela primeira vez na história a maior parte da humanidade mora nas cidades, enquanto a maioria dessa parte urbana da humanidade mora em cidades grandes, cujos padrões de vida acabam influenciando de diversas formas o resto do planeta.

Gostemos ou não, nós que vivemos na cidade nos vemos em uma situação que exige que desenvolvamos a habilidade de conviver com a diferença todos os dias, e tudo indica que permanentemente. Após alguns séculos sonhando com a assimilação cultural (unilateral) ou convergência cultural (bilateral) e os costumes delas decorrentes, estamos começando a lidar — em muitos casos com relutância, e frequentemente com absoluta resistência

3. "The Changing Racial and Ethnic Makeup of New York City Neighborhoods", disponível em: <http://furmancenter.org/files/sotc/The_Changing_Racial_and_Ethnic_Makeup_of_New_York_City_Neighborhoods_11.pdf#page=3&zoom=auto,-193,797>. Acesso em janeiro de 2017.

— com a perspectiva da mistura de interação e fricção entre a multiplicidade de identidades irredutivelmente diversas envolvidas nas diásporas culturais avizinhadas e/ou misturadas. A heterogeneidade cultural está se tornando rapidamente um traço irremovível, de fato endêmico, do modo urbano de coabitação humana, mas a percepção de tal panorama não ocorre facilmente e a primeira reação é de negação — ou uma rejeição firme, enfática e belicosa.

A intolerância, sugere Eco,

> vem antes de qualquer doutrina. Nesse sentido, a intolerância tem raízes biológicas, manifesta-se entre os animais como territorialidade, é baseada em reações emocionais muitas vezes superficiais — não suportamos quem é diferente de nós, já que sua pele é de outra cor; já que falam uma língua que não entendemos; já que comem rãs, cães, macacos, porcos ou alho; já que se tatuam [...][4]

Colocando ainda mais ênfase na razão principal para essa oposição gritante a crenças comuns, Eco reitera: "as doutrinas da diferença não produzem intolerância desenfreada: pelo contrário, exploram uma reserva preexistente e difusa de intolerância".[5] Essa afirmação casa bem com a insistência de Fredrik Barth, o formidável antropólogo norueguês, de que os limites não são traçados por conta de diferenças perceptíveis, mas o contrário — as diferenças são percebidas ou inventadas porque os limites

4. Eco, "As migrações, a tolerância e o intolerável".
5. Ibid.

já foram traçados. De acordo com os dois pensadores, as doutrinas são criadas para explicar e justificar "racionalmente", retrospectivamente, emoções já presentes e na maioria dos casos firmemente inamistosas, reprobatórias, hostis, rancorosas e belicosas.

Eco chega a dizer que a "forma mais perigosa" de intolerância é a que surge na ausência de doutrina.[6] Afinal, é possível que alguém se envolva em polêmicas com uma doutrina articulada a fim de refutar suas afirmações explícitas e desmascarar suas presunções latentes uma por uma. As forças elementares, contudo, são imunes e estão protegidas de tais argumentações. Demagogos fundamentalistas, integralistas, racistas e etnicamente chauvinistas talvez sejam, e precisem ser, acusados de alimentar e capitalizar a preexistente "intolerância básica" em benefício político, nisso ampliando suas reverberações e exacerbando sua morbidez — mas não podem ser acusados de *causar* o fenômeno da intolerância.

Onde procurar, então, a origem e a motivação desse fenômeno? Em última análise, sugiro, o medo do *desconhecido* — de que os "estrangeiros" ou "estranhos" (que por definição não são conhecidos o bastante e são menos ainda compreendidos, além de quase imprevisíveis na conduta e nas reações a artimanhas) são os símbolos mais proeminentes: os mais tangíveis porque estão próximos e patentes. No mapa-múndi em que gravamos nossos destinos e os caminhos que levam a eles, permanecem inexplorados (de novo, por definição: caso tivessem sido explorados, seriam movidos a outra categoria que não a

6. Ibid.

de estranhos). A situação deles é assombrosamente reminiscente daqueles assinalados nos mapas antigos com a advertência *hic sunt leones*, escrita nas bordas do inabitável e inabitado *οἰκουμένη* — sob a condição, no entanto, de que essas bestas misteriosas, sinistras e assustadoras, leões disfarçados de migrantes, a esta altura já abandonaram suas tocas distantes e se agacharam, furtivamente, na porta ao lado. Se em uma época em que os mapas eram desenhados alguém pudesse ter a prudência de evitar o risco de se aproximar de suas tocas e por meio desse simples estratagema não entrar em apuros, tal opção já não existe mais. Agora "as bestas" estão às nossas portas e não temos como evitar encontros com eles sempre que botamos os pés na rua.

Para resumir: no mundo em que vivemos, podemos tentar controlar a imigração (mesmo que com pouco sucesso), mas a migração vai seguir sua própria lógica independentemente do que façamos. O processo continuará por bastante tempo — junto com outra transformação que a condição humana está sofrendo hoje, mais ampla e possivelmente com as maiores consequências. Esse outro problema — conforme sugeriu Ulrich Beck, o maior analista social das tendências manifestas e latentes da condição humana na virada do século XIX para o XX e de suas possibilidades para o futuro — é a contradição chocante entre nosso *drama* já-próximo-do-cosmopolita e a quase ausência de uma *consciência*, mentalidade ou postura cosmopolita. Esse problema jaz na raiz de nossos dilemas atuais mais importunos e de nossas mais inquietantes preocupações e angústias. Com nosso "drama cosmopolita", Beck se referia à interdependência material e espiritual da humanidade, avançada e já mundial, de resto conhecida como globalização. Entre esse drama e nossa capacidade de adequarmos nossos atos às suas exigências inéditas, um fosso largo, e por enquanto intransponível, se expande. Ainda nos restam os instrumentos desenvolvidos no passado para manter as condições de autonomia, independência e soberania, para atacar (por si só uma missão impossível!) as dores de cabeça resultantes da já alcançada condição de interdependência, corrosão e diluição da autonomia e soberania territoriais.

Pode-se conceber diversas formas legítimas, ainda que condensadas e simplificadas, de recapitularmos a história da humanidade; uma delas é a história da extensão às vezes assistemática e às vezes abrupta do "nós" — a começar pelas hordas de caçadores-coletores (que, segundo paleontólogos, não poderiam abarcar mais do que cerca de 150 membros), passando pelas "totalidades imaginadas" de tribos e impérios, chegando aos Estados-nação contemporâneos ou "superestados" em suas federações e coalizões. Nenhuma das ordens políticas existentes, no entanto, está à altura de um padrão genuinamente "cosmopolita": todas emparelham um "nós" contra um "eles". Todos os membros dessa oposição combinam a função unificante ou integradora com a divisora e separadora — aliás, todos podem desempenhar uma dessas funções ao se isentar da outra.

Essa divisão dos seres humanos em "nós" e "eles" — sua justaposição e antagonismo — tem sido uma característica inseparável do modo humano de estar-no-mundo ao longo da história das espécies. "Nós" e "eles" são tão aparentados quanto cara *e* coroa — dois lados da mesma moeda; e uma moeda com apenas um lado é um oximoro, uma impossibilidade. Os dois membros do antagonismo são reciprocamente "definidos negativamente": "eles" como "não-nós", "nós" como "não-eles".

Tal mecanismo funcionou bastante bem durante os primórdios da expansão gradual de sociedades integradas politicamente — mas não caiu bem em sua etapa mais recente, imposta à agenda política pela emergente "condição cosmopolita". De fato, é peculiarmente inadequado para realizar "o último salto" na história da integração humana: elevar o conceito de "nós" e as práticas da coabitação, cooperação e solidariedade humanas ao nível da humanidade como um todo. O último salto se distingue totalmente do longo histórico de seus antecessores em escala menor não apenas por ser *quantitativamente* e *qualitativamente* diferente, mas também por ser inédito e sem comprovação na prática. Exige nada menos do que uma separação necessariamente traumática do fator "pertencimento" (isto é, da autoidentificação) daquela de territorialidade ou soberania política: um postulado proferido em alto e bom som há cerca de um século, por nomes como Otto Bauer, Karl Renner e Vladimir Menem em resposta às realidades multinacionais dos impérios austro-húngaro e russo, apesar de nunca terem chegado nem perto de entrar no uso ou na convenção políticos.

O emprego desse postulado não parece estar para acontecer no futuro próximo. Pelo contrário: a maioria dos sintomas atuais[7] indica uma busca cada vez mais

7. Listo muitos sintomas como esses no meu livro *Retrotopia*. Cambridge: Polity, 2017 [ed. bras.: *Retrotopia*, trad. Renato Aguiar, Rio de Janeiro: Zahar, 2017.]

entusiástica do "eles" — de preferência o estranho à moda antiga, inconfundível e incuravelmente hostil, conveniente à tarefa da consolidação identitária, a demarcação de fronteiras e a construção de muros. A reação "natural" impulsiva e rotineira de um número crescente dos detentores do poder à corrosão gradual de sua soberania territorial tende a envolver o afrouxamento de compromissos supra-Estado e o recuo da concordância anterior em juntar recursos e coordenar políticas — assim deixando-os ainda mais distantes de complementar seu drama objetivamente cosmopolita com programas e empreendimentos em escala similar. Essa situação apenas contribui com a desordem global que sustenta a desativação gradual mas inexorável das instituições existentes de poder político. Os principais vencedores são financistas extraterritoriais, fundos de investimento e operadores de commodities de todos os tons de legitimidade; já os principais derrotados são a igualdade econômica e social, os princípios da justiça intra e inter-Estados, além de grande parte, provavelmente uma maioria crescente, da população mundial.

Em vez da tarefa séria, consistente, coordenada e de longo prazo para extirpar os medos existenciais resultantes, governos mundo afora aproveitaram a oportunidade de preencher o vácuo de legitimidade deixado pela assistência social minguante e o abandono das iniciativas do pós-guerra para instituir uma "família de nações" com o firme empurrão rumo à "securitização" de problemas sociais e, em consequência disso, do pensamento e dos atos políticos. Medos populares, atiçados, alimentados e fomentados por uma aliança tácita e informal das elites políticas, das mídias de entretenimento e de comunicação de massa, e estimulados ainda mais pela onda crescente de demagogia, para todos os efeitos são recebidos como o minério mais precioso, adequado à fusão contínua de doses renovadas de capital político — um capital cobiçado pelas potências comerciais livres de amarras e seus lobbies e executores políticos, famintos de seus tipos mais ortodoxos.

De alto a baixo da sociedade — incorporando os mercados de trabalho que ditam qual melodia seus musicistas tocarão para nós, o *hoi polloi*, cantarmos juntos — um clima de desconfiança, suspeição e brutal competição mútua (e a priori) é criado. Nesse ambiente, os germes do senso comunitário e da ajuda mútua são sufocados, definham e desbotam (caso já não tenham sido extirpados à força). Com a aposta em ações coordenadas e solidárias em prol do interesse comum perdendo o valor dia após dia, e com seus possíveis efeitos ofuscados, a vontade de juntar forças e prestar atenção em interesses compartilhados é privada de boa parte de sua atratividade, e assim o estímulo para se envolver em um diálogo voltado para o reconhecimento, respeito e real entendimento recíprocos está se extinguindo.

> Se os Estados sempre se tornam enormes vizinhanças, é provável que as vizinhanças se tornem pequenos Estados. Seus membros se organizarão para defender sua política e cultura locais contra os estranhos. Historicamente, os bairros se tornaram comunidades fechadas ou paroquiais [...] onde o Estado era aberto

— foi o que concluíra Michael Walzer há mais de trinta anos, a partir da então experiência acumulada do passado, pressagiando sua repetição no futuro iminente.[8] Esse futuro, após tornar-se o presente, apenas confirmou suas suposições e diagnósticos.

Seja grande ou pequeno, ser um Estado tem sempre o mesmo sentido simples: soberania territorial, isto é, a capacidade de atuar dentro das próprias fronteiras segundo o desejo dos que habitam o interior dessas fronteiras, em vez de atender às ordens alheias. Depois de uma época de vizinhanças derretidas, ou consideradas destinadas a derreter, formando unidades maiores chamadas Estados-nação (com a probabilidade de unificação e homogeneização da cultura/legislação/política/vida humana, se não imediata, então à espreita em um futuro cuja iminência é irreversível), após a guerra prolongada ser declarada pelo grande contra o pequeno, pelo Estado contra o local e "paroquial", entramos na época de "subsidiarização", com Estados ávidos por descarregar suas obrigações, responsabilidades e (cortesia da globalização e da situação cosmopolita emergente) o dever incômodo de transformar o caos em ordem enquanto as localidades e paróquias de antes se enfileiram para compreender essas responsabilidades e para lutar por outras mais. *A marca mais ostensiva, prenhe de conflitos e potencialmente explosiva do momento é a intenção de recuar da visão de Kant acerca de uma vindoura* bürgerlichen Vereinigung der Menschheit *[união burguesa da humanidade], coincidente com as realidades da globalização avançada e crescente das finanças, indústria, comércio, informação e todas as formas*

8. Michael Walzer, *Esferas da justiça: Uma defesa do pluralismo e da igualdade*. São Paulo: Martins Fontes, 2003.

e tipos de transgressões da lei. Seu aliado mais próximo é o enfrentamento da opinião e mentalidade "klein, aber mein" *("pequeno porém meu") com a realidade de uma condição existencial cada vez mais cosmopolita.*

De fato, como resultado da globalização e da decorrente divisão de poder e política, atualmente os Estados estão se transformando quase em meras vizinhanças enormes, espremidas em fronteiras vagamente delineadas, porosas e ineficazmente fortificadas; enquanto as vizinhanças antigas — que outrora se supunha estarem a caminho do lixo da história junto com todos os outros *pouvoirs intermédiaires* — lutam para assumir o papel de "pequenos Estados", aproveitando ao máximo o que resta da política quase local e da prerrogativa monopolista inalienável e antes ciosamente protegida que o Estado tem de separar o "nós" do "eles" (e vice-versa, é claro). "Avante", para esses pequenos Estados, se reduz a "volta às tribos".

Dentro de um território povoado por tribos, lados conflitantes evitam e obstinadamente desistem de persuadir, converter ou pregar uns aos outros; a inferioridade de um membro — qualquer membro — de uma tribo estranha é e deve continuar sendo uma desvantagem predestinada, eterna e incurável, ou pelo menos ser vista e tratada como tal. A inferioridade de outra tribo é sua condição indelével e irremediável e seu estigma inapagável — compelida a resistir a qualquer tentativa de reabilitação. Depois de a divisão entre "nós" e "eles" ser instituída segundo essas regras, o objetivo de qualquer encontro entre os antagonistas não é mais de mitigação, mas de achar ou criar ainda mais provas de que qualquer mitigação assim desafia a razão e está fora de cogitação. No empenho para não mexer em casa de marimbondo e evitar a má sorte, os membros de diferentes tribos presas em um círculo de superioridade/inferioridade não se falam, e sim travam uma conversa de surdos.

No caso dos moradores de (ou exilados a) zonas fronteiriças cinzentas, a condição de "desconhecido e portanto ameaçador" é consequência de sua resistência inata ou imputada, ou sua fuga, às categorias cognitivas que servem de tijolos da "ordem" e da "normalidade". Seu pecado capital ou crime imperdoável consiste em ser a causa de uma incapacitação mental e pragmática, em si uma consequência da confusão comportamental que inevitavelmente geram (aqui podemos recordar a definição de compreensão proposta por Ludwig Wittgenstein, de saber como fazer a jogada seguinte). Além disso, esse pecado encontra obstáculos formidáveis à sua redenção, dada a recusa veemente do "nós" de entabular um diálogo com "eles" visando a desafiar e superar a impossibilidade inicial de compreensão. A alocação a uma zona cinzenta é um processo autopropulsionado posto em marcha e intensificado pelo colapso, ou melhor, a recusa a priori, da comunicação. Elevar a dificuldade de entendimento ao posto de uma restrição moral e um dever predeterminado por Deus ou a História é, afinal de contas, a causa principal e um grande estímulo para a delimitação e fortificação de fronteiras que separam "nós" do "eles", de modo geral mas não exclusivo acompanhando as fronteiras religiosas ou étnicas — e a função essencial que são designadas a desempenhar. Como interface entre os dois, a zona cinzenta da ambiguidade e ambivalência inevitavelmente constitui o maior, quiçá até o principal (e muito frequentemente o único) território em que as hostilidades implacáveis entre "nós" e "eles" se materializam e as batalhas são travadas.

***

O papa Francisco — talvez a única figura pública com autoridade mundial que teve a coragem e a determinação de mergulhar fundo nas fontes mais secretas do mal, da confusão e da impotência dos dias atuais e deixá-los à vista — declarou na celebração da entrega do Prêmio Internacional Carlos Magno de 2016 que:

> se há uma palavra que devemos repetir, sem nunca nos cansarmos, é esta: diálogo. Somos convidados a promover uma cultura do diálogo, procurando por todos os meios abrir instâncias para torná-lo possível e permitir-nos reconstruir o tecido social. A cultura do diálogo implica uma autêntica aprendizagem, uma ascese que nos ajude a reconhecer o outro como um interlocutor válido, que nos permita ver o forasteiro, o migrante, a pessoa que pertence a outra cultura como sujeito a ser ouvido. Hoje é urgente envolvermos todos os atores sociais na promoção de uma "cultura que privilegie o diálogo como forma de encontro", fomentando "a busca de consenso e de acordos mas sem separá-la da preocupação por uma sociedade justa, capaz de memória e sem exclusões" (*Evangelii Gaudium*, 239). A paz será duradoura na medida em que armarmos os nossos filhos com as armas do diálogo, lhes ensinarmos a boa batalha do encontro e da negociação. Desta forma, poderemos deixar-lhes em

> herança uma cultura que saiba delinear estratégias não de morte mas de vida, não de exclusão mas de integração.[9]

E, de saída, o papa Francisco acrescenta uma frase contendo outra mensagem com uma ligação indissolúvel com, aliás, uma *conditio sine qua non* para a cultura do diálogo: "Esta cultura [...] deveria constar em todos os currículos escolares como eixo transversal das disciplinas, ajudará a incutir nas gerações jovens uma forma de resolver os conflitos diferente daquela a que os temos habituado".

Postular uma cultura do diálogo como a tarefa da educação, e nós no papel de professores, implica sem ambiguidade que os problemas que agora nos assombram estão aqui para ficar por muito tempo — problemas que tentaremos em vão solucionar das formas "a que os temos habituado", mas para os quais a cultura do diálogo tem a chance de encontrar soluções bem mais humanas (e espera-se que eficazes). A antiga, mas de jeito nenhum superada, sabedoria popular chinesa instrui aqueles entre nós que se preocupam com o próximo ano a cultivar grãos; aqueles que se preocupam com os próximos dez anos a plantar árvores; e aqueles que se preocupam com os próximos cem anos a educar as pessoas.

Os problemas que enfrentamos atualmente não admitem varinhas de condão, atalhos ou curas instantâneas:

9. "Entrega do prêmio Carlos Magno — Discurso do papa Francisco", 6 de maio de 2016, disponível em: <https://w2.vatican.va/content/francesco/pt/speeches/2016/may/documents/papa-francesco_20160506_premio-carlo-magno.html>. Acesso em janeiro de 2017.

pedem nada menos do que outra revolução *cultural*. Donde também exigem ideias e planejamento de longo prazo: artes infelizmente em grande medida esquecidas, e raramente postas em prática, em nossas vidas apressadas vividas sob a tirania do momento. Precisamos relembrar e reaprender essas artes. Para fazê-lo, necessitaremos de cabeças frias, nervos de aço e muita coragem; acima de tudo, carecemos de uma visão total e genuinamente de longo prazo — e bastante paciência.

(tradução: Débora Landsberg)

Política progressista e regressiva no neoliberalismo tardio

Donatella della Porta

A vitória de Donald Trump nas eleições presidenciais estadunidenses de 2016 foi amplamente vista como sinal do triunfo dos movimentos regressivos sobre os progressistas. Paralelamente, o referendo do Brexit foi considerado um indicador de uma onda de provincianismo que ameaça levar embora o sentimento cosmopolita antes dominante. Enquanto a virada do século assistiu a mobilizações vigorosas da esquerda, tal como o movimento pela justiça global (pense na chamada "Batalha de Seattle" em 1999, o primeiro Fórum Social Mundial, realizado em 2001 sob o lema "Outro mundo é possível", ou na emergência de organizações como a ATTAC), e a crise financeira de 2008 trouxe à tona movimentos contra a austeridade tais como Occupy Wall Street e os *indignados* na Espanha, anos mais recentes foram caracterizados pelo ressurgimento do lado sombrio da política. Dito isso, seria um erro esquecer que os primeiros sinais de movimentos reacionários já eram visíveis na Europa mais de quinze anos atrás, quando o FPÖ de Jörg Haider ficou em segundo lugar nas eleições de 1999 para o parlamento austríaco, acarretando um governo de coalizão com a direita sob o comando do chanceler Wolfgang Schüssel, do ÖVP. Poucos anos depois, em 2002,

Jean-Marie Le Pen chegou ao segundo turno das eleições presidenciais francesas, que acabou perdendo para Jacques Chirac. Tendo em mente esses acontecimentos, podemos concluir que o desagrado com a globalização neoliberal está presente tanto na esquerda quanto na direita já faz um bom tempo.

Pesquisas indicam que a base social do protesto (de esquerda) mudou: da classe operária, como era característico do movimento trabalhador clássico, para as novas classes médias, que eram o cerne dos novos movimentos sociais das décadas de 1960 e 1970. O movimento pela justiça global, no entanto, chamou a atenção de volta para as mobilizações conduzidas pelos vencidos do avanço neoliberal desenfreado que marcou as últimas décadas. Do ponto de vista social, mobilizou coalizões de trabalhadores de colarinhos branco e azul, desempregados e estudantes, bem como gerações mais novas e mais velhas.[1] Entretanto, ao mesmo tempo, uma direita populista — erguida sobre as frustrações e os conflitos relacionados às diversas facetas da globalização — também se fortaleceu. Inúmeros pesquisadores identificaram a emergência de uma nova clivagem entre os vencedores e os vencidos da globalização, com estes últimos muitas vezes se opondo à sua dimensão cultural por meio de alegações xenofóbicas e contra imigrantes que convergem em formas excludentes de nacionalismo.[2]

1. Donatella della Porta, *Social Movements in Times of Austerity*. Cambridge: Polity, 2015.
2. Hanspeter Kriesi et al., *West European Politics in the Age of Globalization*. Cambridge: Cambridge University Press, 2008.

Não deve causar surpresa nenhuma o fato de que momentos de crise também engendram polarizações políticas e sociais. Na verdade, é comum movimentos sociais emergirem simultaneamente na esquerda *e* na direita.[3] Contudo, o tempo dirá se as campanhas de Trump ou do Brexit podem de fato ser consideradas *movimentos* populistas em vez de outras formas de política populista.

No que se segue, primeiro identificarei alguns dos principais desafios sociais causados por transformações capitalistas; em segundo lugar, discutirei algumas das diferenças nas reações que estas provocaram até agora em termos de políticas progressistas e regressivas; e num terceiro momento, vou sugerir algumas condições políticas que possam ser mais propícias ao desenvolvimento de umas ou outras.

Globalização neoliberal como desafio

O neoliberalismo e sua crise podem ser entendidos dentro de um contexto que o economista político Karl Polanyi descreveu como o duplo movimento no avanço do capitalismo: primeiro a sociedade vivencia um estímulo à mercantilização, seguida pela emergência de contramovimentos que buscam a seguridade social. Em sua obra fundamental, *A grande transformação* (1944), Polanyi

3. Manuela Caiani, Donatella della Porta e Claudius Wagemann, *Mobilizing on the Extreme Right. Germany, Italy, and the United States*. Oxford: Oxford University Press, 2012.

trata da primeira onda de liberalismo[4], no século XIX, mas os paralelos com a transformação neoliberal ocorrida nas últimas décadas do século XX também são evidentes. Polanyi alertou contra a transformação do trabalho, da terra e do dinheiro em mercadoria, que, se não fosse reprimida, acabaria destruindo a sociedade. Nas palavras do sociólogo Michael Burawoy:

> Grandes tensões serão inevitáveis caso a força de trabalho seja trocada sem proteção contra lesões ou doenças, desemprego ou excesso de emprego, ou salários abaixo da linha de subsistência, a mão de obra que pode ser extraída decai rapidamente e se vira em direção à inutilidade. Igualmente, quando a terra, ou em termos mais gerais a natureza, é submetida à condição de mercadoria, ela não consegue mais sustentar as necessidades básicas da vida humana. Por fim, quando o dinheiro é usado para fazer dinheiro, através da especulação financeira, por exemplo, seu valor se torna tão incerto que ele não pode mais ser utilizado como moeda de troca, destruindo negócios e gerando crises econômicas.[5]

Em sua análise, Polanyi se concentrou em uma série de formatos específicos que os contramovimentos (isto é, a mobilização de pessoas que se sentem traídas pelas mudanças tais como as produzidas pelo neoliberalismo)

---

4. Karl Polanyi, *A grande transformação: as origens de nossa época*. Rio de Janeiro: Campus, 2000.
5. Della Porta, *Social Movements in Times of Austerity*, loc. cit., p. 19.

podem assumir. Esses contramovimentos, ele alegava, na verdade são movimentos reativos — ou seja, a postura deles é defensiva e conservadora. Aliás, não raro são estabelecidos a fim de resistir a uma ideologia que prega a predominância do mercado acima de todos os outros aspectos da sociedade. Para dar apenas dois exemplos: em muitos casos, as rebeliões de camponeses irrompiam quando eles tinham a sensação de que um contrato social implícito que lhes dava ao menos uma proteção mínima contra os caprichos do mercado havia sido violado. Da mesma forma, não raro as revoltas da fome são interpretadas como reações à destruição de uma economia moral, no decorrer da qual terras comunais são fechadas e o mercado de artigos básicos como pão é desregulamentado. A história nos ensina que os contramovimentos voltados para o restabelecimento de direitos tradicionalmente garantidos podem apresentar narrativas progressistas e oferecer visões mais inclusivas e participativas, mas também podem recorrer a modelos regressivos e ideias excludentes e plebiscitárias.

A implementação política de dogmas econômicos neoliberais exibe certos paralelos com a "grande transformação" conforme descrita por Polanyi. Depois que a resistência bem-sucedida ao fundamentalismo mercadológico desenfreado ensejou a expansão da seguridade social nos Estados-nação (inclusive as social-democracias do chamado "Primeiro Mundo" e o "socialismo verdadeiramente existente" do "Segundo Mundo"), a retração geral do Estado de bem-estar social e o ataque mais amplo contra as intervenções do Estado voltadas à desigualdade social se tornaram tendências dominantes. Com a guinada neoliberal, o capitalismo de novo começou a se valer (ainda que de modos diferentes) de formas de acúmulo por expropriação — revogando leis que protegem os direitos dos cidadãos e regulando o mercado financeiro, por exemplo —, que Marx outrora considerava formas típicas do que chamava de "acumulação primitiva".[6] A transformação do trabalho, da terra e do dinheiro em mercadorias foi de novo adotada por meio da desregulamentação dos mercados de trabalho e do desmantelamento dos direitos trabalhistas, da grilagem e da nova (e abrangente) desregulamentação do capital financeiro.

Mais uma vez, as forças contrárias (similares ao que Polanyi chamou de contramovimentos) surgiram, desenvolvendo-se em duas direções: algumas eram progressistas, buscando ampliar os direitos dos cidadãos dentro de um conceito inclusivo, cosmopolita, e outras eram regressivas, ávidas por uma ordem antiga em que apenas um número restrito de privilegiados eram protegidos. Antes de abordar a questão de como contramovimentos *reacionários* opostos ao neoliberalismo podem emergir, vou começar com algumas observações relativas à variante *progressista*.

Movimentos progressistas contra a globalização neoliberal

Os protestos de 2010-2014 contra a austeridade reagiam à sensação de expropriação política à luz da separação entre política popular e poder institucional. Concentravam-se

6. Ver, entre outros, David Harvey, *O neoliberalismo: história e implicações*. São Paulo: Edições Loyola, 2008.

nas condições domésticas, embora tivessem ciência dos entrelaçamentos globais das respectivas nações onde os protestos aconteciam. A começar pela revolta dos "panelaços" em 2008, e de novo durante a Primavera Árabe e o movimento Occupy em 2011 e os protestos da praça Taksim em 2013, a necessidade de manter unida uma base social heterogênea — bem como o fracasso geral das ideologias estabelecidas em oferecer visões alternativas atraentes de organizações sociais e políticas — alimentou o desenvolvimento de identidades pluralistas e tolerantes, exultando a diversidade como valor enriquecedor. Isso se refletiu no nível organizacional através da elaboração de um modelo participativo e deliberativo de tomada de decisões.[7] No entanto, a crise do neoliberalismo também teve impacto sobre a política progressista contemporânea. Quando comparada à primeira onda de manifestações contra o neoliberalismo desmedido em 1999 e depois disso, podemos detectar uma mudança em termos de base social, um foco renovado na defesa dos direitos tradicionais garantidos pelo contexto nacional e a ênfase na proteção moral contra o capitalismo imoral.

Às vezes chamado de "precariado", aqueles que protestavam contra a austeridade representavam coalizões de várias classes e grupos sociais que se consideravam os vencidos das políticas neoliberais. A precariedade sem dúvida era uma condição social e cultural para muitos dos ativistas do movimento, cuja maioria faz parte de uma geração caracterizada pelo alto grau de desemprego

7. Donatella della Porta, *Can Democracy be Saved?* Oxford: Polity 2013; Della Porta, *Social Movements in Times of Austerity*, loc. cit.

e subemprego. As porções mais marginalizadas dos jovens assumiram o comando da Primavera Árabe, e aqueles afetados pela crise financeira (em Portugal eles se definem como geração "sem futuro") se mobilizaram de várias maneiras na Europa mediterrânea. Esses jovens não são tradicionalmente vistos como vencidos. Na verdade, são os que receberam uma boa educação e os que têm mobilidade, antes descritos como os "vencedores" da globalização, mas nem de longe se veem assim hoje em dia. Dito isso, a juventude instruída não é o único grupo social destinado a perder no ataque neoliberal a direitos civis e sociais. Veja, por exemplo, dois grupos que já foram considerados muito bem protegidos: os aposentados e os servidores públicos. Em maior ou menor medida, suas condições de vida (entre as quais estão bens fundamentais como assistência médica, moradia, educação) se tornaram cada vez mais precárias. Também os operários de fábricas pequenas e grandes, fechadas ou correndo o risco de fechar, participaram da onda de protestos. Com o alto grau de participação de cidadãos jovens e instruídos, as manifestações levaram às ruas uma espécie de sociedade de "2/3" (invertido) daqueles mais impactados pela política de austeridade.[8]

Se, como Zygmunt Bauman demonstrou com conhecimento de causa[9], o neoliberalismo gera uma sociedade líquida que destrói a velha base da identidade pessoal, coletiva e política por meio da mobilidade forçada e a

8. Della Porta, *Social Movements in Times of Austerity*, loc. cit.

9. Zygmunt Bauman, *Modernidade líquida*. Rio de Janeiro: Zahar, 2001.

correlata insegurança, então os processos identitários são fortemente moldados pela cultura mutável do neoliberalismo e de novo assumem uma função central. Enquanto o movimento trabalhista desenvolvia uma identidade distinta — amparada por uma ideologia complexa — e os novos movimentos sociais cultivavam um foco em questões específicas, tais como direitos de gênero e a defesa do meio ambiente, os processos identitários dos manifestantes contrários à austeridade pareciam contestar a individualização bem como seu temor e exclusivismo, preferindo reivindicar a cidadania inclusiva. Ao se definir de maneira ampla — como cidadãos, pessoas ou os 99% — os ativistas antiausteridade criaram um discurso moral que exigia o reestabelecimento das medidas de bem-estar social, mas também desafiava (em tom indignado) a injustiça do sistema como um todo.

Não raro se referindo à nação como a base de uma comunidade solidária (portando bandeiras nacionais ou, no caso do Podemos, invocando *la patria*, por exemplo), eles mesmo assim desenvolveram uma visão cosmopolita que juntava nacionalismo inclusivo com o reconhecimento da necessidade de se achar soluções globais para problemas globais. Uma forte estrutura moral também passou a contrastar a aparente amoralidade do neoliberalismo e sua propagação ideológica da transformação de serviços públicos em mercadoria. A visão neoliberal, cínica, de que cada indivíduo seria responsável por sua sobrevivência e a proclamação de motivações egoístas como benéficas foram estigmatizadas em nome dos direitos antes existentes e conjugadas com reivindicações de que fossem reestabelecidas. O chamado à solidariedade e o retorno ao espaço público rivalizaram com as políticas neoliberais, vistas como injustas e ineficazes.

Como a crise econômica foi acompanhada pela crise de legitimidade política, um número cada vez maior de grupos da sociedade deixou de se sentir representado dentro das instituições, que mais e mais acreditavam estar firmes na palma da mão das grandes empresas. A censura ao conluio entre os poderes econômico e político ficou mais alta.[10] Hoje, manifestantes criticam ativamente o poder das grandes corporações e organizações internacionais (que não precisam prestar contas a ninguém), paralelamente à correlata perda da soberania dos governos nacionais. Além disso, consideram seus respectivos governos e a classe política como um todo responsáveis pelo que percebem como um sequestro da democracia. No entanto, em vez de adotar posturas antidemocráticas, pedem a democracia participativa e a retomada geral do interesse público pelo bem comum. Em contraposição ao movimento pela justiça global, apresentado como uma aliança das minorias em busca de um eleitorado amplo[11], os movimentos antiausteridade construíram uma definição abrangente de suas identidades coletivas, segundo a qual seriam integrados pela grande maioria dos cidadãos.

Nessa situação, as reivindicações proferidas durante as manifestações antiausteridade eram voltadas principalmente

10. Colin Crouch, *The Strange Non-Death of Neoliberalism*. Oxford: Polity, 2012.

11. Donatella della Porta, *Democracy in Social Movements*. Londres: Palgrave 2009; idem (org.), *Another Europe: Conceptions and Practices of Democracy in the European Social Forums*. Londres: Routledge, 2009.

para a defesa dos direitos estabelecidos não somente nas democracias de "Primeiro Mundo" nas décadas de 1960 e 1970, mas também nos Estados socialistas do "Segundo Mundo" e nos países em desenvolvimento do "Terceiro Mundo".[12] Embora caracterizadas pelo enfoque na soberania nacional contra o confisco dos direitos dos cidadãos pelas elites globais (que eleitoralmente não têm de prestar contas a ninguém), as manifestações antiausteridade de 2011 a 2014 ainda assim defendiam direitos políticos e sociais como *direitos humanos*. A denúncia da corrupção do 1% superior (e, consequentemente, a resposta dos outros 99%) foi enquadrada como a luta contra a centralização do poder político e econômico nas mãos de uma pequena oligarquia. Em certo sentido, os protestos contra a austeridade eram conservadores, já que pediam a restauração de direitos perdidos e denunciavam veementemente a corrupção da democracia. Porém, também olharam para a frente, unindo o interesse por direitos sociais com a expectativa de inclusão cultural.

Dado o nível extremamente baixo de confiança nas instituições representativas existentes, esses movimentos dirigiram suas demandas ao Estado enquanto experimentavam modelos alternativos de democracia participativa e deliberativa. Na Espanha, as *acampadas*, as barracas que os manifestantes montaram a princípio na Puerta del Sol, em Madrid, se tornaram espaços para testar novas formas de democracia. No entanto, não era a democracia em si que era desafiada, mas sua degeneração — como

12. Donatella della Porta et al., *Late Neoliberalism and its Discontents in the Economic Crisis*, Londres: Palgrave, 2017.

se lia no pôster de um indignado: *Lo llaman democracia y no lo es* ("Eles chamam de democracia e não é"). Exigindo, como na Espanha em 2011, democracia *de verdade* ("*¡Democracia real ya!*"), os ativistas propuseram uma visão diferente — deliberativa e participativa — da democracia, e elaboraram suas próprias formas de organização nesse processo. Enquanto o neoliberalismo atacava os atores corporativos que haviam motivado os pactos sociais do capitalismo fordista — primeiro os sindicatos, mas também diversas organizações da sociedade civil outrora incorporadas no fornecimento de seguridade social — os movimentos emergentes começaram a acalentar a ideia de uma democracia direta conduzida pelos próprios cidadãos.

Apesar de por acaso menos visível, essa faceta progressista dos movimentos sociais está viva e passa bem. Sobretudo na Europa mediterrânea, os efeitos políticos desses protestos se refletem na vasta politização da sociedade em geral bem como em mudanças profundas no sistema partidário, com uma representatividade mais ampla dos interesses dos movimentos agora existentes nos respectivos parlamentos (do Podemos na Espanha ao Bloco de Esquerda em Portugal e o Movimento 5 Stelle na Itália), ou mesmo o governo em si (com o Syriza na Grécia).[13] Até no Reino Unido e nos Estados Unidos, os dois países em que a guinada do populismo reacionário foi mais acentuada, os protestos do Occupy deixaram suas marcas na política

13. Donatella della Porta, *The Global Spreading of Protest*. Amsterdam: Amsterdam University Press, no prelo; idem, Joseba Fernández, Hara Kouki e Lorenzo Mosca, *Movement Parties Against Austerity*. Cambridge: Polity, 2017.

partidária: Jeremy Corbyn foi eleito líder do Partido Trabalhista e Bernie Sanders teve um sucesso digno de nota nas primárias dos Democratas.

Todavia, no debate público, esses movimentos progressistas à esquerda foram temporariamente eclipsados pelo êxito dos partidos de direita.

Movimentos regressivos?

A impressão de que estamos testemunhando uma "grande regressão" foi alimentada pelos acontecimentos que culminaram no voto pelo Brexit e na vitória presidencial de Trump, mas também é reforçada pelas circunstâncias da França, onde o Front National tem uma longa história, da Alemanha pelo rápido crescimento do Alternative für Deutschland, assim como da Áustria, dos países escandinavos, da Polônia e da Hungria. O Tea Party nos EUA, o Pegida na Alemanha, o English Defence League no Reino Unido, o Bloc Identitaire na França e CasaPound na Itália são todos exemplos de iniciativas políticas de direita que emergiram na forma de movimentos sociais. Apesar de ainda haver poucas provas empíricas para elaborar uma análise detalhada dessa guinada regressiva, podemos ao menos começar a imaginar algumas perguntas relevantes. Em primeiro lugar, precisamos tratar da base social de descontentes sob o neoliberalismo que instigou a transformação da direita política. Sociólogos e cientistas políticos alegam ter identificado uma nova clivagem que surgiu em consequência da globalização. Essa clivagem separa os vencedores (os que têm a opção de desembarcar) dos fracassados (aqueles que não têm essa alternativa):

> Entre os prováveis vencedores da globalização estão os empresários e empregados qualificados em setores abertos à competição internacional, bem como os cidadãos cosmopolitas. Entre os fracassados da globalização, por outro lado, estão os empresários e empregados qualificados de setores tradicionalmente salvaguardados, todos os empregados sem qualificação e cidadãos que se identificam fortemente com sua comunidade nacional.[14]

Os primeiros dados sobre o Brexit e as eleições presidenciais dos EUA indicam, entretanto, que os operários e os membros da classe média de mobilidade descendente não eram os únicos (ou mesmo os principais) partidários da campanha pela saída e de Donald Trump. Na verdade, os ricos e as pessoas com ensino superior também foram fortes bastiões de apoio. O dinheiro teve um papel crucial nessas vitórias da direita: grandes empresas e *think tanks* bem financiados primeiro apoiaram o Tea Party e depois a campanha de Trump. Injetou-se dinheiro em campanhas midiáticas que difundiam mensagens simples, não raro flagrantemente mentirosas, que apelavam ao medo e direcionavam a revolta popular contra diversos bodes expiatórios enquanto mobilizavam a base conservadora tradicional do Partido Republicano dos Estados Unidos.

---

14. Kriesi et al., *West European Politics in the Age of Globalization*, loc. cit., p. 8.

Embora essa não seja a história toda, é um elemento importante que não deve ser esquecido. Assim como no passado, contramovimentos regressivos fingem demonstrar solidariedade para com os 99% apesar de desfrutarem do apoio do poderoso 1% (conforme mostra claramente a reação positiva da bolsa de valores à vitória de Trump).

Uma segunda questão trata das formas que essa insatisfação adquire na direita. Parecem ser bem diferentes daquelas que observamos na esquerda, não apenas no que diz respeito ao conteúdo sociopolítico de suas afirmações, mas também no tocante aos modelos organizacionais. Faz tempo que pesquisas sobre o populismo de direita identificam uma demarcação cultural — com o cosmopolitismo de um lado e a xenofobia do outro — que separa a esquerda política da direita.[15] Esse é mais do que nunca o caso atual. Além disso, a política da direita é caracterizada por uma forma organizacional específica que se utiliza da liderança forte, personalizada, em vez da participação cidadã. Isso a distingue nitidamente dos movimentos progressistas.

Devido ao apelo à vontade do povo, em vez das concessões a elites corruptas, movimentos progressistas recentes também foram definidos como populistas. No entanto, essa compreensão do populismo parece ser "rasa" demais — afinal, qual movimento ou partido político não agrada à população? Na verdade, deveríamos adotar outro conceito de populismo, que o defina como uma forma de subjetividade popular. Como o cientista político Kenneth Roberts observa, movimentos sociais "emergem de formas autônomas de ação coletiva realizada por redes

15. Ibid.

ou grupos cívicos constituídos por conta própria; o populismo normalmente envolve a apropriação da subjetividade popular pelas personalidades dominantes que controlam os canais, ritmos e formas organizacionais da mobilização social". Sua definição de populismo, por outro lado, descreve muito bem fenômenos tais como o da campanha eleitoral de Trump:

> o populismo não requer que eleitorados em massa se envolvam em alguma ação coletiva além do ato individual de ir votar nas eleições nacionais ou referendos populares. Embora ambas as formas de subjetividade popular contestem as elites estabelecidas, os movimentos sociais mobilizam tal contestação de baixo para cima, enquanto o populismo tipicamente mobiliza eleitorados em massa de cima para baixo amparada na liderança de uma contraelite.[16]

O contraste entre, por um lado, os movimentos sociais e, por outro, o populismo, é forte sobretudo no que diz respeito a relações plebiscitárias versus participativas entre o povo e os líderes:

> Em última análise, esses vínculos encarnam formas muito diferentes de subjetividade popular e ação coletiva. O vínculo participativo ou padrões de subjetividade oferecem aos cidadãos um papel direto na

16. Kenneth Roberts, "Populism and Social Movements", em: Donatella della Porta e Mario Diani (orgs.), *Oxford Handbook on Social Movements*. Oxford: Oxford University Press, 2015, p. 681-682.

> contestação das elites estabelecidas ou nos processos deliberativos e de elaboração de políticas públicas. Assim, tendem a se fiar em formas autônomas e autoconstituídas de ação coletiva da sociedade civil, dentro ou fora dos (e às vezes contra os) canais institucionais formais. Em contraposição, sob relações plebiscitárias ou padrões de subjetividade, eleitorados em massa — em muitos casos desorganizados — são mobilizados de cima para aclamar uma autoridade ou ratificar as iniciativas políticas de seus líderes. Tal aclamação plebiscitária geralmente consiste em cabines de votação ou referendos populares, e não é prevista em formas autônomas de ação coletiva da sociedade civil. Aliás, a atração plebiscitária não raro se baseia na relação direta, sem mediadores, entre uma figura populista e o eleitorado altamente fragmentado.[17]

Apesar de ambos os tipos de subjetividade convocarem "o povo" e estigmatizarem as elites, o populismo está ligado ao vínculo plebiscitário que não fortalece o povo como um todo, e sim um único líder. Essa guinada plebiscitária pode ser vista na política regressiva, com os líderes apelando às massas por meio de discursos contra a classe dominante enquanto manipulam "o povo" em vez de envolvê-lo.

Em terceiro lugar, ainda é preciso abordar a questão de quais condições políticas propiciam o avanço do contramovimento regressivo. Em geral, acadêmicos que estudam movimentos sociais examinam de que maneira as

17. Ibid., p. 685.

ameaças e oportunidades políticas influenciam a extensão e as características dos protestos. Pesquisas sobre movimentos progressistas mostram claramente que as características específicas da insatisfação sob o neoliberalismo e suas crises são influenciadas pelas reações políticas à grande recessão, em especial pelas estratégias da política (principalmente partidária) de centro-esquerda. Observe-se que pesquisas sobre manifestações antiausteridade na América Latina demonstraram que as ondas de protestos mais desestabilizadoras ocorreram onde a política partidária não foi capaz de oferecer canais de dissidência antineoliberal, já que todos os grandes partidos apoiaram medidas neoliberais.[18] Uma situação similar parece surgir na Europa, onde as consequências do reposicionamento da direita no tocante às visões (exclusivistas) da seguridade social são ainda mais drásticas quando se percebe que a esquerda está defendendo o livre mercado e não propõe uma alternativa substancial.[19]

Dos movimentos e contramovimentos: algumas conclusões

O descontentamento com o neoliberalismo e as crises que ele gera assumem diferentes formas políticas. Na esquerda, os protestos geralmente adquirem a forma organizacional

18. Kenneth Roberts, *Changing Course in Latin America: Party Systems in the Neoliberal Era*. Cambridge: Cambridge University Press, 2015.
19. Della Porta, *The Global Spreading of Protest*, loc. cit.

de movimentos sociais interligados, enquanto na direita novos partidos surgiram e outros foram transformados por meio do desenvolvimento de um vínculo plebiscitário entre líderes e seguidores. Como geralmente era o caso do ponto de vista histórico, na esquerda, as causas de insatisfação eram encaixadas dentro do discurso do cosmopolitismo e da classe. Entretanto, na direita esse mesmo desagrado, na maioria das vezes, era enquadrado nos discursos exclusivistas e xenofóbicos. Isso não quer dizer que movimentos regressivos são necessariamente mais bem-sucedidos, mas que — assim como ocorreu no passado, principalmente em épocas de crise — os avanços da esquerda enfrentam a resistência de atores poderosos (conforme acontece quando as vitórias do movimento trabalhista são seguidas por recuos reacionários).

Por mais que a política progressista continue sã e salva, os êxitos recentes e visíveis da direita sinalizam os desafios que a situação atual impõe à esquerda. Primeiro, a fragmentação da base social de referência sem dúvida é um problema para a política progressista, já que se pode esperar que expressões de descontentamento sigam lógicas diversas ao mesmo tempo — lutando contra a commoditização (assim como nos mais tradicionais conflitos trabalhistas), mas também contra a re-commoditização (na forma de privatização de bens e serviços) e ex-commoditização (a expulsão de atores do mercado por meio do desemprego em massa e da precarização do trabalho).[20]

20. Michael Burawoy, "Facing an Unequal World", in: *Current Sociology* 63/1 (2015), p. 5-34.

Ao mesmo tempo, e agora ainda mais do que na onda anterior de políticas progressistas durante o auge do movimento pela justiça global, podemos observar uma necessidade urgente na esquerda de coordenação transnacional, que pode enfraquecer estruturas de mobilização anteriormente cultivadas. A resistência local à erradicação de direitos existentes pode muito bem colidir com a necessidade das iniciativas globais de dominar o capitalismo financeiro globalizado.

Por fim, eleitores e ativistas progressistas — que tipicamente nutrem fortes crenças normativas e estão habituados a um nível discursivo sofisticado — são mais difíceis de se conquistar com apelos genéricos ou mentiras descaradas. Portanto, é cada vez mais complicado mobilizá-los por meio de apelos neoliberais da centro-esquerda, que aliás tem sido o maior perdedor político dos últimos acontecimentos. Ao mesmo tempo, enquanto a esquerda radical tem ficado mais e mais forte, sobretudo onde os movimentos sociais progressistas são mais difundidos, apenas em raras ocasiões os partidos oriundos dos movimentos conseguiram o poder de tomar decisões nas instituições nacionais. Nos lugares onde isso foi possível (como na Bolívia e na Grécia), enfrentam uma resistência enorme dentro e fora dos respectivos países.

Não há nem sombra de dúvida de que a abordagem desses desafios exige paciência, mas também requer a criação de espaços para encontros e o aprendizado através da ação, por meio do exercício das lutas, como também foi o caso dos movimentos progressistas no passado.

(tradução: Débora Landsberg)

Neoliberalismo progressista versus populismo reacionário: a escolha de Hobson

Nancy Fraser

A eleição de Donald Trump constitui uma da série de insurreições políticas impressionantes que, vistas em conjunto, sinalizam o colapso da hegemonia neoliberal. Entre essas insurreições está o voto pelo Brexit no Reino Unido, a rejeição às reformas de Renzi na Itália, a campanha de Bernie Sanders pela indicação do Partido Democrata nos Estados Unidos e o apoio crescente ao Front National na França. Apesar de diferirem nas ideologias e nos objetivos, esses motins eleitorais têm um destino em comum: todos representam a rejeição da globalização corporativa, do neoliberalismo e dos sistemas políticos que os promovem. Em todos os casos, os eleitores estão dizendo "Não!" à mistura fatal de austeridade, livre comércio, dívida predatória e trabalho precário e mal pago que caracterizam o capitalismo financeirizado atual. Seus votos representam a contrapartida política subjetiva à crise estrutural objetiva dessa forma de capitalismo. Manifestada por um tempo na "violência vagarosa" associada ao aquecimento global e ao ataque mundial à reprodução social, essa crise estrutural ficou plenamente visível em 2007-2008, com o quase desastre da ordem financeira global.

Até pouco tempo atrás, no entanto, a principal reação à crise foi o protesto *social* — expressivo e vivaz, não há dúvida, mas basicamente efêmero. Os sistemas *políticos*, por sua vez, pareceram relativamente imunes, ainda controlados por funcionários dos partidos e elites do establishment, pelo menos nos Estados mais poderosos do âmago capitalista, como os Estados Unidos, o Reino Unido e a Alemanha. Agora, entretanto, as ondas de choque eleitoral reverberam mundo afora, inclusive nas cidades do sistema financeiro global. Quem votou em Trump, assim como quem votou no Brexit e contra as reformas italianas, se ergueu contra seus líderes políticos. Torcendo o nariz para as instituições partidárias, eles repudiaram os esquemas que têm minado suas condições de vida nos últimos trinta anos. A surpresa não está no fato de terem feito isso, mas em terem demorado tanto.

No entanto, a vitória de Trump não é apenas uma revolta contra o sistema financeiro global. O que seus eleitores rejeitaram não foi simplesmente o neoliberalismo, mas o neoliberalismo *progressista*. Pode soar como um oximoro, mas trata-se de um alinhamento político verdadeiro, ainda que perverso, que serve de chave para a compreensão dos resultados eleitorais dos EUA — e talvez dos acontecimentos em outros lugares. Sob a forma que tem nos Estados Unidos, o neoliberalismo progressista é uma aliança de correntes predominantes dos novos movimentos sociais (feminismo, antirracismo, multiculturalismo e direitos LGBTQ), por um lado, e segmentos empresariais de serviços e "simbólicos" de ponta (Wall Street, Vale do Silício e Hollywood), por outro. Nessa união, forças progressistas se juntam efetivamente com as forças do capitalismo cognitivo, sobretudo a financeirização. Por mais que tenha sido involuntário, as primeiras emprestaram seu carisma às últimas. Ideais como diversidade e empoderamento, que a princípio poderiam servir a fins diferentes, agora lustram políticas públicas que arrasaram a subsistência das manufaturas e da classe média outrora acessíveis a quem se engajasse.

O neoliberalismo progressista se desenvolveu nos Estados Unidos mais ou menos nas últimas três décadas e foi ratificado com a eleição de Bill Clinton em 1992. Clinton foi o principal engenheiro e porta-bandeira dos "Novos Democratas", o equivalente estadunidense do Novo Trabalhismo de Tony Blair. Em vez da coalizão ao estilo New Deal entre operários sindicalizados, afro-americanos e as classes médias urbanas, ele forjou uma nova aliança de empreendedores, moradores dos subúrbios, novos movimentos sociais e jovens, todos proclamando suas credenciais modernas, progressistas, ao incluir a diversidade, o multiculturalismo e os direitos das mulheres. Ao mesmo tempo em que endossava esses conceitos progressistas, o governo Clinton cortejava Wall Street. Entregando a economia dos Estados Unidos à Goldman Sachs, ele desregulou o sistema bancário e negociou acordos de livre comércio que aceleraram a desindustrialização. Quem ficou pelo caminho foi o Cinturão da Ferrugem — antes o bastião da social-democracia do New Deal e agora a região que cedeu o Colégio Eleitoral a Donald Trump. Essa área, além de centros industriais mais recentes no Sul, sofreu um enorme impacto quando a financeirização desenfreada despontou ao longo das últimas duas décadas. Continuadas por seus sucessores, inclusive por Barack Obama, as medidas de Clinton degradaram as condições de vida de todos os trabalhadores, sobretudo daqueles empregados na produção industrial. Em suma, o governo Clinton carrega o fardo pesado da responsabilidade pelo enfraquecimento dos sindicatos, o declínio dos salários reais, a precariedade crescente do trabalho e a ascensão da "família com dois ganhadores do pão" em vez do finado salário do chefe de família, que sustentava a casa inteira.

Conforme sugere o último ponto, o ataque à seguridade social foi lustrado por um verniz de carisma emancipatório, emprestado dos novos movimentos sociais. Embora apresentado como um triunfo feminista, a realidade por trás do ideal da família com dois ganhadores do pão é a de nível salarial achatado, seguridade empregatícia decrescente, padrões de vida decadentes, uma elevação pronunciada no número de horas trabalhadas pelo número de salários por família, exacerbação da jornada dupla — agora não raro uma jornada tripla ou quádrupla, o aumento no número de casas chefiadas por mulheres e uma luta desesperada para jogar as tarefas assistenciais no colo dos outros, principalmente de mulheres pobres, discriminadas pela raça e/ou por serem imigrantes. Além disso, no decorrer dos anos, enquanto a industrialização caía, os EUA zumbiam com o papo de "diversidade", "empoderamento feminino" e "luta contra a discriminação". Identificando o progresso com a meritocracia em vez da igualdade, esses termos equiparavam a emancipação com o surgimento de mulheres, minorias e gays "talentosos" na hierarquia corporativa em que o vencedor leva tudo, em vez de fazê-lo por meio da abolição dessa hierarquia. Essa visão individualista-liberal do progresso aos poucos substituiu o entendimento vasto, anti-hierárquico, igualitário, com sensibilidade de classe e anticapitalista da emancipação que floresceu nas décadas de 1960 e 1970. À medida que a Nova Esquerda minguava, sua crítica estrutural à sociedade capitalista encolheu, e a mentalidade individualista-liberal característica do país se reafirmou, reduzindo de modo imperceptível as aspirações dos "progressistas" e dos autointitulados esquerdistas. O que fechou o negócio, no entanto, foi a coincidência dessa evolução com a ascensão do neoliberalismo. Um partido empenhado em liberalizar a economia capitalista achou seu par perfeito no feminismo corporativo meritocrático focado no "faça acontecer" e em "quebrar o teto de vidro".

Por trás desses acontecimentos estava a transformação monumental do capitalismo que começou na década de 1970 e agora se desenreda. O aspecto estrutural dessa transformação é bem entendido: enquanto o regime anterior, do capitalismo gerido pelo Estado, deu aos governos o poder de subordinar os interesses de curto prazo das empresas particulares ao objetivo de longo prazo do acúmulo constante, o regime atual autoriza o sistema financeiro global a subordinar governos e populações segundo os interesses imediatos de investidores particulares. Porém, o aspecto político é menos compreendido. Podemos caracterizá-lo com termos de Karl Polanyi adaptados. Combinando a produção em massa e o consumo em massa com o abastecimento público, o capitalismo gerido pelo Estado sintetizou com criatividade dois projetos que Polanyi considerou antitéticos: a mercantilização e a seguridade social. Mas eles se uniram à custa de um terceiro projeto, negligenciado por ele, que pode ser chamado de emancipação, na medida em que o edifício inteiro se apoiava na contínua depredação (neo)imperial do Sul global, na institucionalização da dependência feminina por meio do salário do chefe de família, e na exclusão motivada por critérios raciais dos agricultores e trabalhadores domésticos da previdência social. Nos anos 1960, essas populações excluídas já se mobilizavam ativamente contra a barganha que exigia que pagassem o preço pela relativa segurança e prosperidade alheias. E com razão! Mas por obra do destino suas lutas cruzaram com outra frente de lutas, que se desdobraram em paralelo ao longo das décadas seguintes. Essa segunda frente jogou um grupo ascendente de defensores do livre mercado, empenhado em liberalizar e globalizar a economia capitalista, contra movimentos trabalhistas decadentes nos países do cerne capitalista, que outrora eram a base de apoio mais poderosa à social-democracia, mas agora estavam na defensiva, se não totalmente derrotados. Nesse contexto, novos movimentos sociais progressistas, com a meta de derrubar hierarquias de gênero, etnia-"racial" e sexo, se viram medindo forças com populações que buscavam defender estilos de vida estabelecidos e privilégios, agora ameaçados pelo cosmopolitismo da nova economia financeirizada. A colisão dessas duas frentes de luta produziu uma nova constelação: *proponentes da emancipação se uniram a partidários da financeirização para bloquear a seguridade social.* O fruto da união entre eles foi o neoliberalismo progressista.

O neoliberalismo progressista mistura ideais de emancipação truncados e formas de financeirização letais. Foi exatamente essa mistura que sofreu a rejeição *total* dos eleitores de Trump. Destacam-se entre os abandonados nesse valente mundo cosmopolita os operários, sem dúvida, mas também os gerentes, os pequenos empresários e todos que se fiavam na indústria do Cinturão da Ferrugem e do Sul, bem como as populações rurais arrasadas pelo desemprego e pelas drogas. Para essas populações, a ofensa da desindustrialização é agravada pela afronta do moralismo progressista, que tem o hábito de retratá-los como atrasados no quesito cultural. Ao rejeitar a globalização, os eleitores de Trump também repudiaram o cosmopolitismo liberal que remete a ela. Para alguns (mas claro que nem todos), foi apenas um pequeno passo para botar a culpa por suas condições cada vez piores no politicamente correto, nas pessoas negras, em imigrantes e muçulmanos. A seus olhos, feminismo e Wall Street são farinha do mesmo saco, perfeitamente unidos na figura de Hillary Clinton. O que possibilitou essa confusão foi a ausência de uma esquerda verdadeira. Apesar de surtos periódicos tais como o Occupy Wall Street, que se mostrou efêmero, há várias décadas não existe uma presença constante da esquerda nos Estados Unidos. Tampouco estava em vigor alguma narrativa abrangente de esquerda que articulasse as queixas legítimas dos apoiadores de Trump com uma crítica exagerada da financeirização, por um lado, e uma visão de emancipação antirracista, antissexista e anti-hierárquica, pelo outro. Igualmente arrasador é o fato de que deixaram padecer os possíveis elos entre trabalho e novos movimentos sociais. Separados, esses polos indispensáveis a uma esquerda viável estavam a quilômetros de distância, esperando serem considerados antagônicos.

Ao menos até a incrível campanha das primárias de Bernie Sanders, que lutou para unir esses dois polos após algumas cutucadas do Black Lives Matter. Detonando o senso comum liberal imperante, Sanders fez campanha contra "a economia fraudulenta", que vem redistribuindo riquezas e rendas para a parte superior em uma escala maciça nos últimos trinta anos. Também se voltou contra "o sistema político fraudulento" que sustentou e protegeu essa economia, já que democratas e republicanos conspiraram por décadas para suprimir todas as propostas sérias de reforma estrutural enquanto suas outras lutas impregnavam a esfera pública e absorviam todo o ar. Empunhando a bandeira do "socialismo democrático", Sanders levou emoções adormecidas desde o Occupy Wall Street a criarem uma potente insurgência política.

O levante de Sanders foi a contrapartida do campo democrata ao de Trump. Ao mesmo tempo em que o último virava o establishment republicano de pernas para o ar, Bernie ficava a um triz de derrotar a sucessora ungida de Obama, cujos burocratas controlavam todas as alavancas de poder no Partido Democrata. Combinados, Sanders e Trump galvanizaram a imensa maioria dos eleitores estadunidenses. Porém, apenas o populismo de Trump sobreviveu. Enquanto ele facilmente afugentava seus rivais republicanos, inclusive os apoiados pelos grandes doadores e líderes do partido, a insurreição de Sanders foi de fato reprimida por um Partido Democrata bem menos democrático. Quando chegou a eleição geral, então, a alternativa de esquerda já havia sido suprimida.

O que restou foi a escolha de Hobson entre o populismo reacionário e o neoliberalismo progressista. Voltando-se rapidamente para a moralização trivial, Hillary Clinton centrou toda a campanha na "ruindade" de Trump.

Verdade, claro, que ele era uma fonte inesgotável, oferecendo uma série interminável de provocações cada vez mais venenosas, e propiciando um estoque inexaurível de pretextos para se esquivar das questões que Sanders levantara. Mas Clinton fez jus ao que se esperava dela e mordeu a isca. Mirando nas ofensas de Trump aos muçulmanos e no fato de bolinar as mulheres, e partindo do pressuposto de que tinha nas mãos os apoiadores de Sanders, ela parou com todas as referências à "economia fraudulenta", à necessidade de uma "revolução política", ao custo social da financeirização e do livre comércio neoliberais, além da péssima distribuição desses custos. Tampouco conferiu alguma legitimidade às visões dissidentes de Trump acerca da política externa dos EUA, inclusive suas dúvidas sobre as mudanças consecutivas de regime, o futuro da OTAN e a demonização da Rússia. Convicta de que uma candidata com suas qualificações não poderia perder para um homem tão louco e despreparado quanto Donald Trump, Clinton imaginou que bastaria fustigar a revolta moral e prolongar seus discursos a fim de ganhar tempo. Usando as táticas de amedrontamento habituais, seus representantes aumentaram a pressão em cima dos apoiadores de Sanders. Para evitar a ameaça "fascista", tinham de parar de tecer críticas à candidata e se submeter a apoiar o menor dos males.

No entanto, essa estratégia se mostrou desastrosa — e não somente porque Clinton perdeu. Ao deixar de falar das condições que viabilizaram a ascensão de Trump, sua campanha simplesmente descartou os apoiadores dele e suas preocupações. Como resultado, consolidou a percepção dos progressistas como aliados do sistema financeiro global

— uma visão respaldada pela divulgação dos discursos de Clinton na Goldman Sachs. Longe de "empurrá-la para a esquerda", como certos apoiadores relutantes esperavam que acontecesse, apenas reforçaram a difícil escolha entre duas opções nada palatáveis: o populismo reacionário ou o neoliberalismo progressista.

Na verdade, esse "menor dos males" não era novidade. Era essa a postura costumeira da esquerda dos Estados Unidos, desempoeirada de quatro em quatro anos: servir de ventríloquos a objetivos liberais e silenciar os próprios por conta do medo de um Bush ou um Trump. Embora pretenda nos salvar "do pior", essa estratégia fertiliza o solo do qual brotam monstros novos e cada vez mais perigosos, o que por sua vez justifica mais adiamento — e assim por diante, em um círculo vicioso. Será que alguém acredita que a presidência de Clinton iria atrás de Wall Street e do 1%? Que teria diminuído em vez de atiçado a ira populista? Na verdade, a ira sentida por muitos eleitores de Trump é bastante legítima, ainda que em grande medida errem o alvo ao direcioná-la a imigrantes e outros bodes expiatórios. A reação adequada não é a condenação moral, mas a validação política acompanhada do redirecionamento da ira contra as predações sistêmicas do capital financeiro.

Essa reação também serve de resposta àqueles que clamam que agora temos de juntar forças com os neoliberais para evitar o fascismo. O problema não é apenas que o populismo reacionário não é (ainda) fascismo. Também é que, do ponto de vista analítico, o liberalismo e o fascismo não são coisas separadas, uma boa e a outra ruim, mas duas facetas profundamente interligadas do sistema capitalista mundial. Apesar de não serem de modo algum normativamente equivalentes, ambos são produtos do capitalismo desenfreado, que em todos os lugares desestabiliza universos cotidianos e habitats, acarretando tanto a liberação individual quanto o sofrimento inenarrável. O liberalismo expressa o primeiro lado, liberatório, desse processo enquanto omite a raiva e a dor associadas ao segundo. Largados para apodrecer na ausência de alternativa, esses sentimentos alimentam autoritarismos de todos os tipos, inclusive aqueles que de fato merecem o nome de fascismo e aqueles que enfaticamente não o merecem. Sem uma esquerda, em outras palavras, o redemoinho do "desenvolvimento" capitalista só pode gerar forças liberais e forças opostas autoritárias, unidas em uma simbiose perversa. Assim, longe de ser o antídoto ao fascismo, o (neo)liberalismo é seu cúmplice. O verdadeiro amuleto contra o fascismo (seja proto ou semi ou real) é um projeto de esquerda que redireciona a raiva e o sofrimento dos espoliados para uma profunda reestruturação social e uma "revolução" política democrática. Até pouquíssimo tempo atrás, era difícil sequer vislumbrar tal projeto de tão sufocante que era a hegemonia do senso comum neoliberal. Mas graças a Sanders, Corbyn, Syriza e Podemos — por mais imperfeitos que todos eles sejam — é possível de novo imaginar uma série ampliada de cenários.

De agora em diante, portanto: *a esquerda deve recusar a escolha entre neoliberalismo progressista e populismo reacionário.* Em vez de aceitar os termos que nos foram apresentados pelas classes políticas, deveríamos estar nos empenhando para redefini-los nos inspirando no fundo vasto e crescente de repulsa social contra a ordem atual.

Em vez de tomar partido da financeirização-mais-emancipação contra a seguridade social, deveríamos nos concentrar em estabelecer uma nova aliança de emancipação e seguridade social contra a financeirização. Nesse projeto, que se baseia no de Sanders, a emancipação não significa a diversificação da hierarquia corporativa, e sim sua abolição. E prosperidade não é aumentar o valor das ações ou o lucro empresarial, mas os pré-requisitos materiais de uma boa vida para todos. Essa mistura continua sendo a única reação íntegra e vitoriosa na conjectura atual.

Eu, por exemplo, não derramo lágrimas pela derrota do neoliberalismo progressista. Sem dúvida há muito o que temer do governo racista, anti-imigrantista e antiecológico de Trump. Mas não devemos lamentar nem a implosão da hegemonia neoliberal nem a quebra do punho de ferro do Clintonismo sobre o Partido Democrata. A vitória de Trump marcou uma derrota da aliança profana de emancipação com financeirização. Mas sua presidência não oferece solução para a crise atual, promessas de um novo regime, hegemonia segura. O que enfrentamos, na verdade, é um interregno, uma situação aberta e instável em que corações e mentes estão à disposição. Nessa situação, existe não apenas o risco mas também a oportunidade: a chance de construir uma nova "nova esquerda".

Se isso vai acontecer, depende em parte de uma séria autocrítica dentre os progressistas que se juntaram para apoiar a campanha de Clinton. Terão de abrir mão do mito reconfortante mas falso de que perderam para "um monte de deploráveis" (racistas, misóginos, islamofóbicos e homofóbicos) auxiliados por Vladimir Putin e pelo FBI. Terão de reconhecer a própria parcela de culpa por sacrificarem a causa da seguridade social, o bem-estar material e a dignidade da classe trabalhadora à falsa compreensão da emancipação em termos de meritocracia, diversidade e empoderamento. Terão de pensar muito em como podemos transformar a economia política do capitalismo financeiro, ressuscitando o lema de Sanders do "socialismo democrático" e descobrindo o que isso pode significar no século XXI. Acima de tudo, terão de estender a mão para a massa de eleitores de Trump que não são nem racistas nem direitistas contumazes, mas baixas de um "sistema fraudulento" que podem e devem ser recrutadas para o projeto antineoliberal de uma esquerda rejuvenescida.

Isso *não* significa emudecer preocupações urgentes com o racismo e o sexismo. Mas significa mostrar como essas opressões históricas de longa data acham novas expressões e bases hoje em dia no interior do capitalismo financeiro. Refutando a ideia falsa de soma zero, que dominou a campanha eleitoral, deveríamos vincular os danos sofridos pelas mulheres e negros com aqueles vivenciados pelas inúmeras pessoas que votaram em Trump. Desse modo, uma esquerda revitalizada poderia lançar as bases para uma nova coalizão poderosa dedicada a lutar por justiça para todos.

(tradução: Débora Landsberg)

Populismo ou a crise das elites liberais: o caso de Israel

Eva Illouz

O mundo parece ter se tornado, praticamente da noite para o dia, desorganizado. Em sociedades liberais, democráticas, podemos observar a radicalização das populações que desde a Segunda Guerra Mundial tinham, em grande medida, aceitado e seguido as regras do jogo liberal. Seja nos Estados Unidos, na França, Grã-Bretanha, Áustria, Alemanha, Hungria ou em Israel, uma parte significativa da população agora parece decidida a questionar algumas das principais motivações do liberalismo: pluralismo étnico e religioso, integração da nação à ordem mundial por meio do intercâmbio econômico e das instituições globais, expansão dos direitos dos indivíduos e de grupos, tolerância da diversidade sexual, neutralidade étnica e religiosa do Estado. Fora do mundo liberal tradicional do Ocidente, a situação é ainda pior: Rússia, Turquia e Filipinas exibem um estilo de liderança agressivo, brutal, chauvinista, uma postura hostil à Europa e seus valores e um descaso desinibido pelo Estado de direito e pelos direitos humanos.

Costumamos pensar no fundamentalismo como aquele traço das ideias e dos atos que caracterizam o "outro" no Ocidente, e, nesse sentido, muito já foi escrito sobre o fundamentalismo islamita como sendo esse outro. Entretanto, ironicamente, o próximo "outro" mais palpável que emergiu é o que está entre nós. Sugiro focarmos aqui nesse próximo fundamentalismo, o das populações que vivem no Ocidente ou em democracias que aspiram ao Ocidente, e que parece ser motivado pelo desejo de voltar aos "fundamentos" de sua cultura, civilização, religião e nação, tudo em um. Esse fundamentalismo é alimentado pela religião e tradição, sem dúvida, mas a religião é basicamente usada para defender a pureza do povo e uma versão radical da nação.

Neste artigo, reflito principalmente sobre esse processo de radicalização interna a partir de um cantinho do globo, de Israel, interessante para a discussão dessa desordem geral, visto que Israel passou à política populista regressiva pelo menos uma década antes da escorregada global rumo ao populismo que testemunhamos atualmente (o que Christophe Ayad chamou de "israelização do mundo").[1] Essa política reacionária se manifesta de várias formas: a radicalização do reinante partido Likud (em especial após as eleições de 2009) e sua guinada a uma política israelense de *alt-right*, a direita alternativa, com o objetivo evidente de estabelecer uma supremacia judaica sobre os árabes (territorial e legalmente, com a recente sugestão de um proeminente membro do Likud no Knesset de que os cidadãos árabes fossem privados do direito ao voto); a integração de políticos messiânicos extremistas que clamavam pela restauração da Grande Israel bíblica (uma postura considerada pura demência apenas uma década antes); a deslegitimação pública de opiniões de esquerda, agora denominadas por muitas

1. Christophe Ayad, "L'Israélisation du monde (occidental)", em: *Le Monde* (1º de dezembro de 2016).

autoridades públicas como atos de "traição" (em certos casos, opiniões de esquerda se tornaram totalmente ilegais, como pedidos de apoio ao movimento BDS, Boicote, Desinvestimento e Sanções); a incessante invocação da segurança como justificativa para violações de privacidade e direitos das minorias; o clamor de rabinos no serviço público para que árabes não sejam empregados e se boicote lojas que os contratem. Uma pesquisa recente conduzida entre jovens judeus israelenses dos dois últimos anos de colegial pelo *Israel Hayom*, jornal diário pertencente a Sheldon Adelson (o judeu bilionário que deu milhões de dólares de contribuição a Netanyahu *e* Trump) captura essas tendências profundas: 59% se identificaram politicamente como de direita e apenas 13% declararam se considerar de esquerda. A pesquisa também revelou um grau surpreendentemente alto de patriotismo, com 85% dizendo que "ama o país" e 65% afirmando concordar com o ditado atribuído ao herói sionista Joseph Trumpeldor, morto em combate em 1920: "É bom morrer pelo seu país."[2]

A transformação do que supostamente era um país liberal em um país populista caracterizado pelo desrespeito ao direito internacional e aos valores cívicos do liberalismo foi atribuída ao fracasso dos acordos de Oslo, Wye e Camp David, após o qual os palestinos foram acusados de rejeitar as propostas territoriais feitas pelo governo de esquerda de Ehud Barak. Isso sem dúvida teve um papel importante para tornar a retórica securitista da direita tanto mais estridente quanto mais aceitável; mas só isso

---

2. Allison Kaplan Sommer, "Jews-only Poll Highlights Israeli Youths' Drift to the Right", em: *Haaretz* (13 de abril de 2016).

não explica a mudança palpável na identidade política de Israel, a guinada no tocante aos valores e à cultura cívica.

A fim de compreender o que pode estar em jogo com essas mudanças, começarei meu debate com o livro recente de Michael Walzer, *The Paradox of Liberation*, que examina o processo de radicalização interna em três países: Argélia, Israel e Índia. A questão central do livro é: como é que nesses três países, cuja independência foi recentemente arrancada das mãos de potências coloniais, o movimento que libertou o povo foi rapidamente desafiado por fundamentalistas religiosos e tão fraco na hora de reagir a eles? Não uso a tese de Walzer por endossá-la, pelo contrário: Walzer é um dos filósofos políticos mais ilustres da contemporaneidade, e seu entendimento sobre "o que deu errado" é relevante por causa da importância do autor e porque contém erros de diagnóstico gritantes.

Paradoxos da liberação

Nesta seção, estou seguindo de perto o argumento de Walzer, apenas parafraseando o autor. O quebra-cabeça no cerne da obra é este: em "três países diferentes, com três religiões diferentes, o calendário foi de uma similaridade extraordinária: de vinte a trinta anos depois da independência, o Estado laico foi desafiado por um movimento religioso militante".[3] O paradoxo descrito por Walzer é

3. Michael Walzer, *The Paradox of Liberation. Secular Revolutions and Religious Counterrevolutions*, New Haven/Londres: Yale University Press, 2015, p. xii.

que os defensores da libertação estavam em guerra com o povo que queriam libertar, já que eram laicos e o povo era (ou se tornou cada vez mais) religioso.

Walzer cita o escritor V. S. Naipaul, que recorda o caso indiano, mas onde Naipaul fala em "hinduísmo", é fácil ler "judaísmo da diáspora", segundo a visão dos primeiros sionistas:

> O hinduísmo [...] nos expôs a milhares de anos de derrota e estagnação. Não deu aos homens nenhuma noção de contrato com outros homens, nenhuma ideia de Estado. Escravizou um quarto da população e sempre deixou o todo fragmentado e vulnerável. Sua filosofia de distanciamento diminuiu os homens intelectualmente e não os equipou para reagir ao desafio; reprimiu o crescimento.[4]

A liberação nacional, por outro lado, é uma doutrina laicizante, modernizante e desenvolvimentista — exatamente a doutrina que hoje é desafiada mundo afora. Trata-se, conforme afirmam seus oponentes, de uma doutrina "ocidental", e para a nação prestes a ser libertada é uma grande novidade. Aliás, novidade é o mantra dos libertadores. Eles oferecem aos oprimidos a visão e as promessas de novos começos, nova política, uma nova cultura, uma nova economia: visam criar novos homens e mulheres. Walzer cita David Ben-Gurion, o primeiro e mais longevo primeiro-ministro de Israel: "O trabalhador de Eretz Yisrael [a Terra de Israel] difere

4. Ibid., p. 7.

do trabalhador judeu no Galut [exílio]... [Ele] não é um novo galho enxertado em uma velha tradição, mas uma nova árvore."[5]

E, no entanto, em "todos os três países, a religião continuou a ser uma força na vida cotidiana durante os anos de libertação e na sua esteira".[6] Portanto, no desejo de definir um novo cidadão, essas nações extirparam do povo sua fonte vital de sentido, a religião, que mais tarde volta para assombrar o mesmo Estado que tentara expurgá-la, com a violência da vingança.

A explicação de Walzer suscita pelo menos duas perguntas: (1) Seria o nacionalismo secular de nações recentemente constituídas, não cristãs, como Israel (ou Índia e Argélia, a propósito) de fato tão absolutista, secular e universalista quanto ele afirma?; (2) Seria essa cultura secular "absolutista" responsável pelo recrudescimento religioso por sua negação da necessidade religiosa do povo?

Como Walzer alega, com razão, o sionismo era, nos primórdios, um movimento secular militante. Era secular não só por querer sacudir o povo e tirá-lo do torpor da religiosidade, mas por abraçar com amor e fervor a secularidade da alta cultura das nações onde judeus viviam, fosse a Rússia, a Alemanha, a França ou a Grã-Bretanha. Havia tempos que os judeus eram parte do Ocidente, com bem menos ambivalência e bem mais proximidade do que as nações colonizadas que Walzer menciona. Nesse sentido, os judeus não tinham sido "colonizados" — como a Índia e a Argélia. Pelo contrário, ao longo dos séculos XVIII e XIX,

5. Ibid., p. 22.
6. Ibid., p. 24.

os judeus adotaram o Ocidente em uma relação simbiótica, um processo que o Iluminismo só fez aguçar desde que a ideia de universalidade prometeu redimir todos os seres humanos. Quando saíram da Europa rumo à Palestina sob mandato britânico, os sionistas se viram como representantes dessa cultura. Portanto, o projeto sionista era simultaneamente um projeto para proporcionar soberania nacional a um povo específico e um projeto para exportar a cultura secular europeia ocidental para o Oriente Médio. Assim, o sionismo era um projeto nacional bem mais complexo do que a libertação da Índia ou da Argélia por ser ao mesmo tempo colonialista *e* emancipatório.

A face de Janus de uma cultura secular e um Estado religioso

Walzer tem razão ao declarar que a maioria do povo judeu que lutou pela criação de um Estado era laica, mas sua laicidade não era, ou não era apenas, resultado do nacionalismo sionista: era o resultado de um processo de modernização que havia começado antes do nacionalismo judaico propriamente dito. Foi a secularização dos judeus que fomentou o projeto nacionalista, e não o contrário. O sionismo era, na verdade, uma grande concessão histórica entre o desejo de assimilação a uma visão europeia que os sionistas reverenciavam e o desejo de manter a identidade judaica renovando-a sob a forma de soberania política. À luz disso, não surpreende que todos ou a maioria dos símbolos nacionais de Israel mais relevantes (por exemplo, as duas listras azuis na bandeira representam o *talit* ou xale de orações; as cores azul e branca são mencionadas na Bíblia), a retórica do retorno a Sião e o calendário público tenham sido emprestados do simbolismo religioso. Além disso, longe de negar o judaísmo religioso, o sionismo fez concessões surpreendentes a ele na organização institucional do próprio Estado. Em 1947, Ben-Gurion escreveu uma carta famosa à Agudat Israel, a organização representante do judaísmo ortodoxo asquenaze, submetendo o Estado a quatro aspectos religiosos fundamentais da coletividade: a observação do sabá; *kashrut* (ou seja, a observância das leis dietéticas judaicas) no exército; controle de leis relativas a assuntos pessoais pelos rabinos; e autonomia do sistema educacional religioso.[7] Mais relevante e radical: a Lei do Retorno garantiria a cidadania automática a qualquer um identificado como judeu (em 1970, foi estendida a pessoas que tivessem algum avô ou avó judeu), abrindo caminho para uma definição de cidadania étnica, baseada na ascendência. Além disso, dentro do Estado, apenas aos rabinos era concedido o poder de determinar quem era ou não era judeu e, portanto, decidir sobre a identidade daqueles que poderiam reclamar privilégios resultantes desse judaísmo (uma mulher não judia, por exemplo, não pode se casar com um homem judeu, visto que rabinos ortodoxos proíbem esses casamentos; seus filhos tampouco podem ser considerados judeus). A religião, portanto, controlava o que talvez fosse a

7. Itamar Rabinovich/Jehuda Reinharz, *Israel in the Middle East. Documents and Readings on Society, Politics, and Foreign Relations Pre-1948 to the Present*. Waltham, Massachusetts: Brandeis University Press, 2008, p. 58-59.

prerrogativa mais oficial do Estado, a capacidade de definir quem pode ou não ser cidadão e quais são seus privilégios. O sionismo, que exibira essa engenhosidade tão extraordinária, demonstrou uma falta de imaginação espantosa no tocante ao elemento mais essencial da vida nacional.

Talvez Walzer não chamasse todas essas concessões um "compromisso com o judaísmo" e as visse como conciliações políticas espinhosas que não comprometiam o fundo da alma dos revolucionários nacionalistas. Mas Walzer comete a mesma falácia que os israelenses da época: confunde alta cultura e cultura oficial — profundamente laica, aliás — com a construção institucional, que com o tempo teve muito mais importância do que a alta cultura e acabou por subvertê-la. Os sionistas pioneiros eram proficientes na linguagem universalista da *Weltliteratur* e na linguagem marxista da redistribuição socialista, mas eram bem menos proficientes na linguagem liberal universalista dos direitos humanos e da cidadania, exatamente porque relutavam em imaginar os limites de sua nova nação em termos que não os traçados pela religião. Assim, o sistema de governo israelense foi caracterizado pelo vão entre a cultura oficial e sua principal instituição política — o Estado. Foram essa fratura e essa carência que permitiram que fanáticos determinados e grupos fundamentalistas tomassem o poder.

Portanto, embora concorde com Walzer que a ligação entre nacionalismo e religião não seja necessária (veja o caso francês), no caso israelense, essa relação esteve presente desde o começo (desconfio de que isso seja verdade no caso argelino, como Jean Birnbaum mostra em seu livro excepcional, *Un Silence religieux*[8]). Moldou e ditou, por meio da combinação de estratégias políticas, uma referência e deferência habitual e inconsciente à religião e uma cultura enraizada na Bíblia, uma identidade nacional densa, bem diferente da identidade mirrada do liberalismo cristão convencional. Era densa porque criava uma equivalência indireta entre judaísmo e cidadania israelense, entre judaísmo e Estado. Essa identidade nacional densa põe Israel numa categoria política própria, entre os países liberais do Ocidente e a adesão baseada em etnia/religião das nações muçulmanas ao redor. Ao contrário dos primeiros e assim como as últimas, embaçou a distinção institucional entre Estado e religião. Conforme declara Étienne Balibar em *Saeculum*, separar o secular do religioso é crucial para *liberar* o Estado para a função de difundir uma cultura cívica comum.[9] Quando o Estado não é livre para cumprir essa função, é mais fácil que um grupo se veja como seu único representante legítimo e crie hierarquias entre seus membros. Está gravada, portanto, na história da nação israelense, a definição de cidadania baseada na ascendência de sangue e na religião, que minou uma grande promessa histórica do nacionalismo: a de que seria inclusivo. Consequentemente, era um Estado estranho: do ponto de vista militar, forte como Golias, mas internamente fraco, pois de bom grado entrega sua principal prerrogativa nas mãos das autoridades religiosas,

8. Jean Birnbaum, *Un Silence religieux. La gauche face au djihadisme*. Paris: Seuil, 2016.
9. Étienne Balibar, *Saeculum. Culture, religion, idéologie*. Paris: Galilée, 2012.

tornando-o não apenas fraco, mas também infestado de contradições internas.

O big bang da política israelense

Que a construção do Estado israelense não foi nem secular nem universalista e, no entanto, continha elementos do colonialismo ocidental é evidente quando consideramos a população árabe, é claro, mas é ainda mais acentuado e nítido em outro caso, um caso que *em suma* constitui o acontecimento central, crucial, do qual toda a política populista israelense subsequente se originou. Assim como nos países ocidentais, tem a ver com imigrantes e com a maneira com que eles foram tratados pelas elites tradicionais.

Poucos anos após a Declaração de Independência em 1948, os judeus do Oriente Médio e do norte da África começaram a afluir para Israel e foram imediatamente excluídos de todas as áreas relevantes de poder social. Enquanto os asquenazes em geral eram colocados nos centros urbanos em que as riquezas eram geradas, os judeus iemenitas, marroquinos e iraquianos eram enviados a regiões geograficamente distantes conhecidas eufemisticamente como "periferias", um fato que desacelerou bastante sua integração social, econômica e cultural (qualquer análise comparativa do destino dos mesmos judeus em Israel e em outros países como o Canadá e a França mostra sua exclusão extraordinária da sociedade israelense).[10] Talvez

10. Baruch Kimmerling, "Inequality and Discrimination". *The End of Ashkenazi Hegemony*. Jerusalém: Keter, 2001 (em hebraico), p. 21-29.

ainda mais crucial tenha sido o fato de que judeus de países árabes foram classificados pelo establishment sionista em uma só categoria, unificada — os "mizrahim" (orientais) — um ato de orientalismo por excelência, derivado da lógica binária de distinção, pela qual os mizrahim receberam uma identidade radicalmente diferente daquela dos judeus ocidentais e do Leste Europeu — os asquenazes.[11] O destino dos mizrahim foi curiosamente similar ao dos trabalhadores levados aos países europeus, como os magrebinos na França; as populações coloniais na Inglaterra; os turcos na Alemanha. Como muitos de seus pares europeus, os sionistas asquenazes deram empregos da classe trabalhadora aos mizrahim: os homens assumiram as funções de caminhoneiros, lenhadores, operários; as mulheres trabalhavam como empregadas domésticas ou, na melhor das hipóteses, como secretárias. Como uma única entidade, os judeus de países árabes foram classificados como inferiores a seus congêneres europeus sob todos os aspectos. Para citar diversos professores, psicólogos e autoridades estatais ilustres que opinaram sobre o assunto, os mizrahim eram de "inteligência inferior", "primitivos", "atrasados culturalmente", pré-modernos e acima de tudo religiosos, portanto duplamente estrangeiros no Estado

11. Aziza Khazzoom, "The Great Chain of Orientalism: Jewish Identity, Stigma Management, and Ethnic Exclusion in Israel", em: *American Sociological Review* 68/4 (2003), p. 481-510; Amnon Raz-Krakotzkin, "The Zionist Return to the West and the Mizrahi Jewish Perspective", em: *Orientalism and the Jews*, organizado por Ivan Davidson Kalmar e Derek J. Penslar. Waltham, Massachusetts: Brandeis University Press, 2005, p. 162-181; Ella Shohat, "The Invention of the Mizrahim", em: *Journal of Palestine Studies* 29/1 (outono 1999), p. 5-20.

secular sionista inspirado no Ocidente progressista.[12] Mas existe aí uma ironia: a religiosidade dos judeus vindos de países árabes era bem mais moderna e modernizante que a de seus colegas asquenazes ultraortodoxos. O que os sionistas consideravam ser a religiosidade dos mizrahim era o efeito de sua orientalização por um Estado de Israel que aspirava ao Ocidente.[13] Se o Agudat Israel (com o qual fora fácil demais para Ben-Gurion chegar a um meio-termo) era sob qualquer critério extremamente religioso, antimoderno, ultraortodoxo, a religiosidade dos judeus nascidos em países árabes era muito mais aberta aos valores ocidentais. A religião fundamentalista, ultraortodoxa, antimoderna dos asquenazes foi naturalmente integrada ao tecido do aparato estatal, mas a religiosidade moderna e bem mais progressista dos mizrahim foi ignorada. Pior ainda: a religiosidade deles se tornou uma marca de inferioridade social e cultural, e a secularidade se tornou uma marca de distinção cultural e dominação simbólica.

A isso, temos de acrescentar o fato de que os partidos de esquerda reinantes praticavam uma forma de corrupção ao contratar ou empurrar "os seus" a influentes postos políticos, acadêmicos e econômicos. Portanto, é bem fácil entender por que, quando o líder do movimento revisionista de

12. Sami Shalom Chetrit, *Intra-Jewish Conflict in Israel: White Jews, Black Jews*. Londres/Nova York: Routledge, 2009; Sammy Smooha, "The Mass Immigrations to Israel: A Comparison of the Failure of the Mizrahi Immigrants of the 1950s with the Success of the Russian Immigrants of the 1990s", em: *Journal of Israeli History* 27/1 (2008), p. 1-27.

13. Yehouda A. Shenhav, *The Arab Jews: A Postcolonial Reading of Nationalism, Religion, and Ethnicity*. Stanford: Stanford University Press, 2006.

direita Menachem Begin abraçou os mizrahim, eles abandonaram o Partido Trabalhista aos montes. Os mizrahim, vendo-se largados e excluídos, fizeram o que qualquer ator racional faria: votaram no partido de Menachem Begin.

Esse foi o big bang da política israelense, o acontecimento ao qual podemos atribuir o nascimento dos governos populistas, a morte irrevogável da esquerda e a guinada rumo à política identitária, étnica e racial. Begin aceitou os mizrahim *como* judeus, e assim ofereceu o que a esquerda não foi capaz de oferecer: igualdade com os asquenazes com base no judaísmo.[14] Desse modo, Begin viabilizou uma ligação bem mais direta e objetiva entre o Estado judeu e a cultura política até agora secular de Israel. Os mizrahim apoiaram Begin e desde então não saíram da nova órbita política que ele criou. Ao aceitá-los como judeus, Begin — que estava comprometido com o Estado de direito e os direitos humanos — sem saber pavimentava o caminho para os homens-fortes do presente ao criar as condições para o que viria a ser a política majoritária servindo a todos os israelenses *como* judeus.

Quando Begin se tornou primeiro-ministro, em 1977, os mizrahim formavam uma parcela considerável da população judaica, sem dúvida uma parte sem a qual nenhuma eleição podia ser vencida. O fato de que até o final dos anos 1970 nenhum líder político asquenaze tratou das aspirações sociais ou culturais dos mizrahim (quem dirá ser sensível à sua exclusão atordoante) é prova da cegueira

14. Para a mesma linha de pensamento explicando o sucesso do Shas, ver: Yoav Peled, "Towards a Redefinition of Jewish Nationalism in Israel? The Enigma of Shas", em: *Ethnic and Racial Studies* 21/4 (1998), p. 703-727.

extraordinária dessas lideranças, uma cegueira cuja origem está em um simples dado sociológico: a esquerda era ao mesmo tempo a defensora de valores liberais e a classe dominante, sob todos os aspectos da vida social. Assim, era dotada de um senso inabalável de superioridade cultural e explorava com desdém os mizrahim, usando-os como mão de obra para colonizar a terra e construir indústrias. Em Israel, muitos mizrahim sofreram uma perda violenta de status em comparação com o que tinham na terra natal, os países árabes (isso é inquestionável no tocante aos judeus marroquinos), e o destino deles tem uma semelhança familiar com as formas com que os colonialistas ocidentais trataram os nativos da África, Índia e Oriente Médio, e mais tarde os trabalhadores imigrantes que foram reconstruir a Europa ocidental após a Segunda Guerra Mundial. Não é nenhum espanto que os mizrahim — que se tornaram 50% da população — tenham passado a desconfiar de tudo que fosse de esquerda, secular e liberal, sobretudo a retórica asquenaze devota do universalismo, que os mizrahim não viam como nada além de uma carapaça oca que encobria os espantosos privilégios econômico, político e cultural aquinhoados pelos asquenazes.

A cegueira excepcional da liderança trabalhista ao papel que a exclusão dos mizrahim cumpriu na destruição da esquerda e na radicalização da direita continua até hoje: o partido trabalhista tem pouquíssimos representantes mizrahim — a não ser como "mizrahim simbólicos"; nunca de fato abordou e se desculpou pelo erro histórico ao lidar com os mizrahim (uma exceção foi o pedido de desculpas de Ehud Barak em 1997, quando era o líder do Partido Trabalhista); a maioria dos acadêmicos, políticos e intelectuais asquenazes ignora totalmente a questão e volta e meia a desdenha, considerando-a uma manifestação da "ingratidão lamurienta dos mizrahim".[15] Poucos grupos "iluminados" no mundo foram tão bem-sucedidos quanto os asquenazes israelenses em negar e apagar seu histórico de dominação de classe.

É por isso que, embora o Likud tenha feito pouco para enobrecer as pessoas da "periferia", a lealdade dos mizrahim à direita continuou inabalável, visto que a exclusão por parte da esquerda laica ainda estava profundamente entranhada em sua memória coletiva. Ainda que Netanyahu liberalizasse a economia (mudando as fábricas israelenses para o exterior, levando embora empregos da classe trabalhadora que o partido Awoda — socialista de esquerda — havia resguardado, ampliando assim as desigualdades) e servisse aos ricos e poderosos ao longo de seus muitos anos no poder, os mizrahim continuavam na órbita da direita.

Após a vitória de Begin em 1977, o fortalecimento judaico dos mizrahim por meio de seu judaísmo permeou a sociedade israelense. Em 1984, os mizrahim criaram o partido fundamentalista Shas, desde então um participante expressivo na política de Israel. Como afirma Amnon Raz--Krakotzkin, os mizrahim só poderiam entrar na política

15. Quando Amir Peretz, nascido no Marrocos, se tornou o líder do Partido Trabalhista, em 2005, Shimon Peres, indignado, abandonou o partido e se filiou ao partido de centro-direita Kadima. Peres não estava sozinho: muitos eleitores tradicionais do Partido Trabalhista votaram no Kadima nas eleições de 2006, já que na opinião deles o Partido Trabalhista estava irreconhecível sob a liderança de um mizrahim.

como um partido religioso ultraortodoxo, já que o Estado via judeus e árabes como duas entidades radicalmente distintas e porque negava aos mizrahim a possibilidade de uma identidade secular.[16] Portanto, é preciso que fique claro que o fundamentalismo dos mizrahim não precede a chegada deles a Israel, mas foi, ironicamente, uma criação da interação deles com a sociedade ocidental e secular construída pelos asquenazes.[17] Não foi de jeito nenhum a recuperação de uma identidade autêntica perdida.

O Shas se tornou o único partido político a organizar as classes trabalhadoras. Através de uma grande rede de instituições beneficentes, oferecia refeições a crianças esfomeadas, auxílio a famílias pobres e educação religiosa — em suma: entrou onde o Estado e a esquerda não estavam.[18] É por isso que o Shas foi capaz de transformar os valores dos mizrahim: muitos deles tinham vindo de cidades modernas, estavam envolvidos no processo de secularização, mas por meio do Shas e do Likud, recuaram a uma política fundamentalista regressiva. No sistema de coalização da política israelense, o Shas tinha poder. Volta e meia ocupava duas pastas: o Ministério do Interior e o Ministério de Serviços Religiosos.

---

16. Amnon Raz-Krakotzkin, "A National Colonial Theology. Religion, Orientalism, and the Construction of the Secular in Zionist Discourse", em: *Tel Aviver Jahrbuch für Deutsche Geschichte* 31 (2002), p. 312-326; Raz-Krakotzkin, "The Zionist Return to the West and the Mizrahi Jewish Perspective", op. cit.

17. Shlomo Deshen, "The Emergence of the Israeli Sephardi Ultra-orthodox Movement", em: *Jewish Social Studies* 11/2 (2005), p. 77-101.

18. Eitan Schiffman, "The Shas School System in Israel", em: *Nationalism and Ethnic Politics* 11/1 (2005), p. 89-124.

Alinhado à nova importância do judaísmo na política israelense, um dos efeitos da presença do Shas nessas pastas nas décadas de 1980 e 1990 foi a enorme restrição da imigração de trabalhadores do setor da assistência social de países como Romênia e Filipinas, a fim de não ameaçar a "natureza judaica" do país.[19] Assim, a Israel dos anos 1990 começou a praticar o tipo de diretriz imigratória que hoje é apoiada pela *alt-right* estadunidense e que defende a supremacia branca, coroando Donald Trump. (Citando um de seus representantes mais proeminentes, Richard Spencer, famoso por saudar Trump com o braço erguido e um "Hail Trump": "se Sheldon Adelson promovesse nos Estados Unidos a mesma política imigratória que Israel tem, eu acharia ótimo".[20] A admiração parece ser mútua. Ninguém menos do que o líder do Shas, Aryeh Deri, alega que a eleição de Trump indica a chegada iminente do Messias: "Se um milagre como esse pode acontecer, já chegamos à época do Messias, portanto estamos de fato na época das contrações do parto do Messias".[21])

O impacto das três décadas da presença do Shas na política israelense foi a vagarosa banalização da política da pureza étnica e religiosa, que excluía os não judeus

19. Ami Pedahzur, "The Transformation of Israel's Extreme Right", em: *Studies in Conflict and Terrorism* 24/1 (2001), p. 25-42.

20. Taly Krupkin, "Alt-right Leader has no Regrets About 'Hail Trump', but Tells Haaretz: Jews Have Nothing to Fear", em: *Haaretz* (3 de dezembro de 2016).

21. Jeremy Sharon, 'Trump's Election Heralds Coming of Messiah', Says Deri", em: *The Jerusalem Post* (10 de novembro de 2016), disponível em: <http://www.jpost.com/Israel-News/Trumps-election-heralds-coming-of-Messiah-says-Deri-472282> (acesso em janeiro de 2017).

dos organismos políticos, o que dava poder exclusivo dos ortodoxos sobre outras denominações judaicas e visava controlar a pureza da raça judaica aprovando leis mais rigorosas para casamentos com não judeus.

Um fim trágico

Então essa história tem um fim trágico. A associação entre o secularismo asquenaze, a exclusão econômica e a arrogância cultural se tornou tão arraigada que ficou praticamente impossível transformar ideias seculares, socialistas e liberais em opções políticas verossímeis para os oprimidos.[22] Portanto, a fraqueza da esquerda israelense se deve ao simples fato de ter sido incapaz de representar as classes trabalhadoras. Contudo, diz respeito principalmente à tragédia de um grupo que tinha a possibilidade singular de transpor o fosso entre árabes e judeus, entre modernidade e tradição, entre Europa e Oriente Médio, judaísmo e islamismo. A esquerda asquenaze secular desperdiçou essa oportunidade — e acabamos com uma versão judaica de supremacia étnica, racial e religiosa.

Isto posto, devemos considerar Israel a vanguarda da guinada global rumo ao populismo? As analogias entre (uma grande parte dos) votos de mizrahim no Likud e no Shas e os eleitores de Trump são impressionantes: como os apoiadores de Trump, muitos mizrahim vivem fora

22. Para uma análise brilhante do fracasso das mensagens universalistas em Israel, ver: Nissim Mizrachi, "Sociology in the Garden: Beyond the Liberal Grammar of Contemporary Sociology", em: *Israel Studies Review* 31/1 (2016), p. 36-65.

dos centros urbanos; como eles, viram as elites urbanas acumular riquezas e defender os direitos sexual e cultural das minorias; também moram em um país onde empregos na indústria foram prejudicados por medidas neoliberais; eles têm muito menos acesso ao ensino superior do que os asquenazes de esquerda; e, por fim, assim como os eleitores de Trump, eles guardam muito rancor das elites que na verdade jamais os representaram. (É por esse motivo, aliás, que os judeus mizrahim foram a favor da privatização das universidades. Os mizrahim tinham e têm poucos representantes em universidades públicas, mas foram acolhidos pelas faculdades particulares.[23])

Os fundamentalistas do Shas não são os únicos racistas por perto. Evidentemente são complementados pelos fanáticos, os colonos messiânicos. Tampouco são responsáveis diretos pelas tentativas de tolher a liberdade de expressão e pela queda de status das minorias árabes. Mas sem dúvida são responsáveis por inaugurar uma política do judaísmo, legitimando e difundindo a noção de que ideias liberais são contrárias ao judaísmo, de que a legislação laica deveria ser substituída pela legislação religiosa, de que Israel deveria ficar limpa dos imigrantes não judeus. Miri Regev, a atual ministra da Cultura e dos Esportes, é um exemplo formidável de política do Likud que usa o orgulho de sua identidade mizrahi e a antiga exclusão dos mizrahim para justificar "expurgos" culturais e iniciativas para esmagar o poder das elites seculares e liberais na cultura.

---

23. Para os dados relevantes, ver: Hanna Ayalon, "Social Implications of the Expansion and Diversification of Higher Education in Israel", em: *Israeli Sociology* 10 (2008), p. 33-60 (em hebraico).

Essa leitura da relação do Estado israelense com a religião sugere uma dupla particularidade de Israel: criou-se um país cuja cidadania é ao mesmo tempo étnica e religiosa, mas também criou-se um neocolonialismo interno à base da orientalização dos judeus mizrahim. Ambos tiveram a mesma origem: um Estado que não se considerava incumbido da missão de criar uma cultura democrática nacional cívica comum e cego às diferenças étnicas e religiosas. Nem de longe sofreu de um excesso de universalismo e secularismo incapaz de se envolver com religião, conforme afirma Walzer, muito pelo contrário: foi exatamente o fato de não ser nem universalista nem secular que abriu caminho político e cultural para que os movimentos fundamentalistas alegassem ser os verdadeiros representantes de um Estado que se concebeu como o Estado dos judeus.

Nesse contexto, fez todo o sentido que os mizrahim se refugiassem na supremacia judaica como estratégia política. Se com os defensores de Trump as elites econômicas responsáveis pelo desaparecimento dos empregos da classe trabalhadora são em grande medida distintas das elites culturais fomentadoras da integração total de imigrantes e LGBTQ, em Israel essas elites são formadas exatamente pelas mesmas pessoas. Pois as pessoas que os excluíam eram precisamente os grupos que preconizavam a igualdade enquanto se agarravam ao controle das instituições culturais, políticas e econômicas. Os mizrahim fundamentalistas e os apoiadores da *alt-right* de Trump são movimentos políticos profundamente regressivos, rebeldes e contrários ao establishment apenas na medida em que não eram bem representados pela esquerda liberal e na medida em que a esquerda foi associada aos privilégios. Embora durante os séculos XIX e XX o universalismo fosse a principal estratégia para que as classes trabalhadoras e as minorias conquistassem a igualdade, hoje o particularismo nacional e religioso é a estratégia preferida dos excluídos. Essa crise, portanto, diz respeito às elites liberais, que construíram um mundo no qual o universalismo, a globalização e o cosmopolitismo foram convertidos em moedas como capital simbólico e econômico; e ao fato de que as elites liberais defenderam as minorias de modos que se tornaram cada vez mais divergentes das batalhas da classe trabalhadora comum.

Em Israel, a esquerda acadêmica ignorou fortemente ou simplesmente renegou o drama dos mizrahim e lutou sobretudo pelas mulheres e os gays (menos proeminentemente pela minoria árabe). Que alguém da estatura e do conhecimento de Michael Walzer simplesmente não dê atenção a um grupo social numeroso como o dos mizrahim em um livro que deveria analisar o refúgio no fundamentalismo em Israel é uma ilustração deprimente das maneiras como a historiografia e a sociologia da esquerda liberal judaica sofrem da mesma cegueira que sustentou a dominância social. Bem no meio da história israelense e, no entanto, praticamente inconfesso está o gigantesco conflito de classes e etnias que impulsionou toda a política israelense.

A missão da esquerda

O populismo de direita prospera porque o mundo das classes trabalhadoras foi destruído pelo capitalismo corporativo e desvalorizado pelas elites culturais progressistas, que dos anos 1980 em diante voltaram sua energia intelectual e política para as minorias sexual e cultural. Depois que o universo das classes trabalhadoras é arruinado e ignorado, ele pode ser restaurado por meio da promessa dos privilégios — racial, religioso e étnico — perdidos.

A eleição de Trump é um alerta para a esquerda mundo afora. Por mais polarizados que tenham se tornado os dois mundos, das elites culturais e da classe trabalhadora conservadora, a esquerda precisa retomar energicamente o mundo moral das vidas que foram estraçalhadas pelo efeito dominó do colonialismo e do capitalismo. Caso contrário, a longo prazo talvez o liberalismo esteja destinado à extinção.

(tradução: Débora Landsberg)

Futuros majoritários

Ivan Krastev

"It's not dark yet, but it's getting there."
BOB DYLAN

Em seu romance *As intermitências da morte* (2005), José Saramago conta a história de um país onde as pessoas subitamente param de morrer e a morte perde seu papel central na vida humana. Num primeiro momento, todos ficam eufóricos, mas não demora muito para que diversos tipos de "incomodidades" — metafísicas, políticas e práticas — comecem a se reintroduzir nesse mundo. A Igreja Católica percebe que "sem morte não há ressurreição, e sem ressurreição não há igreja".[1] Para as companhias de seguros, uma vida sem morte também significa o fim. O Estado se vê diante da impossível tarefa de pagar aposentadorias para todo o sempre. As famílias em que há indivíduos idosos e debilitados compreendem que só a morte as poupava de terem de cuidar deles eternamente. Surge uma quadrilha, nos moldes da máfia, que leva os velhos e doentes clandestinamente para países vizinhos (uma vez que lá a morte ainda é uma opção).

1. José Saramago, *As intermitências da morte*. São Paulo: Companhia das Letras, 2005, p. 20.

O primeiro-ministro adverte o monarca: "Se não voltarmos a morrer não temos futuro".[2]

Saramago não entra em maiores detalhes sobre o turbilhão político no "país em que a morte acabou", mas não é difícil imaginar a eclosão de movimentos semelhantes ao Occupy Wall Street, com jovens e desempregados organizando protestos e ocupando praças públicas ao descobrir que não há empregos para eles nessa "terra sem morte" e que a política permanecerá sob o domínio das gerações mais velhas. Tampouco seria exagero conjecturar sobre a ascensão de uma direita populista, com partidos e lideranças obcecados em restaurar a "grandeza da nação". Em suma, o romance de Saramago é uma excelente introdução ao mundo de hoje.

A experiência do Ocidente com a globalização lembra o flerte com a imortalidade imaginado por Saramago. É um sonho que de repente virou pesadelo. Há poucos anos, muitos no Ocidente viam a abertura das fronteiras nacionais como o fim de todos os males. Esse entusiasmo se esvaiu. Em seu lugar, observamos uma insurreição mundial contra a ordem liberal progressista pós-1989 — entendida como a eliminação de barreiras à circulação de pessoas, capitais, bens e ideias —, que assume a forma de uma revolta da democracia contra o liberalismo.

O efeito paradoxal do avanço da democracia no mundo não ocidental é que, segundo estudo recente, os cidadãos

> de um número significativo de democracias supostamente consolidadas na América do Norte e na Europa Ocidental tornaram-se não apenas mais críticos em relação a

2. Ibid., p. 86.

> suas lideranças políticas; mais que isso, passaram a ser mais céticos quanto ao valor da democracia como sistema político, confiando menos em sua capacidade de influenciar as políticas governamentais e mostrando-se mais propensos a apoiar alternativas autoritárias.[3]

O estudo também mostra que "as gerações mais jovens são menos comprometidas com a importância da democracia" e apresentam "tendência menor a serem politicamente engajadas".[4]

Não menos surpreendentes são os efeitos da revolução nas comunicações. Atualmente, as pessoas podem usar a internet para se inteirar sobre praticamente tudo que acontece no mundo, e a censura tornou-se quase impossível. Ao mesmo tempo, observa-se impressionante disseminação das mais disparatadas teorias conspiratórias, assim como um aumento dramático na desconfiança da sociedade em relação às instituições democráticas. A ironia é que à morte da censura sobreveio a política da pós-verdade.

O que testemunhamos hoje no Ocidente não são as dificuldades temporárias de um desenvolvimento progressivo; não se trata de "pausa", mas de retrocesso. É o desmanche do mundo pós-1989. E o traço mais dramático da transformação em curso não é o surgimento de regimes autoritários, mas o fato de que, em muitos países ocidentais, é a própria natureza da democracia que está mudando. Nas primeiras décadas que se seguiram a 1989, a disseminação de eleições

3. Roberto Stefan Foa e Yascha Mounk, "The Democratic Disconnect". *Journal of Democracy*, vol. 27, n. 3, 2016, p. 5-17.
4. Ibid., p. 78.

livres significou a inclusão de diferentes grupos minoritários (de caráter étnico, religioso, sexual) na vida pública. Hoje, as eleições contribuem para energizar e fortalecer grupos majoritários. Maiorias que se sentiam ameaçadas despontaram como a grande força da política europeia. Receiam que os estrangeiros estejam assumindo o controle de seus países, pondo em risco seu modo de vida. E estão convencidas de que isso é consequência de uma conspiração promovida conjuntamente por elites de mentalidade cosmopolita e imigrantes de pensamento tribal. O populismo dessas maiorias não é produto de um nacionalismo romântico, como talvez tenha sido o caso há aproximadamente cem anos. Seu combustível agora são as projeções demográficas — que apontam não apenas para os esperados deslocamentos de grandes contingentes populacionais rumo à Europa e aos EUA, mas também para a diminuição do papel desempenhado por europeus e estadunidenses no mundo —, assim como os desequilíbrios provocados pela revolução tecnológica. A demografia faz os europeus imaginarem um mundo em que sua cultura acabará desaparecendo; a revolução tecnológica lhes promete um mundo em que seus empregos atuais terão sido eliminados. A transformação da opinião pública ocidental, de força revolucionária em força reacionária, explica a ascensão dos partidos populistas de direita na Europa e a vitória de Donald Trump nos EUA.

O fim da...?

Há pouco mais de um quarto de século, naquele que agora parece o remoto ano de 1989 — um *annus mirabilis*, que viu os alemães dançando alegremente sobre os escombros do Muro de Berlim —, Francis Fukuyama capturou o espírito da época. Com o fim da guerra fria, argumentou ele em ensaio célebre, todos os principais conflitos ideológicos estavam resolvidos.[5] O embate chegara a seu desfecho e a história produzira um vencedor: a democracia liberal de estilo ocidental. Inspirando-se numa página de Hegel, Fukuyama apresentava a vitória do Ocidente na guerra fria como um veredito favorável que a própria História, entendida aí como o Supremo Tribunal da Justiça Mundial, teria pronunciado. No curto prazo, alguns países talvez não conseguissem seguir esse modelo exemplar, mas não teriam alternativa, senão tentar. Só restava um ideal na parada: o ocidental.

Em vista disso, as questões centrais eram: o que o Ocidente pode fazer para transformar o resto do mundo, e o que o resto do mundo pode fazer para imitar tão bem quanto possível o Ocidente? Que instituições e políticas públicas precisam ser transferidas e copiadas?

É essa visão do mundo pós-guerra fria que está desmoronando diante de nossos olhos. E o desmanche da ordem liberal faz com que perguntemos que transformação foi essa por que passou o Ocidente nas três últimas décadas e qual o motivo de o mundo pós-1989 gerar ressentimentos entre aqueles que, aos olhos de muitos, foram seus principais beneficiários: os estadunidenses e europeus? A tormenta política que atualmente varre a Europa e os EUA não pode ser reduzida a uma revolta dos que foram

5. Francis Fukuyama, "The End of History?". *National Interest*, verão de 1989, p. 3-18.

prejudicados economicamente pela globalização. O caso que melhor mostra que a questão não é só econômica é o da Polônia: os poloneses tiveram uma década de crescimento econômico pujante, prosperidade e até redução da desigualdade social. Apesar disso, nas eleições de 2015, votaram majoritariamente num partido populista reacionário que eles próprios haviam apeado do poder alguns anos antes. Por que fizeram isso?

Na mesma época em que Fukuyama anunciava o fim da história, o cientista político estadunidense Ken Jowitt fazia uma leitura bastante diversa do desfecho da guerra fria, entendendo-o não como um momento triunfal, mas como o prelúdio de crises e traumas, um tempo em que estavam sendo lançadas as sementes do que ele chamava de "a nova desordem mundial".[6] A seu ver, o fim do comunismo

> deve ser comparado a uma catastrófica erupção vulcânica, que, num primeiro momento e de forma mais imediata, afeta apenas a "biota" circunvizinha (isto é, outros regimes leninistas), mas cujos efeitos muito provavelmente terão impacto mundial sobre as linhas demarcatórias e as identidades que por meio século definiram e ordenaram o mundo em termos políticos, econômicos e militares.[7]

6. Ken Jowitt, "After Leninism: the New World Disorder", *Journal of Democracy*, vol. 2, n. 1, inverno de 1991, p. 11-20. Posteriormente, Jowitt aprofundou suas ideias em *The New World Disorder: the Leninist Extinction*. Berkeley: University of California Press, 1992, especialmente capítulos de 7 a 9.
7. Ibid., p. 259.

Segundo Fukuyama, no pós-guerra fria, as fronteiras continuariam a separar formalmente os países, mas perderiam muito de sua relevância. Jowitt, por sua vez, antevia fronteiras redesenhadas, identidades remodeladas, conflitos crescentes e incerteza paralisante. Para ele, o período pós-comunista, longe de se distinguir como uma era de imitações, com apenas um ou outro acontecimento mais dramático, seria uma época difícil e perigosa, durante a qual proliferariam regimes que, à falta de outro termo, poderiam ser chamados de mutantes políticos.

Jowitt concordava com a tese de Fukuyama de que nenhuma nova ideologia universal desafiaria a democracia liberal, mas previa o retorno de velhas identidades étnicas, religiosas e tribais. Com efeito, um dos paradoxos da globalização é o fato de que, conquanto aproxime as pessoas umas das outras, o livre movimento de indivíduos, capitais, bens e ideias também reduz a capacidade que os Estados-nação têm de integrar estrangeiros. Como disse há dez anos Arjun Appadurai, "o Estado-nação vem sendo progressivamente reduzido à ficção de que seu *ethnos* é o último recurso cultural sobre o qual pode exercer domínio completo".[8] A consequência involuntária de uma gestão macroeconômica submetida ao mantra do "não há alternativa" é que as políticas de identidade passaram a ocupar o centro da política europeia. O mercado e a internet mostraram ser forças poderosas para ampliar a gama de escolha dos indivíduos, mas corroeram a coesão social das sociedades ocidentais, pois ambos reforçam na pessoa

8. Arjun Appadurai, *Fear of Small Numbers: an Essay on the Geography of Anger*. Durham: Duke University Press, 2006, p. 23.

sua tendência a satisfazer preferências naturais, como o desejo de permanecer em contato com aqueles com os quais tenha muito em comum e guardar distância de estranhos. Vivemos num mundo mais conectado, mas também menos integrado. A globalização conecta as pessoas ao mesmo tempo em que as desconecta. Jowitt advertiu que, nesse mundo conectado/desconectado, teríamos de nos preparar para as explosões de rancor e o surgimento de "movimentos raivosos", que brotariam das cinzas dos debilitados Estados-nação.

Para Jowitt, a ordem pós-guerra fria estava mais para "uma espécie de bar onde a 'pegação' rola solta". "É um bando de gente que não se conhece, pessoas que, para usar o jargão, acabam 'ficando', vão para casa, fazem sexo e nunca mais se veem, não conseguem nem lembrar o nome do parceiro, voltam ao bar e ficam com outra pessoa qualquer. Em suma, é um mundo feito de desconexões."[9] É um mundo rico em experiências, mas que não condiz com identidades estáveis e não produz lealdades. Não é de surpreender, portanto, que estejamos assistindo ao retorno da barricada como a fronteira desejada.

É exatamente essa transição — do mundo desconectado da década de 1990 ao mundo entrincheirado atualmente em formação — que muda o papel desempenhado pelos regimes democráticos. A democracia deixa de ser um

---

9. Harry Kreisler, "The Individual, Charisma and the Leninist Extinction. A conversation with Ken Jowitt", 7 de dezembro de 1999; "Conversations with History", série do Institute of International Studies, University of California, Berkeley. Disponível em <http://globetrotter.berkeley.edu/people/Jowitt/jowitt-con0.html>. Acesso em janeiro de 2017, p. 5.

regime político que favorece a emancipação das minorias para se tornar um regime que garante o poder das maiorias.

A atual crise dos refugiados na Europa é a manifestação mais marcante das mudanças pelas quais passa a natureza do apelo da democracia, assim como da tensão crescente entre os princípios da política majoritária e os do constitucionalismo liberal, tanto para a sociedade em geral como para as elites. O primeiro-ministro da Hungria, Viktor Orbán, fala por muitos ao sustentar que a "a democracia não é necessariamente liberal. Só porque uma coisa não é liberal, não significa que não possa ser uma democracia".[10] Mais do que isso, poder-se-ia — e, de fato, dever-se-ia — dizer, insiste o político húngaro, que as sociedades fundadas sobre os princípios liberais de organização do Estado dificilmente conseguirão preservar sua competitividade global nos próximos anos — ou melhor, o mais provável é que sofram reveses, a menos que consigam reformar a si mesmas de forma substancial:

> Atualmente, as estrelas das análises internacionais são Cingapura, China, Índia, Turquia, Rússia. E eu acredito que a nossa comunidade política anteviu corretamente esse desafio. E quando pensamos no que fizemos nos últimos quatro anos, e no que vamos fazer nos próximos quatro, então a coisa pode realmente ser interpretada por esse ângulo. Estamos

10. Viktor Orbán, discurso proferido na cidade romena de Băile Tuşnad, em 26 de julho de 2014. Há uma tradução para o inglês disponível em <http://budapestbeacon.com/public-policy/full-text-of-viktor-orbans-speech-at-baile-tusnad-tusnadfurdo-of-26-july-2014/10592>. Acesso em janeiro de 2017.

> procurando (e estamos nos esforçando ao máximo para encontrar maneiras de descartar os dogmas da Europa Ocidental, para ficarmos independentes deles) a forma de organizar uma comunidade que seja capaz de nos tornar competitivos nessa grande corrida mundial.[11]

A crise migratória, a despeito do que dizem em Bruxelas as autoridades da UE, não é uma questão de "falta de solidariedade". Trata-se antes de um choque de solidariedades — de solidariedades nacionais, étnicas e religiosas que entram em atrito com nossas obrigações como seres humanos. A crise não deve ser vista apenas como o deslocamento de pessoas de fora da Europa rumo ao Velho Continente, ou dos países mais pobres da UE para os mais ricos, mas também como o afastamento do eleitorado em relação ao centro e como a substituição da divisão entre esquerda e direita pelo antagonismo entre internacionalistas e nativistas.

A crise dos refugiados também desencadeou uma migração de argumentos. Nos anos 1970, no Ocidente, os intelectuais de esquerda tendiam a defender apaixonadamente a ideia de que as comunidades nativas e pobres da Índia e da América Latina tinham o direito de preservar seu modo de vida. Mas e quanto às comunidades de classe média no Ocidente hoje? Deveriam ser privadas desse mesmo direito? E que explicação damos para o fato de a extrema-direita estar conquistando votos entre indivíduos que pertenciam à base tradicional da esquerda? Na Áustria, no segundo turno da eleição presidencial de maio de

11. Ibid.

2016, cerca de 85% do operariado votou num candidato de posições radicalmente conservadoras e nacionalistas. Nas eleições regionais alemãs, no estado de Mecklenburg-Vorpommern, no norte do país, mais de 30% do mesmo agrupamento social votou na Alternativa para a Alemanha (AfD). Nas eleições regionais francesas de dezembro de 2015, o Front National conquistou 50% dos votos entre os operários. O resultado do plebiscito britânico foi igualmente impressionante: os distritos eleitorais onde a proposta para que o país deixasse a UE teve mais apoio foram justamente aqueles, no norte da Inglaterra, em que o Partido Trabalhista tradicionalmente sempre elegeu com tranquilidade seus candidatos. Está claro agora que a classe operária pós-marxista — que já não acredita em seu papel de vanguarda ou em uma revolução anticapitalista mundial — não tem razão nenhuma para ser internacionalista.

Ameaças normativas

O populismo das maiorias ameaçadas é um tipo de populismo para o qual a história não nos preparou a contento. São os psicólogos, mais do que os sociólogos, que podem nos ajudar a compreendê-lo. Nas décadas de 1930 e 1940, alguns emigrados alemães, que tiveram a sorte de deixar o país antes que os nazistas os despachassem para os campos de concentração, angustiavam-se com a possibilidade de que o que eles tinham visto acontecer na Alemanha se repetisse em suas novas pátrias. Não lhes parecia suficiente recorrer ao caráter nacional alemão ou à política de classes para explicar o autoritarismo. A seu ver, o autoritarismo era antes uma característica estável de alguns indivíduos, um certo tipo de personalidade. Dos anos 1950 para cá, o estudo da "personalidade autoritária" passou por grandes mudanças, e a hipótese original foi significativamente reformulada, mas, em livro recente, *The Authoritarian Dynamic*, Karen Stenner[12], que trabalha nessa tradição, faz algumas constatações de bastante relevância para a nossa tentativa de entender a ascensão das maiorias ameaçadas e a mudança na natureza das democracias ocidentais. Stenner demonstra que a demanda por governos autoritários não é um traço psicológico estável. Trata-se, isto sim, da predisposição psicológica que alguns indivíduos têm de assumir posturas intolerantes quando percebem níveis de ameaça aumentados.

Nas palavras de Jonathan Haidt, é "como se algumas pessoas tivessem um botão na testa, e, quando esse botão é pressionado, sua atenção inteira se volta de repente para a defesa do pequeno e fechado grupo ao qual elas pertencem, expulsando estrangeiros e inconformistas e reprimindo a dissensão no interior do grupo".[13] E o que pressiona esse botão não é uma ameaça qualquer, mas o que Stenner chama de "ameaça normativa", isto é, uma situação em que a pessoa tem a sensação de que a integridade da ordem moral corre perigo e aquilo que ela percebe como "nós" está se esfacelando. É o receio de que a ordem moral esteja desmoronando, e não algo de concreto nas condições de

---

12. Karen Stenner, *The Authoritarian Dynamic*. Cambridge/Nova York: Cambridge University Press, 2010.

13. Jonathan Haidt, "When and Why Nationalism Beats Globalism". *The American Interest*, vol. 12, n. 1, 10 de julho de 2016.

vida da pessoa que a faz voltar-se contra os estrangeiros e outros indivíduos que lhe parecem ameaçadores.

A noção de "ameaça normativa" de Stenner nos ajuda a compreender melhor como a crise dos refugiados de 2015 transformou a política europeia e por que foi nas sociedades da Europa Central que se observaram as reações mais hostis aos refugiados, a despeito do fato de praticamente não haver refugiados nesses países. No caso da Europa, a "ameaça normativa" associada à crise dos refugiados tem suas raízes na democracia. Curiosamente, dentre os fatores que estariam influenciando o comportamento dos europeus em relação a migrantes e refugiados, o pânico demográfico é um dos menos abordados. Mas é um fator de importância crucial, em particular na Europa Central e no Leste Europeu. Na história recente da região, há nações e Estados que encolheram. Nos últimos 25 anos, cerca de um em cada dez búlgaros deixou seu país para viver e trabalhar no exterior. E a maioria dos que partiram (e partem) é, como seria de se esperar, jovem. De acordo com projeções da ONU, a população da Bulgária encolherá 27,9% daqui até 2050. Em países pequenos, como Bulgária, Lituânia ou Romênia (nos últimos dez anos, a Lituânia perdeu 12,2% de sua população; na Romênia, a queda foi de 7%), o medo do "desaparecimento étnico" é palpável. Para muitos cidadãos desses países, a chegada dos migrantes sinaliza sua saída da história, e o conhecido argumento de que uma Europa em processo de envelhecimento tem necessidade dos migrantes só faz reforçar a crescente sensação de melancolia existencial.

Há uma década, o filósofo e antigo dissidente húngaro Gáspár Miklós Tamás[14] observou que o Iluminismo, em que a ideia da União Europeia está intelectualmente enraizada, reivindica uma cidadania universal. Mas, para haver cidadania universal, de duas uma: ou os países pobres e disfuncionais tornam-se lugares onde vale a pena viver, ou a Europa tem de abrir suas fronteiras para todo mundo. Nenhuma das duas coisas vai acontecer num futuro próximo — se é que algum dia acontecerá. Atualmente, o mundo está repleto de Estados inviáveis, dos quais ninguém deseja ser cidadão. Por sua vez, a Europa não tem condições de manter suas fronteiras abertas — e mesmo que tivesse, seus cidadãos jamais concordariam com isso.

A revolução dos migrantes

Em 1981, quando a Universidade do Michigan realizou o primeiro World Values Survey[15], seus pesquisadores ficaram surpresos ao constatar que a felicidade de um país não era determinada por seu bem-estar material. Àquela altura, os nigerianos se diziam tão felizes quanto os alemães ocidentais. Trinta e cinco anos depois, a situação mudou. Segundo os levantamentos mais recentes, na maior parte do planeta, a felicidade das pessoas agora se mede pelo

14. Gáspár Miklós Tamás, "What is Post-fascism?", 13 de setembro de 2001. Disponível em <https://www.opendemocracy.net/people-newright/article_306.jsp>. Acesso em janeiro de 2017.

15. "History of the World Values Survey Association". Disponível em <http://www.worldvalussurvey.org/WVSContents.jsp?CMSID=History>. Acesso em janeiro de 2017.

PIB de seus países.[16] O que aconteceu nesse meio-tempo foi que os nigerianos passaram a ter aparelhos de TV, e a disseminação da internet permitiu a jovens africanos ver como os europeus vivem e como são suas escolas e hospitais. A globalização fez do mundo uma aldeia, mas essa aldeia vive sob uma ditadura: a ditadura das comparações globais. As pessoas já não comparam suas vidas com as de seus vizinhos: comparam-nas com a vida dos habitantes mais prósperos do planeta.

Neste nosso mundo conectado, a migração é a nova revolução — não a revolução das massas do século XX, mas uma revolução do século XXI, feita por indivíduos e famílias que sonham em deixar seus países, inspirados não por imagens do futuro pintadas por ideólogos, mas por fotos do Google Maps que mostram como é a vida do outro lado da fronteira. Essa nova revolução não depende de movimentos ou líderes políticos para dar certo. Por isso, não deveríamos nos surpreender com o fato de que, para muitos dos miseráveis da Terra, atravessar as fronteiras da UE é uma meta mais desejável que qualquer utopia. Para um número cada vez maior de pessoas, as mudanças acontecem quando se muda de país, não quando muda o governo.

O problema dessa revolução dos migrantes é o inquietante potencial que ela tem de fomentar uma contrarrevolução na Europa. A característica fundamental de muitos dos partidos populistas de direita europeus não é seu conservadorismo nacionalista, mas sua tendência reacionária.

16. Max Roser, "Happiness and Life Satisfaction", 2016. Disponível em <https://ourworldindata.org/happiness-and-life-satisfaction>. Acesso em janeiro de 2017.

Refletindo sobre a ascensão da política reacionária no Ocidente, Mark Lilla diz que "a vitalidade persistente do espírito reacionário, mesmo na ausência de um programa político revolucionário", advém da percepção de que "viver uma vida moderna em qualquer parte do mundo hoje, sujeitando-se a um sem-fim de mudanças sociais e tecnológicas, é experimentar o equivalente psicológico da revolução permanente".[17] E, para os reacionários, "a única resposta sensata ao apocalipse é provocar outro cataclismo, na esperança de começar tudo de novo".[18]

Há alguns anos, o economista de Harvard Dani Rodrik fez uma advertência que agora se mostra acertada. Segundo ele, para administrar as tensões entre a democracia e o mercado global, os Estados nacionais tinham três opções: restringir a democracia a fim de ganhar competitividade no mercado internacional, limitar a globalização na esperança de construir legitimidade democrática internamente ou globalizar a democracia, perdendo soberania nacional. O que não se pode ter é hiperglobalização, democracia e autodeterminação, tudo ao mesmo tempo. Portanto, não deveria surpreender a ninguém que a democracia comece a gerar certo desconforto entre os internacionalistas, e que populistas que tecem loas à democracia se revelem protecionistas e isolacionistas.[19]

17. Mark Lilla, *The Shipwrecked Mind: On Political Reaction*. Nova York: New York Review of Books, 2016, p. xiv.

18. Mark Lilla, "Republicans for Revolutions", *The New York Review of Books*, vol. 59, n. 1, 12 de janeiro de 2012.

19. Dani Rodrik, *The Globalization Paradox: Democracy and the Future of the World Economy*. Nova York: W. W. Norton & Company, 2011.

A virada populista

Se a história nos ensina alguma coisa, é que a difusão de eleições livres pode contribuir tanto para a abertura como para o fechamento das sociedades nacionais. A democracia é um mecanismo de inclusão, mas também de exclusão, e o que testemunhamos hoje é a ascensão de regimes majoritários, em que a maioria transforma o Estado em algo exclusivamente seu — em resposta às pressões competitivas de um mundo onde a vontade popular é a única fonte de legitimidade política e os mercados globais são a única fonte de crescimento econômico.

A "virada populista" difere de país para país, mas é possível identificar algumas similaridades. A ascensão de sentimentos populistas implica o retorno à polarização e a um estilo de fazer política que busca o confronto (coisa que, em si, não é necessariamente ruim). Ela reverte o processo de fragmentação do espaço político, caracterizado pela proliferação de pequenos partidos e movimentos constituídos em torno de um único tema, e faz com que o debate público se concentre não mais nos temores individuais presentes nos diversos grupos sociais, mas em seus temores coletivos. A ascensão do populismo é um retorno a uma política mais personalista, em que as lideranças políticas desempenham um papel extremamente significativo e a maioria das instituições é, com frequência, vista com desconfiança. A oposição entre esquerda e direita é substituída por um conflito entre internacionalismo e nativismo. A explosão de medos também marca a dissolução da união entre democracia e liberalismo, que foi a característica distintiva do mundo pós-1989.

O apelo da democracia liberal é que os que são derrotados nas urnas não precisam ter medo de perder em demasia: o revés eleitoral significa apenas que quem foi derrotado terá de recuperar as forças e se organizar para a próxima disputa, e não ir para o exílio ou para a clandestinidade, enquanto os vitoriosos se apossam de todos os seus bens. A desvantagem, raramente observada, é que, para os vencedores, a democracia jamais oferece a oportunidade de uma vitória completa e definitiva. Nos tempos pré-democráticos — que representam, de longe, a maior parte da história humana —, as disputas não eram resolvidas por meio de debates pacíficos e ordeiros processos de transferência de poder. Pelo contrário, reinava a força: os invasores vitoriosos ou os vencedores de uma guerra civil aniquilavam os inimigos que lhes caíam nas mãos, livres para agir como bem entendessem. Na democracia liberal, nega-se ao "conquistador" tal satisfação. O paradoxo da democracia liberal é que os cidadãos são mais livres, mas sentem-se impotentes.

O apelo dos partidos populistas é sua promessa de uma vitória sem ambiguidades. Isso atrai os que veem na separação de poderes, tão adorada pelos liberais, não uma maneira de controlar o poder, mas um álibi a que as elites recorrem para deixar de cumprir suas promessas eleitorais. Assim, o que caracteriza os populistas no poder são suas tentativas constantes de demolir o sistema de freios e contrapesos e colocar instituições independentes, como a Justiça, os bancos centrais, os veículos de imprensa e as organizações da sociedade civil, sob seu controle. Mas os partidos populistas não são apenas vencedores implacáveis — também são maus perdedores. A convicção de que falam pela maioria faz com que para eles seja difícil aceitar a derrota nas urnas. A consequência é um número crescente de resultados eleitorais contestados e a difusão da mentalidade de que "as eleições só são justas quando nós ganhamos".

No mundo pós-1989, prevalecia a presunção de que a propagação da democracia também significaria a disseminação do liberalismo. É justamente essa suposição que agora está sendo questionada pela ascensão de regimes majoritários em diversos pontos do planeta. O paradoxo das democracias liberais do pós-guerra fria na Europa era que o avanço das liberdades individuais e dos direitos humanos se fazia acompanhar do declínio do poder que os cidadãos tinham para mudar não somente os governantes, mas também as políticas governamentais, com seus votos. Agora o primado da política está de volta e os governos estão recuperando sua capacidade de governar, mas — pelo que parece atualmente — ao custo das liberdades individuais.

(tradução: Alexandre Hubner)

A Europa como refúgio

Bruno Latour

A partir das eleições estadunidenses de novembro de 2016, pelo menos, as coisas estão mais claras.

A Inglaterra se perdeu em seu sonho de império, versão fim do século XIX; os Estados Unidos querem recuperar sua grandeza, versão pós-guerra, fotografia em sépia, 1950. A Europa, a Europa continental se acha só, fraca e mais dividida do que nunca. A Polônia sonha com um país imaginário; a Hungria agora só quer húngaros "puro-sangue"; os holandeses, os franceses e os italianos estão às voltas com partidos que querem se isolar no interior de fronteiras igualmente imaginárias. A Escócia, a Catalunha e Flandres querem se tornar Estados. Tudo isso enquanto o Urso russo lambe os beiços, e a China finalmente realiza seu sonho de se tornar o "Império do Meio", ignorando os interesses de todas as suas periferias.

Em processo de desmembramento, a Europa não vale mais do que uma noz prestes a ser quebrada. E, desta vez, ela não pode contar com os Estados Unidos, que se encontram nas mãos de um novo rei Ubu.

Talvez seja então um bom momento para recosturar a Europa Unida. Oh, não aquela imaginada por seus pais fundadores, ao fim da guerra, com base no ferro, no carvão e no aço ou, mais recentemente, na louca esperança de esquivar-se da História, a partir das normas comuns de padronização ou da moeda única. Não, se a Europa deve se unir novamente para assumir seu lugar numa história que já não é mais, de modo algum, a do século XX, é por causa de ameaças tão graves quanto as da década de 1950.

A Europa está diante de três ameaças: o abandono em campo aberto dos países que inventaram a globalização; as mudanças climáticas; e a obrigação de servir de refúgio a milhões de migrantes e de refugiados. De resto, esses três problemas não são senão aspectos de uma mesma e única metamorfose — o solo europeu mudou de natureza: nós, os europeus, estamos todos migrando para territórios a serem redescobertos e reocupados.

Primeiro acontecimento histórico: o Brexit. O país que inventou o espaço indefinido do mercado tanto no mar como em terra, o país que pressionava a União Europeia para que ela não passasse de uma grande butique, é o mesmo país que, diante da irrupção, em Calais, de alguns milhares de refugiados, resolve de repente abandonar o jogo da globalização. Ele se retira da Europa e, portanto, da História, perdido em seus sonhos de império nos quais ninguém mais acredita.

Segundo acontecimento histórico: a eleição de Trump. O país que impôs ao mundo uma globalização à sua maneira, e com tanta violência; o país que se construiu pela imigração, eliminando seus primeiros habitantes; esse país confia seu destino àquele que promete isolar-se em uma fortaleza, impedir a entrada de refugiados, deixar de prestar socorro a toda e qualquer causa que não seja em seu território, preparando-se para intervir por toda parte com a mesma desenvolta violência.

Cada um por si! Vão embora! O problema é que não existe mais um lar para ninguém. Vamos! Todos devem se mexer. Por quê? Porque não há mais planeta capaz de realizar os sonhos da globalização.

O terceiro acontecimento histórico, de longe o mais importante: *o dia 12 de dezembro de 2015,* em Paris, no momento do acordo ao fim da conferência sobre o clima, a COP21.

O importante não é o que os delegados decidiram, o importante não é nem mesmo que esse acordo seja cumprido (os negacionistas da Casa Branca e no Senado tudo farão para estripá-lo); não, o importante é o fato de que, naquele dia, todos os países signatários, em meio a aplausos, compreenderam que, se todos seguissem em frente com seus respectivos planos de modernização, não existiria planeta que correspondesse a suas esperanças de desenvolvimento. Até então, eles haviam feito planos no ar.

Se não há planeta, terra, solo, território para neles acomodar o Globo da globalização para a qual todos pretendiam se dirigir — o que fazer? Ou negamos a existência do problema ou *tratamos de pôr os pés no chão.* Para cada um de nós, a questão se torna: "Você continua a alimentar sonhos de fuga ou trata de buscar um território habitável para você e para seus filhos?" É isto que agora divide as pessoas, bem mais do que saber se se é de direita ou de esquerda.

Os Estados Unidos tinham duas saídas: apercebendo-se, finalmente, da mudança e de sua imensa responsabilidade, eles podiam enfim se tornar realistas e afastar o mundo do abismo, ou refugiar-se na negação. Trump parece ter decidido fazer a América sonhar por mais alguns anos, para retardar a aterrissagem, arrastando os outros países para o abismo.

Nós, os europeus, não podemos nos permitir isso. Com efeito, no próprio momento em que tomamos consciência das múltiplas ameaças, teremos de acolher em nosso continente milhões de pessoas que a ação cumulativa das guerras, dos fracassos da globalização e das mudanças climáticas obriga a se lançarem — como nós, contra nós, conosco — na busca de um território habitável para eles e para seus filhos. Vai ser preciso conviver com aqueles que até então não tinham partilhado de nossas tradições, nossos costumes, nossos ideais e que, por isso, são nossos próximos estrangeiros — terrivelmente próximos e terrivelmente estrangeiros.

Com esses povos em migração, só temos em comum uma coisa: *a provação de nos encontrarmos privados de solo.* Nós, os *antigos europeus,* porque não há planeta para a globalização e teremos de mudar completamente os modos de vida; eles, os *futuros europeus,* porque tiveram de deixar sua terra devastada e terão de aprender a mudar totalmente seus modos de vida. Esses pontos em comum não são bastantes? Não, mas é a nossa única saída: descobrir juntos um território para habitar. É a nova universalidade. O único caminho alternativo é fazer de conta que nada mudou e continuar o sonho acordado do "*American way of life*" — do qual, como sabemos, os nove bilhões de seres humanos não desfrutarão — protegendo-se atrás de uma muralha...

Quando todo mundo se calafeta, é evidentemente o pior momento para pensar em termos de abertura das fronteiras e de revolução nos modos de vida. Não obstante, migrações e o novo regime climático constituem a mesma ameaça.

A maioria de nossos concidadãos nega o que acontece à Terra, mas compreende perfeitamente que a questão dos migrantes submete todos os seus desejos de identidade a uma dura prova. Por enquanto, bem informados pelos partidos ditos "populistas", eles entenderam apenas uma dimensão da questão ecológica: ela joga através das fronteiras pessoas que eles não desejam; daí, a resposta: "Ergamos fronteiras intransponíveis e evitaremos a invasão."

Mas é a outra dimensão dessa mesma mudança que ainda não sentiram plenamente: já faz um bom tempo que o novo regime climático apaga todas as fronteiras e nos expõe a todos os ventos sem que possamos construir muros contra esses invasores.

Se queremos defender nossas identidades, teremos de identificar também esses migrantes sem forma nem nação e que se chamam clima, erosão, poluição, esgotamento dos recursos, destruição dos habitats. Mesmo vedando as fronteiras aos refugiados bípedes, nunca se conseguirá impedir a passagem dos outros.

É aí que será preciso introduzir uma hipótese de ciência política — ou antes, uma ficção verossímil.

As elites esclarecidas — elas existem — perceberam, a partir dos anos noventa do século passado, a dimensão dos perigos resumida no termo "clima", que deve ser entendido no sentido lato: um novo regime nas relações, até aqui estáveis, que tínhamos com a Terra. Até então, era possível apropriar-se da Terra, adquirir direitos de propriedade, explorar, usar e abusar dela — e ela se mantinha mais ou menos quieta.

As elites esclarecidas começaram a acumular provas de que isso não poderia durar. Naturalmente, elas o sabiam há muito tempo, mas digamos que aprenderam, temerariamente, a ignorar isso. *Sob* o solo da propriedade privada, do açambarcamento das terras, da exploração dos territórios, *outro solo,* outra terra, outro território começava a se mexer, sacudir-se, agitar-se. Uma espécie de terremoto, se quisermos, passou a perturbar seriamente as elites esclarecidas. "Cuidado, nada será como antes, vocês vão ter de pagar caro a revolta da Terra, a rebelião das potências até agora dóceis."

O problema é que essa ameaça, essa advertência foi entendida perfeitamente por outras elites talvez menos esclarecidas, mas com grandes recursos, grandes interesses e sobretudo muito preocupadas com seu próprio bem-estar. E é aí que entra a hipótese de ficção política: essas elites entenderam perfeitamente que a advertência tinha fundamento, mas não concluíram, a partir dessa verdade indiscutível, que seria preciso pagar, e pagar caro, a revolta da Terra contra si mesma.

Elas concluíram duas coisas. Duas coisas que desembocam, hoje, na eleição do rei Ubu para a Casa Branca: sim, vai ser preciso pagar caro essa revolta, mas são *os outros que vão pagar,* e não nós; e se chegará a *negar a própria existência* desse novo regime climático.

Se a hipótese procede, ela permite compreender o que se passa a chamar, a partir da década de 1980, de "desregulamentação" e "desmonte" do "Estado do bem-estar social"; a partir dos anos 2000, o "negacionismo climático"; e, principalmente, há já quarenta anos, o aumento vertiginoso das desigualdades — tudo isso faz parte do mesmo fenômeno: as elites estavam tão esclarecidas que entenderam não ser possível vida futura para todo mundo, *e que portanto seria preciso livrar-se o mais rápido possível de todos os fardos da solidariedade* — é a desregulamentação; que era preciso construir uma espécie de fortaleza dourada para os poucos que poderiam se sair bem — é a explosão das desigualdades; e que, para dissimular o egoísmo crasso de tal fuga do mundo comum, seria absolutamente necessário negar a própria existência da ameaça que motiva essa fuga tresloucada — é a denegação da mudança climática. Sem essa hipótese, nem a explosão das desigualdades, nem o investimento no ceticismo climático, nem a fúria da desregulamentação podem ser explicados. Três movimentos que definem a história na qual a Europa continental tem tanta dificuldade em se inserir.

Para retomar a metáfora já gasta do Titanic, as pessoas esclarecidas veem o iceberg surgir diante da proa; sabem que o naufrágio é inevitável; apropriam-se dos botes salva-vidas; pedem à orquestra que se demore tocando canções de ninar, para poderem aproveitar a escuridão da noite e fugir antes que a forte adernação do navio alerte as outras classes!

Essas pessoas — as elites que agora devemos chamar de obscurantistas — compreenderam que, se quisessem sobreviver sem maiores problemas, já não precisariam fingir partilhar o espaço com o resto do mundo. De repente a globalização assume um aspecto totalmente diferente: do alto do tombadilho, as classes inferiores, agora bem acordadas, veem os botes se afastarem cada vez mais. A orquestra continua a tocar "Mais perto, meu Deus, de Ti", mas a música não basta para abafar os gritos de raiva…

E é de raiva mesmo que se deve falar se o desejo é por compreender a reação de desconfiança ante tal abandono e traição. Para entender a situação atual, os cientistas políticos usam e abusam do termo "populismo". Acusa-se o "povo" de se comprazer em sua visão estreita, em seus medos, em sua desconfiança nata contra as elites, em seu mau gosto em matéria de cultura e principalmente em sua paixão pela identidade, pelo folclore, pelo arcaísmo, fronteiras e identidade — sem esquecer uma reprovável indiferença pelos fatos. Faltar-lhe-ia generosidade, abertura de espírito, racionalidade; ele não teria o gosto pelo risco (ah! esse gosto pelo risco pregado por aqueles que estão ao abrigo em todos os lugares para onde suas milhas aéreas lhes permitem voar).

Esquece-se que esse "povo" *foi traído friamente* por aqueles que abandonaram a ideia de realizar de fato a modernização do planeta *junto com* todo mundo, porque se deram conta, antes de todo mundo, melhor que todo mundo, de que ela era impossível — justamente por falta de um planeta grande o bastante para seus sonhos de crescimento ilimitado.

Se a eleição de Trump torna mais clara a nova situação política, é na verdade porque o horizonte para o qual ele arrasta os Estados Unidos dá uma ideia tão *diametralmente oposta* da direção que se deveria tomar, que termina por definir muitíssimo bem, mas por contraste, a natureza do terceiro elemento de atração! Com efeito, a inovação de Trump consiste em construir todo um direcionamento político com base na *denegação* sistemática da existência de mudanças climáticas. Pela primeira vez, o negacionismo climático serve de base a todas as decisões políticas. Quão revelador!

Não se respeita a originalidade dos fascistas quando se compara Trump com os movimentos dos anos 1930. Os dois movimentos só têm em comum a invenção de uma nova combinação que deixa antigas elites, por certo tempo, totalmente desamparadas. Mas o que os fascistas intentaram combinar ficava no âmbito do antigo vetor — aquele que marcha para a modernização a partir dos antigos territórios. Eles conseguiram combinar a volta a um passado sonhado — Roma, Germânia — com os ideais revolucionários e de modernização industrial e técnica, reinventando uma figura do Estado total — e do Estado em guerra — contra a própria ideia de indivíduo.

Não se encontra nada disso na inovação atual: o Estado é desacreditado, o indivíduo torna-se rei, e o que se deve fazer antes de tudo é ganhar tempo, afrouxando todos os controles, antes que todo mundo perceba que não existe mundo que corresponda àquela América.

A originalidade de Trump é conjugar, num mesmo movimento, primeiro a fuga para a frente rumo ao lucro máximo, abandonando o resto do mundo à própria sorte (os novos ministros encarregados de representar a "arraia-miúda" são bilionários!); em segundo lugar, a fuga para trás de todo um povo, de volta para as categorias nacionais e étnicas ("*Make America Great Again*" atrás de um muro!); em terceiro lugar, por fim, a negação explícita da situação geológica e climática.

O trumpismo — se nos é permitido usar esse termo — é uma inovação em política como não se vê comumente e que é preciso levar a sério. Da mesma forma que o fascismo também soube combinar extremos, para total surpresa dos políticos e dos comentaristas da época, o trumpismo combina extremos e engana todo mundo — pelo menos por algum tempo. Em vez de contrapor as duas fugas — rumo à globalização e rumo ao velho território nacional —, Trump age como se se pudesse fundi-las. Fusão que, evidentemente, só é possível se a própria existência da situação de conflito entre modernização, de um lado, e condição material terrestre, de outro, se encontra negada. Daí o papel essencial do ceticismo climático, sem o que seria incompreensível. (Lembremo-nos de que até Clinton as questões de política climática eram objeto de acordo entre os dois partidos.)

E se compreende bem por quê: a absoluta falta de realismo da combinação — bilionários arrastando milhões de membros das classes ditas médias para a volta à segurança do passado! — saltaria aos olhos. O estado de coisas só se sustenta, por enquanto, se houver uma total indiferença à situação *geo*política.

Pela primeira vez, todo um movimento político não mais se dispõe a enfrentar seriamente as realidades geopolíticas, mas antes se põe fora do alcance de todo tipo de controle, literalmente *offshore* — como os paraísos fiscais. O que importa, antes de tudo, é não ter mais de dividir com as massas um mundo que, já se sabe, nunca será comum. Como se fosse possível afastar-se infinitamente desse terceiro fator de atração, esse espectro que assombra toda a política.

É de se notar que essa invenção venha de um empresário constantemente endividado, indo de falência a falência, que fez sua fama num *reality show* (outra forma de irrealismo e escapismo). A total indiferença aos fatos, que marca tanto a campanha eleitoral quanto essa administração, é uma simples consequência do desejo de viver sem nenhum vínculo concreto com a realidade. Prometeu-se aos que iriam voltar à Velha Terra que reencontrariam o passado, mas o fato é que agora estes se veem arrastados para um lugar sem existência concreta para a grande massa dos eleitores. Nessas circunstâncias, não se deve ser muito exigente em matéria de provas empíricas!

Não adianta indignar-se com o fato de os eleitores trumpistas não "acreditarem nos fatos": eles não são idiotas. Trata-se do contrário: é pelo fato de a situação geopolítica ter de ser negada que a indiferença aos fatos se torna tão essencial. Se fosse necessário levar em conta a contradição flagrante entre essa fuga para a frente e para trás, seria preciso pôr os pés no chão! Nesse sentido, o trumpismo define e constitui (mas, evidentemente, ao inverso, em negativo, por meio da rejeição!) o primeiro governo ecológico!

E, naturalmente, a "arraia-miúda" não deve se iludir sobre como a coisa vai continuar. Aqueles que Trump mais atrai são precisamente os membros dessas elites minúsculas que tinham percebido, desde princípios da década de 1990, que já não havia mundo comum possível para eles e para os nove bilhões de indivíduos. "Desregulamentação levada ao extremo, exploração maciça de tudo o que resta no solo — '*Drill, baby, drill*' — terminaremos por ganhar, segundo Trump, os trinta ou quarenta anos de tranquilidade para nós e para nossos filhos. Depois disso, que venha o dilúvio, já estaremos mortos."

Os contadores conhecem bem os empresários que usam "o esquema pirâmide": a inovação de Trump é valer-se desse esquema na maior nação do mundo. Retrato de Trump como Madoff de Estado! Sem esquecer o que explica todo o caso: ele dirige a nação *que tinha mais a perder* de uma volta à realidade, de uma contravolta em direção à Terra. A opção é insana, mas compreensível.

Não é preciso ser um gênio iluminado para prever que a coisa toda terminará num dilúvio de fogo. Esse é o único paralelo verdadeiro com os fascismos.

Contrariamente à frase de Marx, a história não vai simplesmente da tragédia à farsa, ela pode degradar-se ainda mais, caindo numa bufoneria trágica.

Em todo caso, o esclarecimento trazido por essa inovação dá às *forças progressistas* — definidas daqui para frente como aquelas que voltam a atenção para o terceiro termo, o da Terra — a medida exata das dificuldades que terão de enfrentar. Trata-se não mais de apenas dissuadir aqueles que sonhavam em voltar para a terra natal ou em aliar-se àqueles que almejavam o acesso ao mundial. Agora é preciso se opor frontalmente àqueles que o flautista arrasta atrás de si numa direção que nos distancia mais uma vez da Terra.

Peter Sloterdijk disse certa vez que a Europa era o clube das nações que tinham renunciado de uma vez por todas ao império. Deixemos que os adeptos dos Brexit, os eleitores de Trump, os turcos, os chineses, os russos se entreguem aos sonhos de domínio imperial. Nós sabemos que, embora eles ainda desejem reinar sobre um território no sentido cartográfico, não têm mais chance, como também não temos, de dominar essa Terra que nos domina da mesma forma que domina a eles. O desafio é, pois, *talhado para a Europa,* visto que foi ela que inventou essa estranha história de globalização, para depois se tornar uma de suas vítimas. A história pertence àqueles que conseguirem aterrissar primeiro numa terra habitável — a menos que os outros, os que sonham com a *Realpolitik* à antiga, a tenham feito desaparecer de uma vez por todas.

(tradução: Luciano Vieira Machado)

Vencendo o medo da liberdade

Paul Mason

Leigh, Reino Unido, 1976: foi a primeira vez que ouvi a palavra *nigger* em público. Eu estava num estádio com meu pai, assistindo a uma partida de rúgbi na arquibancada — atrás das traves, no meio de umas quatro mil pessoas. Nosso time tinha contratado um jogador negro e era a primeira partida importante do rapaz.

Na década de 1970, os torcedores dos dois times se misturavam na arquibancada. Nesse dia, porém, a torcida visitante vinha tendo um comportamento detestável. Toda vez que o nosso novo jogador pegava a bola, alguns deles se punham a imitar gritos de macaco. Outros gritavam "preto burro". O pior era que um ou outro torcedor do nosso próprio time fazia coro com eles. Meu sentimento era de constrangimento e impotência. Aí, em dado momento o novo jogador pegou a bola, derrubou três adversários que apareceram à sua frente e fez um tento.

Até hoje me lembro da cara do meu pai e do silêncio que se fez à nossa volta quando ele virou para trás, abriu bem os braços e berrou: "E aí, o que vocês estão achando do 'preto' agora?"

O que conferia a um sujeito branco, com apenas alguns anos de estudo, autoridade moral para derrotar o racismo? Meu pai não era alguém que recebesse dos outros tratamento diferenciado: não era líder sindical nem era do tipo que fazia e acontecia no *pub* do bairro. Era só mais um membro da comunidade operária, sempre pronto a exigir respeito a seus valores tradicionais.

Leigh não era uma cidade radical. Havia, porém, uma cultura política intensa, ainda que não fosse algo verbalizado: ódio a tudo que tivesse a ver com gente rica; desconfiança das coisas que vinham de fora; um pé atrás com qualquer indivíduo cujo comportamento parecesse colocar a lógica do mercado acima da dignidade humana: comerciantes, cobradores de aluguel, ladrões.

Como muita da nossa capacidade de resistência vinha da exclusão dos que eram de fora, sabíamos que a coisa ficaria feia se o racismo se espalhasse entre nós. Sempre que encontravam negros, os mineiros da geração de meu pai procuravam deixá-los à vontade, citando uma fala do filme de Paul Robeson, *The Proud Valley*: "Lá embaixo, na mina, a gente não é tudo preto?" Mas ninguém estava preparado para o dia em que a mina desapareceria, junto com as fábricas de equipamentos de engenharia, as equipes de futebol dos operários e os centros de atividades sociais e recreativas.

Quando teve início a recessão de 1980 e a onda de desemprego nos atingiu, meu pai, cuja infância fora marcada pela crise dos anos 1930, disse para mim: "Se houver outra crise como a de 1929, o preconceito racial vai voltar." No fim das contas, não foi preciso haver uma crise igual àquela.

Em 2016, duas em cada três pessoas de minha cidade votaram a favor do Brexit. Apesar disso, nesse mesmo ano os trabalhistas venceram todas as eleições locais. O UKIP, um partido reacionário e racista, ficou em segundo lugar em metade dos distritos, superando o Partido Conservador como principal alternativa aos trabalhistas. Nas eleições gerais de 2015, os candidatos do UKIP tinham recebido só 9 mil votos de um total de 45 mil. Cinco anos antes, cerca de 2,7 mil pessoas haviam votado nos fascistas do Partido Nacional Britânico, votos que agora estavam contidos no total obtido pelo UKIP. Até onde consigo enxergar, a cidade continuará sujeita às investidas eleitorais da direita xenófoba.

Nos *pubs* e nos centros de atividades sociais e recreativas, antigos mineiros e sindicalistas tentam resistir, defendendo o socialismo e o antirracismo, atribuindo a responsabilidade pela pobreza e estagnação da cidade aos ricos e às políticas de austeridade fiscal. O problema é que, mesmo quando vencem, a vitória tem um custo: o de tolerar manifestações de racismo e xenofobia nos mesmos lugares onde há trinta anos elas seriam simplesmente impensáveis.

A cultura de resistência ao capital transformou-se, para alguns, em cultura de revolta contra a globalização, a migração e os direitos humanos. O que nos trouxe até aqui não foi apenas o fracasso econômico do neoliberalismo, mas também o colapso de uma narrativa. Por sua vez, a paralisia da esquerda vem não de sua incapacidade para fazer a crítica da economia de livre mercado, mas do equívoco em não se envolver adequadamente na batalha narrativa que a extrema-direita está travando. O exame minucioso dessa batalha narrativa não tem nada a ver com a tese pós-modernista clássica, em que o signo precede a coisa significada. É, na realidade, questão de vida ou morte para a social-democracia.

O ataque neoliberal

O neoliberalismo se fez anunciar por atos vingativos. Thatcher e Reagan, em 1980-1981, adotaram instrumentos de política econômica pró-cíclica para dar início à destruição de setores tradicionais da economia, com o objetivo preciso de atomizar a classe operária e minar a efetividade dos sindicatos.

Foucault havia previsto que acabaríamos nos tornando "empreendedores do eu".[1] Mas a geração de meu pai tinha outras ideias. Para eles, a competição e o comportamento motivado pelo comércio eram tabus. Tiveram de ser ensinados a apunhalar uns aos outros pelas costas durante os anos de desemprego e humilhação no sistema de seguridade social. Ou trabalhando em fábricas em que, de uma hora para outra, as condições se deterioraram e os sindicatos foram proibidos.

Para o neoliberalismo, essa era a batalha a ser travada para que uma nova narrativa fosse imposta à vida de milhões de pessoas. Toda uma geração de trabalhadores foi obrigada a se comportar como se a lógica do mercado fosse mais importante que a lógica do lugar ou a identidade de classe — mesmo que não acreditassem que isso fosse verdade.

1. Michel Foucault, *The Birth of Biopolitics*. Basingstoke: Palgrave Macmillan, 2004, p. 226 [ed. bras.: *O nascimento da biopolítica*. São Paulo: Martins Fontes, 2008].

Os salários despencaram. A solidariedade foi para o espaço. Os *outsiders* arquetípicos das nossas comunidades — o ladrão, o escroque, o cobrador de aluguéis, o fura-greve — tornaram-se modelos do thatcherismo. Abriram pequenos negócios: empresas de limpeza e de segurança, estúdios de bronzeamento artificial, agências de recolocação profissional que ensinavam os operários a elaborar currículos. Em torno desses negócios florescia o crime organizado — de modo que em muitas ruas de sobradinhos geminados, onde antes reinava a ordem social, a paisagem passou a ser pontuada por traficantes de drogas, profissionais do sexo e agiotas.

A verdade é que fomos derrotados. Alguns tentaram lutar — como os mineiros, que permaneceram em greve por doze meses entre 1984 e 1985. Mas, na maior parte dos casos, fomos derrotados sem oferecer resistência. Desde o início, diversas comunidades operárias adotaram uma estratégia de resistência cultural passiva, recusando o neoliberalismo fora do ambiente de trabalho. Nas fábricas — onde agora proliferavam os abusos e a exploração generalizada —, as pessoas trataram de aderir aos novos rituais, jargões e normas. Mas, em suas relações particulares e em espaços parcialmente públicos — em casa, no centro de atividades sociais, no *pub* —, falavam livremente e cultivavam seu rancor.

Nos anos 1980, surgiram os primeiros traços de uma cultura dessa classe trabalhadora que era forçada a se manter afastada do trabalho. Então, durante a década de 1990, veio a cultura de uma classe trabalhadora alheia e indiferente ao trabalho, uma classe trabalhadora que se preocupava com o mundo além do trabalho.

No início dos anos 1990, apareceu uma coisa para aliviar o mal-estar: crédito. As casas de penhor, que não eram vistas desde a década de 1930, reapareceram: a pessoa podia penhorar o aparelho de som de plástico, a guitarra feita na China, o carrinho de bebê. O crédito imobiliário era acessível — não apenas às pessoas que haviam trabalhado e economizado, mas também aos que não tinham feito nenhuma das duas coisas. E havia cartões de crédito para quem quisesse, até para os idiotas que volta e meia entravam no vermelho e não conseguiam pagar suas faturas. Então surgiram as casas de crédito informais, emprestando pequenas quantias por prazos curtíssimos e cobrando juros de 1.000%. Para completar — com a entrada da China no mercado — a globalização começou a reduzir drasticamente o preço dos produtos básicos.

Se, para os indivíduos da classe trabalhadora, a vida parecia melhor nos anos 1990 do que nos 1980, isso se devia ao fato de que o crédito farto e os produtos chineses baratos contrabalançavam o problema de fundo: os salários estagnados. A mensagem explícita da social-democracia passou a ser a de que a globalização e a desregulamentação financeira eram essencialmente positivas para os trabalhadores.

Os efeitos morais da transformação estrutural

O neoliberalismo impulsionou uma série de transformações estruturais. As principais foram: a transferência para o exterior de setores produtivos inteiros; a reestruturação de grandes empresas numa "cadeia de valor" de companhias menores; a redução da arrecadação tributária para diminuir o tamanho do Estado; a privatização dos serviços públicos; e a financeirização da vida cotidiana. Só compreendendo os efeitos narrativos dessas mudanças, assim como seus efeitos econômicos diretos, seremos capazes de entender o colapso ideológico do centrismo político iniciado em 2016.

A *transferência da produção para o exterior* teve por objetivo diminuir os gastos com mão de obra e a participação da massa salarial no PIB. Em Leigh, a mudança de maior impacto foi a da Coles Cranes, uma grande empresa de engenharia que se transferiu para a Polônia. Mas o efeito narrativo mais abrangente foi, como diz David Harvey, "aniquilar o espaço": sinalizar para toda uma classe social que *o lugar — elemento central na constituição de sua identidade — não tem a menor importância.*

A *reestruturação* das empresas, com sua divisão em segmentos que geram diferentes taxas de lucro, foi feita com o intuito de submeter todos os aspectos da vida corporativa aos ditames do mercado financeiro. Agora já não fazia sentido manter um centro de atividades sociais e uma cancha de bocha (na fábrica em que eu trabalhava em 1979 havia ambas as coisas). A empresa ainda podia ter um refeitório, contanto que sua operação fosse terceirizada e desse lucro. A mensagem aqui era igualmente clara: *a empresa já não tinha obrigações sociais informais.*

A terceira grande reforma estrutural foi o *corte na tributação progressiva*. O objetivo era — ideologicamente — diminuir o tamanho do Estado. Mas, tão logo começaram a se formar as bolhas especulativas e multiplicaram-se os paraísos fiscais, o segundo efeito da baixa carga tributária foi o aumento da desigualdade e a supressão da mobilidade social. Em termos de sinalização, a erosão do Estado de bem-estar social e dos serviços públicos gratuitos comunicava à classe trabalhadora o fim do *pacto social pós-1945*. Só os aspectos do Estado de bem-estar úteis ao capital seriam mantidos.

A *privatização*, quarta arma do neoliberalismo, renovou o estoque de capital capaz de gerar lucros e solucionou a crise de lucratividade que afetava a era keynesiana em sua última fase. Rodovias pedagiadas, privatização de ferrovias, a fragmentação caótica dos serviços locais de ônibus, a possibilidade de que as concessionárias passassem a cortar o fornecimento de eletricidade e gás para os pobres... — essas coisas foram feitas para encarecer o máximo possível os serviços públicos. Seu impacto narrativo foi a erosão do conceito de uma área de economia pública: dali em diante, a lógica era que você deveria planejar a sua vida considerando que só você e os seus familiares mais próximos, não o Estado e a comunidade mais ampla, estariam por perto para ampará-lo caso você levasse um tombo. Combinando-se isso com o ponto-final que Thatcher pôs no programa de construção de moradias populares, a mensagem para as famílias trabalhadoras era clara: *Tratem de se virar. O Estado, no fundo, não está aqui para ajudá-los, mas para tornar todos os serviços públicos tão caros e escassos quanto possível.*

Por fim, a *financeirização* do consumo era só parte da financeirização mais ampla do próprio capitalismo. Todas as empresas passaram a ter suas prioridades determinadas pelos analistas dos bancos de investimento. Os gerentes administrativos mais sentimentais, que desejavam manter os rituais de parceria social aprendidos nos anos 1960 e 1970, foram postos para fora. E esse foi o mais flagrante sinal cultural de todos. Futuramente, a condição de maior prestígio caberia não ao encarregado local que ainda conhecia pelo nome todos os representantes dos trabalhadores no chão de fábrica. *Pelo contrário, o thatcherismo dirigiria suas loas ao egomaníaco do pregão das bolsas de valores.* E, diferentemente da burguesia de meados do século XX, que era impenetrável, dessa nova elite empreendedora os indivíduos mais ambiciosos e ególatras da classe trabalhadora podiam fazer parte.

Ao celebrar o predador financeiro como um novo tipo de herói da classe trabalhadora, o neoliberalismo começou a dar roupagem nova à "cultura da classe trabalhadora", apresentando-a como uma ideologia pró-capitalista, enaltecendo a ignorância e o egoísmo — isto é, precisamente o oposto do que ela tinha sido. Quando se compara qualquer episódio dos anos 1960 da série *Coronation Street* com os de sua concorrente *EastEnders*, que estreou na era Thatcher, pode-se observar — ainda que pelo prisma dos clichês que caracterizam essas produções melodramáticas — o impacto moral do neoliberalismo. Em vez da linguagem calma e racional dos 1960, agora os personagens volta e meia estão aos berros, batendo portas, os homens gesticulando com o punho cerrado para as mulheres; sem contar os casos de suicídio, a depressão e o medo onipresente das drogas e dos assaltos. O vício, a raiva e a dependência dos benefícios sociais controlam esses novos arquétipos dramáticos, assim como os deuses controlavam os personagens no drama grego. Eles tinham perdido a capacidade de agir e a complexidade; haviam se tornado nulidades sociais bidimensionais e escravos do destino.

Na geração de meu pai, tudo contribuía para oxigenar o antirracismo, o internacionalismo e o altruísmo espontâneo. Agora o neoliberalismo fornecia oxigênio para coisas que eram o oposto disso.[2] E, por três décadas, o resultado foi a desestabilização e a desagregação da resistência da classe trabalhadora ao neoliberalismo. O problema é que, quando o neoliberalismo entrou em colapso, não foi o conservadorismo tradicional que se oxigenou, mas o populismo autoritário de direita.

O fracasso narrativo do neoliberalismo

O neoliberalismo entrou em colapso por etapas. No fim da década de 1990, o descumprimento da promessa de mobilidade social já era evidente. No início dos 2000, o estouro da bolha pontocom e escândalos corporativos como os da Equitable Life tinham começado a fechar o acesso ao sistema de previdência privada para o qual a parcela mais próspera da força de trabalho vinha contribuindo.[3]

2. Devo ao romancista Jim Crace a sugestão do uso do termo "oxigenação" aqui.

3. Seguradora mais antiga do mundo, a Equitable Life também era considerada a mais respeitável empresa de previdência privada do Reino Unido. No fim de 2000, porém, constatou-se que a companhia não tinha como honrar os compromissos assumidos com os cotistas de seus fundos. Em razão disso, as pensões que estavam sendo pagas foram drasticamente reduzidas e cortes vultosos foram aplicados sobre o valor dos montantes acumulados por indivíduos que ainda estavam realizando contribuições. [N.T.]

Com a transferência da produção para o exterior criando um número crescente de comunidades ex-industriais, totalmente dependentes dos empregos no setor público e dos benefícios sociais, o Partido Trabalhista sinalizou que não faria nada para reduzir o ritmo das mudanças e tampouco se esforçaria para proteger as velhas formas de coesão social. Em 2005, no congresso anual do partido, Tony Blair disse que discutir a globalização era como discutir se depois do verão vinha o outono. "O caráter desse mundo em transformação é indiferente à tradição. E é implacável com a fragilidade. Não respeita reputações construídas ao longo do tempo. Não tem hábitos ou costumes. Oferece um sem-fim de oportunidades, mas apenas àqueles que se adaptam com agilidade, não perdem tempo se queixando, estão abertos às mudanças, querem mudar e mostram-se capazes de fazê-lo."

Foi uma ordem categórica para que os ex-operários da classe trabalhadora abrissem mão dos últimos e eviscerados resquícios de sua cultura. Blair e Gordon Brown apostavam tudo na financeirização para ocupar o vazio que isso deixava. A desregulamentação do mercado de crédito possibilitaria que até os mais pobres se esbaldassem com a bolha imobiliária. A expansão do setor financeiro geraria mais arrecadação tributária; e esses recursos seriam redistribuídos para os trabalhadores por meio de benefícios sociais, instrumentos de complementação da renda de trabalhadores com baixos salários, mais investimentos no sistema público de saúde e acesso em massa ao ensino superior. Às vésperas do crash financeiro, um total de sete milhões de pessoas, um terço das famílias britânicas, recebia algum tipo de auxílio pecuniário do Estado.

Quando o sistema financeiro entrou em colapso, esse projeto de melhoramento da social-democracia pela via das finanças também veio abaixo. Em seu lugar, instaurou-se a austeridade. As medidas de contenção fiscal restringiram os gastos com os sistemas de saúde pública e seguridade social. A suspensão punitiva de benefícios sociais fez com que tantas famílias se vissem obrigadas a recorrer aos bancos de alimentos que a principal entidade filantrópica do setor passou a distribuir 1,1 milhão de cestas básicas emergenciais por ano. Foram cortados os benefícios pagos por doença ou necessidades especiais de um milhão de trabalhadores que estavam afastados do trabalho, mas que ainda não haviam atingido a idade de aposentadoria. E esse rompimento da rede de proteção social foi acompanhado por igual esgarçamento do consenso em relação ao influxo de migrantes.

Como se desintegrou o consenso em relação à migração

O Reino Unido — como os EUA, a Alemanha e a França — absorveu milhões de imigrantes no período do pós-guerra. O racismo vulgar de uma minoria de trabalhadores brancos conservadores acabou se diluindo com a integração dos migrantes à cultura britânica. Apenas um reduzido número de trabalhadores brancos embarcava no fascismo, e o fazia de forma tão violenta que suas atividades eram facilmente controladas. Em razão disso, já nos anos 1980, nas grandes cidades, a classe trabalhadora havia se tornado irrevogavelmente multiétnica: afro-caribenhos, muçulmanos, hindus, somalis — num primeiro momento, todos foram marginalizados; todos sofreram racismo. E agora estão por toda parte, nos locais de trabalho típicos dos grandes centros urbanos: no sistema de transporte, no hospital, no caixa do supermercado e na desenvolvedora de softwares.

Em 2004, o ingresso na UE de dez países do Leste Europeu modificou completamente essa dinâmica. Em duas etapas (já que, num primeiro momento, Romênia e Bulgária foram excluídas do processo), o governo britânico estimulou fortemente os cidadãos desses países a fazer uso do direito à livre circulação que o Tratado da União Europeia lhes garantia.

Desde os anos 1970, a aceitação da migração era garantida pelo rígido controle à entrada de migrantes no país — provenientes do Quênia, da Índia ou de Bangladesh. Mas os migrantes do Leste Europeu não precisavam pedir autorização para ninguém; vinham porque era um direito seu. Por outro lado, jamais se tornariam cidadãos britânicos: em 2016, havia três milhões deles no Reino Unido, mas não podiam votar em eleições nacionais.

Em segundo lugar, a migração do Leste Europeu foi especificamente pensada com o intuito de atacar os salários e as condições de trabalho, ainda que em termos macroeconômicos isso não tenha produzido efeitos perceptíveis. Esses migrantes se encaixavam perfeitamente nas novas instituições do trabalho precarizado. E, com a sentença proferida pela Corte Europeia de Justiça nos casos da operadora de transporte marítimo Viking e da construtora Laval, ficou estabelecido que as empresas têm o direito de "realocar" mão de obra barata de um país para outro.

Uma terceira mudança diz respeito ao fato de que, diferentemente dos migrantes negros e asiáticos, que tendiam a se instalar em grandes centros urbanos, os que vinham do Leste Europeu optavam por cidades pequenas, onde a experiência anterior com migração era praticamente inexistente, onde havia poucas das redes de sustentação que viabilizam o funcionamento de cidades multiétnicas e onde os serviços públicos já se encontravam sobrecarregados. E a migração proveniente do Leste Europeu enviava outra sinalização narrativa para a classe trabalhadora britânica: esse é o tipo de trabalhador que nós preferimos — flexível, quieto, dócil, deferente, sem direitos, que pouco contribui para o *demos* mais amplo e tampouco espera receber algo em troca.

A defesa que o neoliberalismo fazia da liberdade de movimento era, antes de tudo, fatalista: tratava-se de um "fato" da vida moderna, algo que não tinha como ser controlado ou revertido. Então, quando estudos começaram a apontar os impactos negativos sobre os salários dos segmentos mais vulneráveis do mercado de trabalho, isso foi considerado um fenômeno marginal e insignificante, que seria contrabalançado pelos mais amplos ganhos macroeconômicos. Quando notaram a intranquilidade que se instalava entre os trabalhadores britânicos, por conta da pressão a que os serviços públicos eram submetidos pelos migrantes, a centro-esquerda imaginou poder serenar os ânimos com a promessa de direcionar recursos para os lugares afetados, sem se dar o trabalho de responder à objeção de que esses recursos teriam de vir de algum lugar.

O neoliberalismo acreditava que poderia vencer a hostilidade antimigração, pois vinha aniquilando espaço, individualidade e contexto fazia trinta anos. A globalização era um processo natural, não tinha como ser interrompido, e as pessoas acabariam aceitando isso, como haviam aceitado todas as outras reformas estruturais. O que aconteceu, porém, foi que a globalização motivou uma insurreição entre os trabalhadores pobres do Reino Unido, abrindo a primeira fenda na estrutura multilateral do sistema global: o Brexit.

Os 52% de votos que a proposta de o Reino Unido deixar a UE teve no plebiscito não vieram apenas dos trabalhadores brancos. Segundo uma pesquisa de boca de urna, 27% dos eleitores negros e 33% dos asiáticos também votaram a favor do rompimento com o bloco europeu. E do total de eleitores que se manifestaram pela saída, 59% eram de classe média ou alta. Mas nada se compara com a expressiva proporção de votos que o Brexit recebeu nas pequenas cidades britânicas, onde os resíduos da cultura da classe trabalhadora haviam se transformado numa "identidade", cuja principal característica era a atitude de desafio, não apenas frente à globalização, mas também à cultura liberal, transnacional, baseada em direitos humanos, a que tal processo deu origem.

De maneira surpreendente, esse falso motim dos pobres foi então capaz de executar um movimento hegemônico ascendente, atingindo a classe média das pequenas cidades. Nos centros urbanos, os profissionais de alta escolaridade tendiam a votar pela permanência no bloco europeu, mas não em localidades menores, de passado industrial. Após o plebiscito, muitos indivíduos de classe média admitiram: "meu voto era pela permanência, mas eu estava vendo o sofrimento dos mais pobres e, pelo bem deles, acabei votando a favor do rompimento".

Só compreendendo a origem da raiva é que se pode apaziguá-la. A raiva dos trabalhadores nascidos em solo britânico, negros e brancos, voltava-se mais contra o sistema de migração do que contra os migrantes em si. Esse sistema era, e continua sendo, o símbolo acabado do desejo que o neoliberalismo tem de aniquilar o espaço, a comunidade e o trabalho não abstrato. Para isolar e derrotar o racismo do trabalhador de direita com inclinações populistas e autoritárias não basta apelar à economia; é preciso reafirmar uma identidade plebeia, social-democrata, no interior de um mundo em rede e individualista.

O embate narrativo a ser travado

Desde 2008, está claro que, se o neoliberalismo não for abandonado, a globalização acabará por se desintegrar. Com o Brexit e a eleição de Donald Trump, esse processo agora está em curso.

A atração fatal que o neoliberalismo exerceu sobre a elite, assim como sobre duas gerações de economistas, vem de sua aparente perfeição. Em termos econômicos, o neoliberalismo confirmava a noção de que o capitalismo é, em essência, o mercado, a sobrevivência dos mais bem preparados e o predomínio de um Estado enxuto. Em termos políticos, o neoliberalismo se assentava como uma luva, coadunando com o princípio central da democracia liberal, a saber, o de que somos todos apenas cidadãos, não trabalhadores ou patrões, e nossos direitos são todos fundamentalmente individuais, não coletivos. Nem mesmo agora — com Renzi fora do governo, Hollande se arrastando para chegar ao fim de seu mandato, Schäuble exigindo da Grécia ainda mais austeridade[4] — a elite social e política do neoliberalismo parece disposta a questionar essa mentalidade essencialista. Em vez disso, começa a se observar uma ruptura na direção oposta. O populismo autoritário que está mobilizando uma minoria de eleitores da classe trabalhadora em toda a Europa é, acima de tudo, uma demanda por desglobalização. Sua natureza reacionária não está apenas na tendência ao racismo, à islamofobia e ao conservadorismo social, mas também na ignorância quanto à própria complexidade da tarefa.

Diferentemente do que aconteceu nos anos 1930, o nacionalismo econômico de hoje tem de desmontar um sistema complexo, orgânico e resistente. Não que seja difícil vir tudo abaixo — basta uma guerra cambial ou uma série de calotes gigantescos —, mas, se isso acontecer, muitas cidades dos países que saírem perdendo vão ficar como Nova Orleans após o furacão Katrina.

Por sorte, a demografia política de massas aponta para uma direção muito diversa da observada nos anos 1930. Os comportamentos e crenças individualistas e "liberados", tão execrados pela extrema-direita xenófoba, estão firmemente enraizados em toda uma geração. Segundo o instituto de pesquisas YouGov, no Reino Unido, ainda que opiniões associadas ao "populismo autoritário" sejam

4. Respectivamente, Matteo Renzi, primeiro-ministro da Itália (2014-2016), François Hollande, presidente da França (2012-2017), e Wolfgang Schäuble, ministro das Finanças da Alemanha (2009-2017). [N.T.]

sustentadas, em sua versão mais radical, pelos cerca de 19% dos indivíduos que têm posições de direita, e, em sua versão moderada, pelos 29% que ocupam o centro do espectro ideológico, o maior grupo — com 37% — é o da "esquerda progressista, internacionalista e favorável à UE".[5]

A sociedade moderna não é uma República de Weimar, na qual, sob a fina camada da tolerância e do multiculturalismo, grassavam visões reacionárias, hierárquicas e nacionalistas. Os novos comportamentos, convicções e níveis de tolerância, o apego aos direitos humanos e sua universalidade são produto tanto das mudanças tecnológicas como da educação. Teriam de ser arrancados à força da cabeça, do corpo e da microestrutura da maioria das pessoas de menos de 35 anos.

Já argumentei[6] que o proletariado industrial não apenas fracassou na resistência ao neoliberalismo durante os anos 1980, como, em virtude da revolução tecnológica, acabou sendo suplantado em sua condição de agente de mudanças sociais por um grupo mais amorfo, formado por aqueles que sociólogos como Manuel Castells chamam de "indivíduos em rede". Entre seus integrantes figuram não apenas os trabalhadores qualificados e os estudantes das camadas menos favorecidas, mas também grandes contingentes da força de trabalho mais comum: a enfermeira, o balconista, o especialista em softwares. Mesmo

5. Joe Twyman, "Trump, Brexit, Front National, AfD: Branches of the Same Tree", 16 de novembro de 2016. Disponível em <https://yougov.co.uk/news/2016/11/16/trump-brexit-front-national-afd-branches-same-tree>. Acesso em janeiro de 2017.

6. Ver o meu livro *Postcapitalism: a Guide to our Future*. Londres: Allen Lane, 2015.

a parcela que restou de operários com empregos estáveis no setor industrial em grande medida está — por força das normas em vigor em locais de trabalho marcados pelo uso intenso de alta tecnologia — plugada nessa cultura globalista.

Nesse sentido, o indivíduo em rede é "a classe operária suprassumida".[7] Se há um agente coletivo da história capaz de conduzir a transição para além do capitalismo são esses seres humanos jovens, em rede, relativamente "liberados". Não constituem uma classe — muito embora tenham sido em grande medida desapossados de um futuro econômico pelo colapso do neoliberalismo. Mas se, a fim de estabelecer um paralelo, inserimo-los no cenário dos anos 1930, evidencia-se o potencial para um resultado positivo.

Escrevendo sobre a ascensão do fascismo, Erich Fromm conclui que o fenômeno foi impulsionado não só por problemas econômicos, mas também pelo "medo da liberdade". Na pequena burguesia e em alguns segmentos do operariado da Alemanha, a mentalidade autoritária fez com que as pessoas reagissem à impotência com o "desejo de serem dominados". Segundo Fromm, por mais vigorosa que tenha sido a resistência ao nazismo por parte dos trabalhadores organizados e da burguesia progressista e católica, isso não bastou. Em primeiro lugar, porque prevalecia "um estado

7. No original, o autor emprega aqui o adjetivo *sublated*, normalmente utilizado para traduzir o alemão *aufgehoben*, no contexto da filosofia hegeliana. Basicamente, o termo remete à síntese resultante do conflito entre duas coisas ou ideias contraditórias, isto é, a coisa ou ideia nova cuja emergência a um só tempo a preserva e transcende. [N.T.]

de esgotamento e resignação internos".[8] Em segundo, porque pesou o legado material deixado pelas derrotas sofridas pelos operários alemães entre 1919 e 1923. Para completar, por volta de 1930, as ideologias de resistência tinham se exaurido.

Hoje, confrontada com Trump, o Brexit e a desintegração da ordem global, é a elite neoliberal de centro que experimenta um sentimento de resignação e incredulidade. Para o novo contingente de indivíduos em rede, a tarefa vital é se aproximar dos internacionalistas que ainda podem ser encontrados nas comunidades trabalhadoras das pequenas cidades e se aliar a eles, cultivar o que resta da narrativa que possibilitou à geração de meu pai calar o racismo e fundir isso com uma narrativa de esperança sobre o futuro.

Para a social-democracia, a tarefa é não ceder aos desejos conservadores dos autoritários populistas. Trata-se de projetar uma alternativa confiante que atenda às necessidades e paixões da maioria plebeia da força de trabalho, constituída por indivíduos em rede e de escolaridade elevada. Isso implica uma reversão consciente dos pressupostos táticos adotados pelos partidários da "Terceira Via". Blair, Clinton, Schröder, Renzi — todos imaginavam que os trabalhadores de baixa qualificação das pequenas cidades sempre votariam na esquerda e que a social-democracia precisava ir atrás do voto dos eleitores centristas da classe média.

O colapso do neoliberalismo e a prolongada erosão do núcleo progressista da cultura da classe trabalhadora virou

8. Erich Fromm, *Escape from Freedom*. Nova York: Henry Holt, 1994, p. 207.

essas certezas de ponta-cabeça. Uma social-democracia comprometida com os direitos humanos, com a igualdade de gênero, com a liberdade pessoal e com a proteção aos migrantes e refugiados precisa levar em conta seu novo núcleo: os assalariados de alta qualificação profissional das grandes cidades; a juventude em rede; os servidores públicos; os funcionários globalistas das grandes corporações, com sua intimidade com a alta tecnologia. Além, é claro, das minorias étnicas, dos trabalhadores migrantes e das mulheres.

Uma social-democracia renovada e radicalizada não pode fazer concessões à mentalidade reacionária que se apossou de cerca de 20% dos eleitores no lugar onde eu nasci. Mas pode oferecer-lhes esperança econômica. Pode, acima de tudo, oferecer-lhes recursos financeiros — fruto de empréstimos, de impostos pagos pelos ricos ou então emitidos pelo banco central — que possam ser investidos em educação, moradia, geração de empregos, transporte público e saúde. Atualmente é comum ouvir gente simples, reacionária e racista ligando para os programas de rádio e dizendo preferir ver a economia do país em frangalhos do que permanecer na UE e aceitar a migração. No fundo, essas pessoas entenderam muito bem o que está em jogo. Mas elas, suas famílias e suas comunidades estão prestes a descobrir que racismo não enche barriga.

O erro da esquerda — e aqui incluo a esquerda radical, como o Syriza e o Podemos, assim como os claudicantes social-democratas — foi subestimar a fragilidade da narrativa neoliberal. Quando parte dessa narrativa malogrou, seu conjunto já não fazia sentido. Apesar de termos feito a crítica do conteúdo econômico do neoliberalismo, nossa tendência era pautar nossas narrativas pela permanência de suas formas políticas. Agora, para combater o nacionalismo de direita em comunidades da classe trabalhadora, a esquerda tem de contar uma história diferente.

O neoliberalismo substituiu a antiga história de cooperação e coesão por uma história sobre indivíduos. Eram pessoas abstratas com direitos abstratos: a etiqueta gravada com o nome do sujeito no uniforme servia apenas para facilitar a vida dos consumidores ou do chefe, não para exprimir sua identidade. Os trabalhadores das comunidades que a globalização deixou para trás se agarraram ao que restava de sua identidade coletiva. Mas, como sua utopia propulsora — o socialismo — tinha sido considerada inviável por todo mundo, inclusive pelos próprios partidos socialistas, eles começaram a centrar sua identidade no que sobrou: no sotaque, no lugar, na família e na etnicidade.

De 2008 em diante, embora tenham evitado a depressão que a geração de meu pai temia, políticas monetárias e intervenções estatais produziram uma tendência à estagnação: o "equilíbrio de crescimento baixo, inflação baixa e juros baixos" mencionado pelo presidente do Banco da Inglaterra, Mark Carney, na reunião realizada pelos países do G20 em março de 2016. Mas não pode haver equilíbrio nessas circunstâncias, em particular se o remédio da austeridade exige ataques contínuos aos sistemas de bem-estar social e aos salários de que dependem as comunidades de baixa renda.

Enquanto o neoliberalismo tinha uma história coerente para contar, aqueles que eram suas maiores vítimas — os trabalhadores pouco qualificados das antigas cidades industriais — conseguiam sobreviver, ainda que com uma identidade própria e vigorosa, manifestada em particular. Entre 2008 e 2016, porém, o encanto da história neoliberal se esvaiu — e mais rapidamente do que imaginavam seus críticos. Nesse aspecto, passamos agora por um momento análogo ao que ocorreu na Rússia durante a Perestroika.

No fim dos anos 1980, sob Gorbachev, muitos russos experimentaram um súbito "rasgo na consciência", ao se darem conta de que a queda era iminente. Até então, porém, a maioria das pessoas agia, falava e até pensava como se o sistema soviético fosse permanente. E, apesar do cinismo quanto à sua brutalidade, muitos participavam dos desfiles e executavam os rituais exigidos pelo Estado. O antropólogo russo Alexei Yurchak descreveu os acontecimentos num livro cujo título fala por si mesmo: *Tudo era para sempre, até não ser mais.*

Após a vitória de Trump, passou a ser possível acreditar que um colapso semelhante levará de roldão o Ocidente, a globalização, os valores sociais progressistas, os direitos humanos e o Estado de direito. Se isso acontecer, o capitalismo assumirá, de Moscou a Washington, a forma padrão de um nacionalismo xenófobo e oligárquico. Nesse caso, todos os projetos que buscam promover a justiça social e a emancipação humana terão de ser recalibrados em escala nacional, tal como aconteceu na década de 1930.

Mas isso pode ser evitado. Na próxima fase, o projeto da esquerda deve ser o de lançar o neoliberalismo ao mar, para salvar a globalização. Em termos mais específicos — como Carney sugeriu recentemente —, precisamos de novos mecanismos para suprimir a desigualdade e redistribuir, em favor dos trabalhadores e dos jovens, os ganhos gerados pelo comércio e pelo progresso tecnológico. Para tanto, precisamos reverter parcialmente as reformas estruturais descritas anteriormente:

- Adotar políticas industriais que promovam o retorno de empregos produtivos para o Norte do planeta, a despeito de seus efeitos para o crescimento do PIB per capita no Sul.
- Obrigar as grandes empresas a aceitar seus compromissos sociais para com comunidades reais, específicas, e não com a sociedade civil em abstrato.
- Reestatizar serviços públicos fundamentais, a fim de oferecê-los a custo baixo ou de graça, minorando os efeitos do trabalho precarizado.
- Erradicar esquemas de engenharia tributária e instituições à margem do sistema financeiro oficial, que viabilizam a ocultação de patrimônio em paraísos fiscais, de maneira a promover a repatriação de bilhões de recursos tributáveis, que poderiam então ser utilizados para financiar, no curto prazo e com efeitos profundamente benéficos, aumentos extraordinários no investimento público.
- Desfinancializar a economia, aumentando salários, reduzindo a dependência do crédito, estabilizando as dívidas dos setores público e privado por meio de baixas contábeis, inflação controlada e, quando necessário, controles de capital.

Essas medidas não poriam fim à globalização. Mas fariam com que ela recuasse parcialmente; estabilizariam e salvariam o que é possível estabilizar e salvar numa economia mundialmente interconectada, ainda que o custo disso seja interromper a globalização, submetendo-a a condições controladas, sempre tendo em vista o objetivo de retomar o processo, uma vez que os desequilíbrios sociais sejam corrigidos. Se o crescimento do PIB nos países em desenvolvimento tornar-se mais equitativo e, assim, assumir um ritmo mais lento, isso é de importância secundária para as populações do Norte do planeta.

Muito antes de os efeitos combinados dessas medidas começarem a ser sentidos, elas teriam um impacto imediato caso se tornassem na cabeça de milhões de pessoas uma lista coerente de tarefas — tal como aconteceu nos anos 1930 com o keynesianismo em estado bruto do New Deal de Roosevelt.

Quanto à migração, num mundo de telefones celulares, internet e crime organizado, ela não tem como ser bloqueada sem a adoção das medidas homicidas que frequentam as fantasias da direita mais raivosa: cercas eletrificadas, suspensão do direito internacional, assassinatos sancionados pelo Estado nas fronteiras. A OCDE calcula que os EUA e a UE terão de absorver 50 milhões de migrantes cada até 2060 se quiserem que suas economias não desacelerem progressivamente até parar de crescer por completo.[9] Em vista disso, é preciso resgatar o consenso sobre a migração por meio de instrumentos como: (a) direcionamento e monitoramento dos fluxos migratórios, com aplicação de recursos nos lugares onde

9. Henrik Braconier, Giuseppe Nicoletti e Ben Westmore, "Policy Challenges for the Next 50 Years", OECD *Economic Policy Papers*, 9, 2014. Disponível em <http://www.oecd.org/economy/Policy-challenges-for-the-next-fifty-years.pdf>. Acesso em janeiro de 2017.

há impacto negativo sobre os serviços públicos; (b) reformas do mercado de trabalho que impeçam as empresas de utilizar uma população migrante desenraizada e não cidadã, como o "trabalhador abstrato" ideal; (c) reversão da austeridade fiscal. Uma inversão na marcha do crescimento, da austeridade para os investimentos, não apenas reduziria, em questão de meses, a disputa por moradia, saúde e vagas nas escolas, como criaria um jogo de soma positiva, recolocando o debate sobre a migração em parâmetros totalmente diversos.

Com Trump e o Brexit, é hora de ir além da crítica econômica do neoliberalismo. O desafio político e econômico mais concreto para a esquerda é construir a narrativa pós-neoliberal. Todos os partidos, todos os políticos, todas as estruturas, todas as teorias que se posicionarem como empecilhos a essa tarefa devem ser descartados. Pois o tempo está contra nós.

(tradução: Alexandre Hubner)

A política na era do ressentimento: o tenebroso legado do Iluminismo

Pankaj Mishra

Os terremotos políticos de nosso tempo — seja a vitória de Donald Trump, um autodeclarado predador sexual e racista, a apoteose eleitoral na Índia e nas Filipinas de tiranos acusados de envolvimento com assassinatos em massa (Narendra Modi e Rodrigo Duterte), ou os altos índices de popularidade, na Rússia e na Turquia, de déspotas e imperialistas cruéis como Vladimir Putin e Recep Tayyip Erdoğan — revelaram a existência de uma enorme energia reprimida. A ascensão quase simultânea da demagogia pelo mundo afora aponta para uma situação comum e codeterminada, ainda que os separatismos atuais, do Estado Islâmico ao Brexit, tenham inúmeras causas locais. Basta notar o enfraquecimento de imperativos éticos que se observa por toda parte, amiúde sob pressão da opinião pública. Aquela que costumava ser chamada de a "ira muçulmana", sendo associada a turbamultas de homens de pele escura e barbas bastas e hirsutas, de súbito começou a se manifestar mundialmente, de budistas que promovem limpeza étnica na Birmânia a nacionalistas brancos e loiros na Alemanha. Como diz Freud, "os impulsos primitivos, selvagens e cruéis da humanidade não desapareceram"; continuam tão somente a existir em "estado reprimido", à espera de "oportunidades que lhes permitam exibir sua atividade".[1]

Como compreender esse colapso, que aparentemente tem características não só morais e emocionais como também políticas? Nossos conceitos e categorias, derivados de três décadas de liberalismo economicista, não parecem capazes de absorver uma explosão de forças descontroladas: entre outras coisas, as "massas" de repente dão a impressão de serem muito mais maleáveis e imprevisíveis do que supúnhamos. Por conseguinte, grassam a confusão e o espanto entre as elites políticas, empresariais e jornalísticas. A revista *The Economist*, confiável fonte de reflexões bem-pensantes desse povo eleito, tem alternado nos últimos tempos entre a indignação com a "política da pós-verdade" (expressão em si mesma falsa) e o anúncio, típico de quem passou os últimos anos em sono profundo, do surgimento de um "novo nacionalismo". Publicações como *Vanity Fair* agora parecem paródias da *New Left Review*: finalmente estão abrindo os olhos para os fiascos do capitalismo global; em particular, para o não cumprimento de sua promessa de prosperidade generalizada e para seu menosprezo pelo princípio democrático da igualdade.

Velhos e surrados opostos retóricos — progressista-reacionário, fascismo-liberalismo, racional-irracional — foram novamente postos para trabalhar. Mas, com a indústria intelectual correndo atrás da marcha vertiginosa dos acontecimentos e dos significados fluidos das ações

1. Carta de Sigmund Freud a Frederik van Eeden, 28 de dezembro de 1914, citada em Ernest Jones, *The Life and Work of Sigmund Freud*, vol. II: *Years of Maturity 1901-1919*, Nova York: Basic Books, 1955, p. 368-9.

humanas, é difícil não suspeitar que a nossa busca por alternativas políticas racionais à desordem em curso talvez esteja fadada ao fracasso. Pois, inclinem-se eles para a esquerda, para o centro ou para a direita, os adversários do novo "irracionalismo" político continuam a ter sua visão limitada pela suposição de que os indivíduos são atores racionais, cujos desejos materiais egoístas constituem sua principal fonte de motivação, enfurecendo-se quando eles são frustrados e, portanto, podendo ser apaziguados com sua satisfação.

Tal noção de motivação humana surgiu originalmente no Iluminismo, que, desdenhando da tradição e da religião, postulou, como seu substituto moderno, a capacidade humana de identificar racionalmente interesses individuais e coletivos. Nesse esquema explicativo, tomado como pressuposto por pessoas à esquerda e à direita do espectro ideológico, o burguês egoísta, ou *Homo economicus*, é a norma entre os seres humanos, um sujeito dotado de livre-arbítrio, cujos desejos e instintos naturais são moldados por sua motivação última: perseguir a felicidade e evitar a dor. Essa visão simplista sempre negligenciou diversos fatores invariavelmente presentes na vida humana: o medo, por exemplo, que a pessoa sente de ter a honra maculada, ou de perder a dignidade e o status, a desconfiança em relação a mudanças, a atração exercida pela estabilidade e pelo que é familiar. Tampouco havia espaço nela para impulsos mais complexos: a vaidade, o medo de parecer vulnerável ou a preocupação com a própria imagem. Obcecados com o progresso material, os hiper-racionalistas ignoravam também o apelo da identificação com o "atraso" e os prazeres viscosos da posição de vítima.

A pouca ou nenhuma atenção que nós mesmos dedicamos a essas motivações não econômicas parece ainda mais surpreendente quando lembramos que o "estreito programa racional" de felicidade individual do Iluminismo era, já em fins do século XIX, como escreveu Robert Musil em 1922, "alvo de escárnio e desprezo".[2] De fato, a maior parte da literatura, filosofia e arte modernas se define por sua insistência em afirmar que há mais nos seres humanos do que egoísmo racional, competição e desejo aquisitivo; de que há mais na sociedade do que um contrato entre indivíduos logicamente calculistas e autônomos; e de que há mais na política do que tecnocratas impessoais elaborando esquemas hiper-racionais com a ajuda de pesquisas, levantamentos, estatísticas, modelos matemáticos e tecnologia. Mais além de toda e qualquer transação mundana jaz o vasto reino do inconsciente. O intelecto a que são confiados os cálculos racionais é, como diz Freud, "uma coisa frágil e dependente, mero brinquedo e ferramenta nas mãos de nossos impulsos e emoções".[3]

Tendo em vista as surpreendentes revoluções de nosso tempo, e a perplexidade que experimentamos diante delas, é imperativo ancorar o pensamento na esfera dos impulsos e emoções; tais convulsões requerem nada menos que um entendimento radicalmente expandido daquilo que significa ser humano. Uma jornada como essa, que foi empreendida pela primeira vez há cem anos, necessariamente

2. Robert Musil, "Helpless Europe. A Digressive Journey". In: *Precision and Soul: Essays and Addresses*. Chicago e Londres: University of Chicago Press, 1990, p. 123.

3. Carta de Freud a Eeden, 28 de dezembro de 1914.

nos levará muito além do liberalismo e de seus supostos antídotos, o crescimento econômico e a distribuição de renda em bases equitativas. Nada melhor, em nossa era pós-comunista e pós-liberal, do que começar pelo franco reconhecimento, expresso recentemente por Michael Ignatieff — que se diz um internacionalista liberal —, em ensaio sobre o pensador marxista Perry Anderson, de que "um humanismo iluminista e uma visão histórica" não têm como "explicar o mundo em que estamos vivendo".[4]

Isso é, sob todos os aspectos, um retumbante fracasso intelectual. Pois o ideal liberal iluminista, consubstanciado numa sociedade comercial universal, jamais se realizou tão cabalmente como nas duas últimas décadas de globalização frenética. No século XIX, Marx ainda podia ironizar o fato de Jeremy Bentham supor que "o lojista moderno, em especial o lojista inglês, é o homem normal".[5] Em nossa época, porém, a ideologia do neoliberalismo — forma reificada do racionalismo iluminista e do utilitarismo do século XIX — assumiu domínio quase completo das esferas econômica e política, em especial depois que, em 1989, seus adversários socialistas caíram em descrédito.

O sucesso do neoliberalismo é atestado por inúmeras inovações das últimas décadas que hoje parecem perfeitamente naturalizadas. O crescimento do PIB é o índice insubstituível de poder e riqueza nacionais; a liberdade

4. Michael Ignatieff, "Messianic America: can he explain it?". *New York Review of Books*, vol. 62, n. 18, 19 de novembro de 2015.

5. Karl Marx, *Capital: a critique of political economy*, vol. I, part II. Nova York: Cosimo, 2007, p. 668, nota 2.

individual se confunde com a gama de escolhas à disposição do consumidor; ao mercado cabe oferecer produtos e serviços de qualidade, ao passo que o governo deve se preocupar apenas em garantir uma competição justa. Índices em que sucesso e fracasso são determinados pelo desempenho no mercado agora ditam até a vida acadêmica e cultural.

Os efeitos da revolução intelectual de que o neoliberalismo se fez acompanhar não foram menos abrangentes. O colapso do comunismo, filho ilegítimo do racionalismo e humanismo iluministas, levou os analistas da imprensa, assim como os políticos e empresários, a supor que a democracia e o capitalismo à moda ocidental haviam resolvido o moderno enigma da injustiça e desigualdade. Segundo essa visão utópica, uma economia mundial que estivesse assentada sobre o alicerce dos mercados livres, da competição e do empreendedorismo individual seria capaz de amenizar as diferenças étnicas e religiosas e promover a prosperidade e a paz em escala universal. Quaisquer obstáculos irracionais à difusão da modernidade liberal, como o fundamentalismo islâmico, acabariam por ser erradicados.

Agora, porém, esse consenso do pós-guerra fria está em ruínas. Ao mais longo experimento em egoísmo iluminista, maximização da felicidade e abertura de mercados, sobreveio o fortalecimento do fanatismo e da intolerância no seio do Ocidente moderno. Thomas Piketty talvez esteja certo quando diz que "a vitória de Trump se deve, fundamentalmente, à explosão da desigualdade econômica e geográfica nos Estados Unidos".[6] O fato, porém, é que

6. Thomas Piketty, "We Must Rethink Globalization, or Trumpism Will Prevail". *The Guardian*, 16 de novembro de 2016. Disponível

muitos homens e mulheres ricos, para não falar em afro-americanos e hispânicos, também votaram no cafajeste inveterado; as classes abastadas de Índia, Turquia, Polônia e Filipinas permanecem convictamente fiéis a seus cada vez mais voláteis demagogos. Os novos representantes dos fracos e oprimidos — Trump e Nigel Farage diante de um elevador revestido de ouro, o fundador do Estado Islâmico com um Rolex no pulso e Modi envergando um terno personalizado, confeccionado por uma alfaiataria da Savile Row — falam de um ampliado teatro do absurdo político.

Gary Younge tem razão em advertir "que a associação entre ansiedade econômica e nacionalismo de direita às vezes é exagerada".[7] O comentário de Mike Davis sobre paixões niilistas — a saber, que algumas pessoas "queriam mudar Washington a qualquer custo, mesmo que isso significasse colocar um homem-bomba no Salão Oval"[8] — é ecoado por Barack Obama, que acha que Trump acenou com uma ideia irresistível ao dizer que pretendia "botar este lugar abaixo". O inegável é que eleitores do mundo inteiro, desafiando pseudorracionais especialistas em pesquisas de opinião e análise de dados, começaram a parecer o "homem do subsolo"

---

em <https://www.theguardian.com/commentisfree/2016/nov/16/globalization-trump-inequality-thomas-piketty>. Acesso em janeiro de 2017.

7. Gary Younge, "How Trump Took Middle America". *The Guardian*, 16 de novembro de 2016. Disponível em <https://www.theguardian.com/membership/2016/nov/16/how-trump-took-middletown-muncie-election>. Acesso em janeiro de 2017.

8. Mike Davis, "Not a Revolution — Yet", 15 de novembro de 2016. Disponível em <http://www.versobooks.com/blogs/2948-not-a-revolution-yet>. Acesso em janeiro de 2017.

de Dostoiévski, o típico sujeito fracassado que sonha em se vingar dos que se dão bem na sociedade.

Escrevendo nos anos 1860, no auge do liberalismo do século XIX, Dostoiévski foi um dos primeiros a levantar a suspeita, que hoje nos aflige, de que o pensamento racional não influencia decisivamente o comportamento humano. Seu "homem do subsolo" é confrontado com a noção — que fazia sucesso na Rússia da época, tendo sido importada por leitores ávidos de John Stuart Mill e Bentham — do egoísmo racional. O protagonista de Dostoiévski ataca obsessivamente os pressupostos positivistas, compartilhados tanto por capitalistas como por socialistas, de que os seres humanos são animais que agem segundo um cálculo lógico:

> Oh, dizei-me, quem foi o primeiro a declarar, a proclamar que o homem comete ignomínias unicamente por desconhecer os seus reais interesses, e que bastaria instruí-lo, abrir-lhe os olhos para os seus verdadeiros e normais interesses, para que ele imediatamente deixasse de cometer essas ignomínias e se tornasse, no mesmo instante, bondoso e nobre, porque, sendo instruído e compreendendo as suas reais vantagens, veria no bem o seu próprio interesse?[9]

9. Fiódor Dostoiévski, *Notes From the Underground*. Nova York: Dover, 1992, p. 14. [O texto em português foi extraído de *Memórias do subsolo*. Tradução de Boris Schnaiderman. São Paulo: Editora 34, 2000, p. 32-3.]

Dostoiévski delineou um estilo de pensamento — posteriormente desenvolvido por Nietzsche, Freud, Weber e Musil, para mencionar apenas alguns dos "mestres da desconfiança" — daquela que viria a se configurar como uma frondosa revolta intelectual contra as certezas inabaláveis das ideologias racionalistas, fossem elas de inclinação liberal, democrática ou socialista. Musil, que tinha formação em engenharia, estava longe de ser um propagandista dos cultos neorromânticos e dos nacionalismos de "sangue e terra" de sua época. O problema, a seu ver, não é que "tenhamos excesso de inteligência e falta de alma", e sim que "nos falta inteligência nas questões da alma".[10] Outros escritores e pensadores do *fin de siècle*, que, em sua maioria, pretenderam ir além do aparentemente real e racional, também conferiram alto nível de precisão intelectual a suas análises dos complexos motores da ação humana. Entre outras coisas, reexaminaram não apenas o papel do reprimido e do obscuro na vida privada, como também o dos operadores ocultos na vida social e política da democracia liberal. Tem-se a impressão, diz Freud em *O futuro de uma ilusão* (1927), "que a civilização foi algo imposto a uma maioria recalcitrante por uma minoria que soube se apropriar dos meios de poder e coação".[11]

Nas obras de arte, literatura e filosofia que emergiram dessa nova e complexa definição de subjetividade humana, até mesmo a consciência cotidiana (notadamente

10. Musil, "Helpless Europe", p. 131.

11. Sigmund Freud, *The Future of an Illusion*. Londres: Penguin, 2004, p. 3. [O texto em português foi extraído de *O futuro de uma ilusão e outros textos*. Tradução de Paulo César Lima de Souza. São Paulo: Companhia das Letras, 2014, p. 189.]

em *Ulisses*) é marcada por uma série de percursos errantes: rumo a um passado irreprimível e frequentemente doloroso, a um presente esquivo e a um futuro povoado por riscos desconhecidos. Toda ação humana, na visão modernista, é inevitavelmente empreendida a certa distância de seus princípios e ideais declarados; há uma distância irredutível entre teoria e prática, onde permanecem à espreita o medo, a esperança, a vaidade, a raiva e a vingança. O que chamamos de "eu" é uma entidade dinâmica, diuturnamente modelada e remodelada na interação do que Freud chama de "aparato psíquico" com condições sociais e culturais que se desenvolvem historicamente.

Nesse sentido, nem os muçulmanos "enfurecidos", nem os fremebundos de direita são irremediavelmente fanáticos e racistas. Nenhum deles tem um "eu" fixo — aqui entendido como algo distinto da projeção de medos, desejos e aspirações que, como todas as coisas humanas, são o tempo inteiro negados por suas próprias contradições. É por isso que os ressentimentos supostamente raciais ou religiosos desses indivíduos não têm como ser adequadamente compreendidos por meio de *close readings* do Alcorão ou do Breitbart News. Trata-se antes de entendê-los pela interação de um eu humano irredutivelmente cindido com seu contexto social, político e cultural.

O que caracteriza nitidamente hoje esse contexto, sendo também responsável por grande dose de tormentos e conflitos no interior do eu, é um paradoxo: o fato de que, muito embora os ideais da democracia moderna jamais tenham sido tão populares, sua realização vem se tornando progressivamente difícil, senão impossível, nas condições da globalização neoliberal. Tocqueville observa que na primeira grande revolução democrática dos Estados Unidos estava em gestação um perturbador complexo de emoções. Seu temor era de que a promessa de meritocracia e "igualdade de condições" do Novo Mundo descambasse em ambições imoderadas, invejas corrosivas e insatisfação crônica. Em certas épocas, haveria o risco de a ânsia por igualdade "culminar em fúria", levando muitos a consentir com a restrição de suas liberdades e desejar o aparecimento de um tirano.[12]

Se assistimos hoje a um frenesi de medo e ódio é porque a revolução democrática testemunhada por Tocqueville se espalhou e atingiu até os cantos mais remotos do globo. O desejo enfurecido de igualdade se combina com a busca de prosperidade, comandada pela economia global de consumo, agravando tensões e contradições na vida íntima de cada um, as quais ganham então expressão na esfera pública. "Para viver com liberdade", adverte Tocqueville, "a pessoa tem de se habituar a uma vida repleta de agitação, mudanças e perigos."[13] Esse tipo de vida é pavorosamente desprovido de estabilidade, segurança, identidade e honra, mesmo quando abarrotado de bens materiais. Não obstante isso, agora é um lugar-comum, no mundo inteiro, dizer que as considerações racionais de utilidade e lucro destroem, humilham e deixam um rastro de obsolescência.

12. Alexis de Tocqueville, *Democracy in America*. Nova York: Vintage, 1945, Tomo II, Capítulo I.

13. Alexis de Tocqueville, *Journeys to England and Ireland*. Londres e New Brunswick: Transaction, 2003, p. 116.

A experiência generalizada da modernidade como voragem pôs em voga o *ressentiment*, um ressentimento existencial contra a existência do outro, cuja origem remonta a uma combinação intensa de inveja e sentimentos de humilhação e impotência, que, ao se enraizar e aprofundar, envenena a sociedade civil e fragiliza a liberdade política. O *ressentiment*, esse complexo de emoções, revela da forma mais patente o eu humano em suas relações fundamentalmente instáveis com o mundo exterior. Rousseau tinha uma compreensão profunda do fenômeno, ainda que jamais tenha usado a palavra. A seu ver, numa sociedade comercial as pessoas não vivem para si mesmas ou para seus países; vivem para satisfazer sua vaidade, ou seu *amour-propre* — o desejo e a necessidade de conquistar o reconhecimento dos outros, certificando-se de que eles tenham para com elas a mesma consideração que elas têm para consigo próprias.

A questão é que essa vaidade, ridiculamente exemplificada pelo uso que Donald Trump faz de sua conta no Twitter, está condenada a permanecer eternamente insatisfeita. Não é apenas demasiadamente banal e dependente de opiniões fugazes. Acaba por cultivar na alma da pessoa uma aversão ao próprio eu, ao mesmo tempo em que alimenta um ódio impotente contra os outros, podendo rapidamente degenerar num impulso agressivo, que faz com que o indivíduo só se sinta reconhecido ao ser preferido em detrimento dos demais, regozijando-se com sua abjeção.

A proliferação do *ressentiment* acompanha a difusão dos ideais de uma sociedade comercial e democrática. No início do século XX, o sociólogo alemão Max Scheler elaborou uma teoria sistemática do *ressentiment*, tratando-o como um fenômeno caracteristicamente moderno, inerente a sociedades onde a igualdade social formal entre os indivíduos coexiste com diferenças imensas de poder, instrução, status e riqueza material. Tais disparidades existem hoje por toda parte, juntamente com noções ampliadas e expandidas de aspiração individual e igualdade. Na era neoliberal, desejos de riqueza, status e poder desabrocharam em circunstâncias pouco promissoras. Além disso, após o fim da guerra fria, em 1989, a igualdade de condições, em que talento, instrução e esforço são recompensados com mobilidade individual, deixou de ser uma ilusão exclusivamente estadunidense. E, enquanto se disseminava essa fantasia de igualdade, a desigualdade estrutural tornava-se ainda mais arraigada. Por conseguinte, o *ressentiment* deixou de ser um mal europeu ou estadunidense para assumir contornos de epidemia mundial.

Seu avanço se acelera à medida que os ideais igualitários da democracia colidem com os ideais neoliberais de criação de riqueza privada e as corporações e os indivíduos transnacionais se desligam do Estado-nação. Os programas racionais que pretendem explorar o potencial de cidades em rede para gerar mais riqueza, ou que almejam criar uma sociedade mais justa a partir da "economia compartilhada", não levam em consideração que a maioria das pessoas hoje vive em Estados com soberanias debilitadas ou numa profusão de coletividades sociais e políticas tacanhamente concebidas. Esses indivíduos sofrem não apenas porque o rompimento de seus vínculos com comunidades tradicionais e estruturas de sustentação abalou — como disse Tocqueville em outro contexto — velhas certezas sobre seu lugar no mundo, mas também porque, em muitos países, com o declínio da social-democracia e dos programas de *nation-building* pós-coloniais, seu isolamento social se intensificou.

De fato, o neoliberalismo fez com que a desconexão com uma coletividade mais ampla parecesse pré-requisito do enriquecimento pessoal e da autopromoção. Os novos indivíduos agora estão verdadeiramente condenados a serem livres, mesmo que se encontrem ainda mais escravizados por poderes políticos, econômicos e culturais sutilmente integrados: o funcionamento opaco do capital financeiro, a burocracia inclemente dos sistemas de seguridade social, os aparelhos jurídicos e penais e as pressões ideológicas veiculadas pelas instituições educacionais, pela imprensa e pela internet. Não é de admirar que tenha havido um aumento exponencial no número de pessoas procurando bodes expiatórios entre as mulheres e as minorias, ou simplesmente à procura de alguém que possa ser espinafrado no Twitter. Tudo leva a crer que esses indivíduos aparentemente racistas e misóginos há muito padeciam em silêncio daquilo que Camus, ao apresentar a definição de Scheler para a noção de *ressentiment*, chama de "a secreção ignóbil, num vaso fechado, de uma prolongada impotência".[14] Foi essa gosma, uma espécie de doença gangrenosa em organismos sociais, há tempos supurando à vista de todos no *Daily Mail* e na Fox News, que irrompeu vulcanicamente com a vitória de Trump.

---

14. Albert Camus, *The Rebel: an Essay on Man in Revolt*. Nova York: Vintage Books, 1991, p. 17 [ed. orig.: *L'Homme révolté*, Paris, Gallimard, 1951].

O fato de que tanto ricos como pobres tenham votado em alguém conhecido por ser um mentiroso compulsivo e um sonegador de impostos mostra ainda uma vez que os desejos humanos operam à revelia da lógica dos interesses egoístas, podendo inclusive causar sua ruína. Com efeito, vemo-nos numa conjuntura assustadoramente parecida com a de fins do século XIX, quando massas insatisfeitas e militantes começaram a se sentir atraídas por alternativas radicais a um terrivelmente prolongado experimento em racionalidade política e econômica.

Boa parte da história do início do século XX é narrada como um conto moral, em que a manipulação do inconsciente das massas por demagogos e a instrumentalização solerte da psicologia das multidões e dos meios de comunicação de massa concorrem para a formação de regimes genocidas e duas guerras mundiais. Mas é igualmente verdade que a devastação causada pelos fracassos do liberalismo racional pavimentou o caminho para soluções totalitárias hiper-racionais. A Rússia de Stalin, com sua ultramoderna engenharia socioeconômica e cultural, foi, como diz o historiador Stephen Kotkin, a "quintessência da utopia iluminista".[15]

Os traumas provocados pelo nazismo e pelo stalinismo foram tão avassaladores que acabaram ajudando, numa irônica reviravolta do destino, a reabilitar o liberalismo após 1945. De fato, é fundamental ter em mente que o liberalismo, maculado por seus fiascos ruinosos, recebeu nova demão de verniz intelectual durante o impasse da

15. Stephen Kotkin, *Magnetic Mountain: Stalinism as a Civilization*. Berkeley: University of California Press, 1997, p. 364.

guerra fria. Fazendo profissão de fé iluminista, os liberais anglo-americanos associavam incondicionalmente o Ocidente não comunista a uma racionalidade benigna, acusando seus adversários de serem mortalmente irracionais — um reflexo intelectual que pode ser visto de novo em ação na pregação contra o islamismo radical de certas tropas das redes sociais.

Assim como o stalinismo, o nazismo é fruto, como afirmam Adorno e Horkheimer, da dialética do Iluminismo, e tem no imperialismo britânico racista, como argumentam Hannah Arendt e Simone Weil, seu verdadeiro antecessor. Apesar disso, os ideólogos do mundo livre suprimiam as constrangedoras continuidades entre seu racionalismo e o irracionalismo dos outros, reclamando para si uma posição de superioridade moral. Durante a guerra fria, o estabelecimento de oposições entre o Ocidente racional e o Leste irracional, entre o Iluminismo e o Contra-Iluminismo, entre a democracia liberal e o totalitarismo, entre a liberdade e seus inimigos, e entre o Ocidente e seus inimigos criou toda uma nova atmosfera intelectual.

No entanto, por conta mesmo de sua extraordinária influência na política anglo-americana, o liberalismo da guerra fria apresentava uma imagem enganosa de sua coerência interna. Muito dos avanços obtidos na Europa e nos Estados Unidos após a Segunda Guerra na realidade se deve aos programas de bem-estar social tomados de empréstimo do socialismo. No fundo, o descrédito em que o socialismo caiu a partir de 1989 privou o liberalismo do oponente e interlocutor que mais contribuiu para o seu fortalecimento. O Estado de bem-estar social já vinha sendo desmontado na Europa Ocidental e nos

Estados Unidos. Nos anos 1990, o liberalismo degenerou docilmente em economicismo raso, a ideologia materialista e mecanicista do neoliberalismo. E foi a suposição "retrô" deste último — de que o real é o racional e não há alternativa a isso — que nos impediu de perceber muitos dos fenômenos políticos atuais.

O fato é que quem tenta explicar a irrupção de arcaísmos nas sociedades ocidentais pós-modernas, como a identificação de bodes expiatórios e sua subsequente perseguição, já não tem como recorrer aos determinismos ideológicos de esquerda e direita, para não falar nos da "Terceira Via". Competindo entre si para apontar o melhor caminho para a boa vida, esses esquemas formaram a base do nosso conhecimento sobre a sociedade humana, explicando historicamente os acontecimentos por meio de uma teleologia do progresso. Durante e após a guerra fria, muito trabalho intelectual foi investido na construção de personalidades, épocas e culturas como totalidades contidas em si mesmas e modelos formidáveis: Winston Churchill, a civilização ocidental, o liberalismo e a modernidade.

O big bang metafísico do nosso tempo ameaça não só esses projetos vãos, a política de identidade das elites, mas a própria democracia. Desde o fim do século XVIII, religião e tradição vinham sendo progressivamente descartadas, na esperança de que, na busca racional de seus interesses egoístas, os indivíduos formariam uma comunidade política liberal, garantindo dignidade e direitos iguais para todos os cidadãos, independentemente de etnia, raça, religião ou gênero. A premissa básica da modernidade laica, até pouco tempo posta em questão apenas por fundamentalistas religiosos, agora é ameaçada por demagogos eleitos em seu próprio berço, na Europa e nos Estados Unidos.

Para onde vamos agora? Podemos, obviamente, continuar a ver a crise da democracia a partir de dualismos reconfortantes: liberalismo versus autoritarismo, religião versus secularismo, esse tipo de coisa. Mas talvez seja mais recompensador pensar a democracia como um estado emocional e social de profunda tensão, que agora se tornou universalmente instável. Pelo menos assim podemos examinar o funcionamento do *ressentiment* em diferentes classes e regimes políticos e entender por que, na Índia e na Turquia, a ascensão do supremacismo etnonacionalista e da misoginia acontece de forma concomitante com a expansão da mobilidade social, ao passo que, nos Estados Unidos e no Reino Unido, seu avanço se dá num ambiente de estagnação e declínio.

O fato de que um "trolador" que vive espalhando seu rancor no Twitter tenha se tornado o homem mais poderoso do planeta é apenas o mais recente de uma série de episódios que mostram que as afirmações idealizadas sobre a democracia e o liberalismo feitas pelas elites anglo-americanas no fundo nunca encontraram respaldo nas realidades políticas e econômicas de seus próprios países — realidades essas que se constituíram originalmente sob a égide da violência racista e imperialista, e que, além disso, nas últimas décadas vêm sendo continuamente transformadas, e até mesmo deformadas, pela globalização e pelo terrorismo. Na era de crises que se iniciou com os atentados de 11 de setembro de 2001, o conteúdo rarefeito das ideologias da guerra fria evaporou quase por completo, deixando um resíduo de anseio nostálgico pelas certezas de um Ocidente antitotalitário e "liberal".

Pouco antes de morrer, Tony Judt, o mais admirável dos liberais da guerra fria, disse esperar que os jovens de hoje ressuscitassem os ideais social-democratas de sua juventude, redescobrindo "a política da coesão social, baseada em propósitos coletivos".[16] Em seu mais recente livro, o principal pensador liberal francês, Pierre Manent, parafraseia em termos mais elevados a defesa maliciosa que Michel Houellebecq faz do islã como um credo pós-iluminista. E Simon Schama postou uma mensagem no Twitter depois da vitória de Trump, dizendo que precisamos de um novo Churchill para combater o fascismo na Europa e nos Estados Unidos.

Essa choradeira, ou soberba, corresponde a uma exigência verdadeiramente irracional: a de que o presente se anule, abrindo caminho para um retorno ao passado. Seu intuito é escapar do doloroso fato de que até mesmo os pré-requisitos dos projetos da esquerda e direita tradicionais, que tinham por objetivo estabelecer relações de solidariedade em torno de elementos como classe, raça, gênero e nação, estão rapidamente desaparecendo. As lamentações — de que nos falta o tipo certo de líder para restaurar nossa altivez/cultura racional/comunidade política/religiosidade/solidariedade de gênero/identidade nacional — ignoram a natureza fragmentada da política, da sociedade e da tecnologia atuais, que, mudando incessantemente, há muito se caracterizam pela hibridez e

16. Tony Judt (com Timothy Snyder), *Thinking the Twentieth Century*. Londres: Penguin, 2012, p. 386.

indeterminação: são tão capazes de consagrar os direitos LGBT quanto de reinstaurar a tortura e disseminar as *fake news*. E a nostalgia pelos bons e velhos tempos tampouco responde adequadamente à gigantesca crise de legitimidade que vivem as instituições democráticas.

A formulação de antídotos políticos para as patologias sinistras que Modi, Erdoğan, Putin, Trump e o Brexit desaferrolharam requer um ajuste de contas com os maus e os novos tempos — um olhar que, ao contrário dos modelos de solidariedade inspirados no islã, nas pedagogias nacionalistas do oprimido ou na fé indômita de que a globalização ainda será capaz de gerar os benefícios prometidos, esteja realmente voltado para o futuro. E só um retrato mais rico e variegado das experiências e necessidades humanas, tal como esboçado pelos "mestres da desconfiança", pode viabilizar essa tarefa incontornável.

Nossa obsessão quantitativa com o que conta e que, portanto, pode ser contado e analisado há muito tempo desconsidera o que não conta: as emoções subjetivas. Há quase três décadas, a religião da tecnologia e do PIB, assim como o cálculo rudimentar do interesse egoísta, imposto ainda no século XIX, dominam a política e a vida intelectual. Hoje, a sociedade de indivíduos empreendedores, ordenada em torno de um mercado evidentemente racional, revela profundezas insondadas de miséria e desespero; e, assim, engendra uma revolta niilista contra a própria ordem.

Com tantos pontos de referência em ruínas, mal conseguimos ver aonde estamos indo, que dirá traçar uma rota. Mas até para determinarmos minimamente nosso paradeiro temos necessidade, acima de tudo, de maior precisão nas questões da alma. Do contrário, em nossa fixação com as motivações e os resultados racionais, corremos o risco de ficar como aqueles observadores que, segundo Tocqueville, "encontrando-se no meio de um rio de forte correnteza, têm os olhos postos, obstinadamente, em alguns destroços ainda observáveis nas margens, muito embora o fluxo d'água os esteja puxando para trás, em direção ao abismo".[17]

(tradução: Alexandre Hubner)

17. Citado em Leo Damrosch, *Tocqueville's Discovery of America*. Nova York: Farrar, Straus and Giroux, 2010, p. 91.

Coragem para ousadia

Robert Misik

Já faz quase trinta anos que Pierre Bourdieu escreveu um pequeno artigo com um título simples, "Pensar a política". As primeiras frases são:

> Vivemos imersos na política. Nadamos na correnteza constante e instável do falatório diário das chances e dos méritos comparáveis de candidatos substituíveis. Não é necessário ler os editorialistas de jornais e revistas ou suas "análises" [...]. [Estas] manifestações sobre política são no fundo superficiais, como o falatório vazio sobre o tempo bom ou ruim.[1]

Iniciava-se ali alguma coisa, com cujos resultados somos hoje confrontados, pelo menos naquelas regiões antes ainda chamadas de "mundo ocidental". Ao longo do tempo, os velhos partidos ideológicos — que eram ao mesmo tempo partidos de classes ou de meios — perderam toda a sua força vital, e a espécie do até então conhecido líder partidário desapareceu, sendo substituída

1. Pierre Bourdieu. "Politik denken" [1988]. In: *Politik, Schriften zur Politischen Ökonomie* 2. Org. Franz Schultheis e Stephan Egger. Berlim: Suhrkamp, 2013, p. 7-9.

aos poucos pelo novo tipo do político profissional. Todos os políticos profissionais formavam, juntos, o campo da política; e o sistema referencial do político profissional eram os outros políticos profissionais. Pelo menos aos olhos dos cidadãos, eles compunham, cada vez mais, uma esfera isolada, cujos membros disputavam, por um lado, pequenas vantagens, mas por outro estavam unidos numa estreita cumplicidade.

Mais grave ainda: na visão das pessoas, parecia que os membros deste establishment político tentavam adaptar-se à nova elite econômica global. Com esta última os políticos profissionais cultivavam contatos estreitos, enquanto as relações com os cidadãos se tornavam cada vez mais soltas. Para completar, surgiu ainda um jargão hermético que as pessoas um dia não conseguiram ouvir mais.

O fato de logo fazer vinte anos que os rendimentos dos trabalhadores da classe média baixa vêm estagnando juntou-se a isso e também se acomodou à ideia de que "os lá de cima, as elites, não se interessam um pingo por essas coisas, eles nem percebem".

Assim, já temos alguns dos ingredientes, que se engrossam com o voto do Brexit, a eleição de Donald Trump para presidente dos Estados Unidos e, no geral, com o populismo de direita na Europa. O que no início proliferou nas margens e depois se espalhou nas sociedades como uma frustração difusa acrescenta-se a maiorias potenciais e ameaça a democracia pluralista. Entretanto, a ascensão da antipolítica autoritária não é a causa, mas a consequência do fracasso da política consolidada, sobretudo dos partidos da esquerda democrática — é por isso que devemos primeiramente falar deles.

Let's talk about class

Com as transformações históricas relacionadas ao ano de 1989, iniciou-se uma nova era. Isto vale para os partidos progressistas e os diversos meios que os apoiavam — e naturalmente para os novos meios que surgiram desde então. Aqui não se trata apenas ou primeiramente de um declínio do socialismo real, da queda do Muro, do fim da confrontação entre blocos ou da insegurança de uma narrativa "socialista". Naqueles anos, pelo contrário, sobrepuseram-se diferentes processos: o "fim da história" foi declarado, assim como o triunfo do capitalismo e, simultaneamente, de uma forma determinada de democracia liberal e pluralista. O fundamentalismo de mercado e o neoliberalismo tornaram-se dominantes do ponto de vista ideológico. Ao mesmo tempo, as sociedades ocidentais foram atingidas por outros processos de modernização, como a ascensão de muitas pessoas jovens dos meios proletários à classe média urbana. A classe trabalhadora? Mas ela não existe mais! E o que sobrou dela logo se dissolveria em nossos tempos de modernidade líquida.

Também os partidos socialistas e social-democratas tornaram-se cada vez mais partidos de classe média e tinham apenas uma ideia vaga de quem eram suas eleitoras e seus eleitores. As redes estruturantes nos bairros operários, que antes constituíam o núcleo das organizações partidárias, dissolveram-se e tornaram-se porosas, parecendo antiquadas. Na realidade, porém, nossas sociedades não se transformaram em sociedades de classe média niveladas.

Surgiram também muitos "perdedores" — que foram, entretanto, esquecidos.

Mas mesmo isso é vago demais. Pois não se trata apenas de dicotomias extremas entre "vencedores absolutos" e "perdedores absolutos". O grupo daqueles que hoje, de forma mais ou menos consciente, consideram-se esquecidos não é de jeito nenhum homogêneo.

Ele é composto, primeiro, pela classe média trabalhadora, cujos membros nunca se caracterizaram como "classe trabalhadora" e que também não seriam assim denominados pelos sociólogos (aliás, diferentemente dos Estados Unidos, onde "*working class*" e "*middle class*" são termos usados com frequência como sinônimos e onde é muito mais natural se definir como membro da "*working class*"). São funcionários de escritório, técnicos de instalação e trabalhadores que ainda têm meios de sustento decentes, mas que se sentem, com razão, ameaçados pelas transformações econômicas globais. Seus vencimentos e salários vêm há anos estagnando e eles sabem que, na concorrência, é mais fácil hoje bater no fundo do poço do que vinte anos atrás. Eles sentem como se ficassem sem chão.

Estes grupos não são idênticos àqueles que precisam ter um medo direto da ruína econômica e nem àqueles que trabalham duro mas obtêm um rendimento muito reduzido — é o caso do novo proletariado de prestação de serviços (a vendedora na padaria, o entregador de encomendas, etc.). E de jeito nenhum são idênticos àqueles que não encontram mais emprego algum, por serem muito mal qualificados.

E nenhum deles é idêntico aos "pobres". Pelo contrário: esses grupos populacionais têm orgulho de sustentar suas famílias com seu trabalho e não se exultam automaticamente com programas sociais de ajuda aos pobres. A jurista estadunidense Joan C. Williams analisou as diversas situações ameaçadoras e os tipos de reação político-emocionais delas resultantes por parte da "classe trabalhadora branca" em seu ensaio "What So Many People Don't Get about the U.S. Working Class".[2] *Mutatis mutandis*, seu mapa das situações sociais pode ser transportado também para os países europeus.

Entretanto, há algumas coisas que dizem respeito aos membros de todos aqueles meios: todos têm o sentimento de que, politicamente, não possuem mais intercessores reais. Todos têm o sentimento de que a globalização e a integração europeia lhes trazem mais custos do que benefícios. E eles têm neste ponto totalmente razão. No debate econômico, discute-se hoje se ainda mais livre comércio e ainda mais desregulamentação trazem vantagens para o desenvolvimento político-econômico ou se as desvantagens não predominam já há muito tempo. Mas uma coisa não é mais controversa: mesmo se isto trouxesse vantagens para o "agregado", ou seja, a nação como um todo, elas seriam distribuídas injustamente, havendo sempre vencedores e perdedores. E aqueles que não pertencem ao grupo dos vencedores sabem muito bem, 25 anos depois, que a concorrência aumenta, assim como o estresse social e material — e que as fórmulas

2. Joan C. Williams. "What So Many People Don't Get about the U.S. Working Class". In: *Harvard Business Review*, 10 de novembro de 2016. Disponível em: <https://hbr.org/2016/11/what-so-many-people-don't-get-about-the-u-s-working-class>. Acesso em janeiro de 2017.

nos sermões dos adeptos da globalização são apenas palavreados em seus ouvidos.

Todos estes grupos populacionais percebem que os partidos progressistas consolidados geralmente não se interessam mais por eles e que seus próprios representantes se tornaram parte da classe superior global. E eles têm até um pouco de razão. Exprimindo de outra forma: nossas sociedades são ainda divididas em classes, mas nem sequer temos uma ideia clara de como se revelam estas fissuras de classes e as novas cisões sociais.

Estranhamento cultural

Partidos progressistas como o Social-Democrata austríaco basearam-se, desde sempre, em alianças precárias entre diversos meios. Olhando para trás, sempre imaginamos essas alianças como harmônicas, mas o fosso entre, por exemplo, um sensível intelectual de esquerda como Max Adler e um funcionário comum de sindicato da Alta Estíria foi provavelmente, também nos anos 1920, mais do que uma mera diferença no modo de vida. A classe trabalhadora sempre foi considerada assim: o homem era o chefe dentro de casa e o tamanho do salário estabelecia uma escala para a masculinidade — ninguém era chegado a mimosidades intelectuais. Mas de algum jeito a aliança era mantida.

Não sejamos ingênuos: também nas "classes trabalhadoras" atuais, entre os trabalhadores, a classe média trabalhadora, os mais diversos grupos de funcionários e o novo proletariado de prestação de serviços, assim como entre aqueles totalmente dependentes, existem outros valores culturais que não os das classes médias progressistas e dos meios acadêmicos dos centros urbanos.

Mais um fator apareceu neste meio-tempo: os meios sociais tradicionais têm a sensação de que membros de grupos cosmopolitas urbanos olham com desprezo para eles e para seu estilo de vida. Junta-se à insegurança econômica uma insegurança social, e o status fica ameaçado em dois aspectos. A cientista política suíça Silja Häusermann formulou isto em uma entrevista:

> Não são os pobres, e também não aqueles em situação precária, mas é a classe média baixa que vota em grupos nacionalistas de direita. Estas pessoas não estão empobrecidas, mas sim inseguras, e temem o declínio. Reivindicam um status que não têm mais — como empregados, como provedores masculinos da família. Elas estão insatisfeitas com a evolução no mundo. Isto é um resumo bem geral, mas de alguma forma tudo segue para uma direção que não lhes parece certa: na questão das mulheres, dos jovens, no mercado de trabalho, na educação...[3]

Meios culturais que até poucos anos atrás podiam se entender como convencionais — e desta forma como hegemônicos (se bem que, provavelmente, não o faziam de forma consciente, pois para eles isto era algo natural) —,

---

3. Carlos Hanimann. "Egal was die Linke macht". Entrevista com Silja Häusermann. In: *Die Wochenzeitung* 47/2016, de 24 de novembro de 2016. Disponível em: <https://www.woz.ch/-74ce>. Acesso em janeiro de 2017.

têm de repente o sentimento de que não são mais respeitados. E também aqui têm certa razão. Ninguém descreveu estes processos tão dura e impiedosamente quanto Didier Eribon, em *Retour à Reims* [Retorno a Reims]. Seus pais eram comunistas; ele foi estudar em Paris e confessou, de forma retrospectiva, "sentir no seu mais profundo interior sobretudo rejeição" [...] "pelas esferas trabalhadoras existentes".[4] Hoje sua família vota no Front National. Não porque ela se tornou racista (isto ela sempre havia sido), mas porque se sente menosprezada culturalmente e não mais representada em seus interesses pelos partidos de esquerda disponíveis.

A transformação social avançou tanto que os partidos de esquerda, se quiserem ter sucesso, precisam se apoiar em dois meios, o segmento dos ativistas e o dos eleitores, que têm mais ou menos o mesmo tamanho: os segmentos médios, modernos, de esquerda ou liberal de esquerda, e parte dos segmentos das classes trabalhadoras acima descritas. Em termos simplistas, quando um partido de esquerda quiser conseguir por volta de 40% dos votos, sempre a metade precisará vir desses meios. Mas estes meios diferenciam-se de forma dramática.

John Harris publicou no *Guardian*, algumas semanas depois da votação do Brexit, uma análise detalhada sobre o dilema do Partido Trabalhista. O título: "A esquerda tem um futuro?"[5] Ali ele explica convincentemente que os

4. Didier Eribon. *Rückkehr nach Reims*. Berlim: Suhrkamp, 2016 [2009], p. 24.

5. John Harris. "Does the Left Have a Future?". In: *The Guardian*, 6 de setembro de 2016. Disponível em: <https://www.theguardian.

problemas dos partidos de esquerda não serão solucionados de um dia para o outro, com uma simples mudança política. Poderíamos dizer de modo exagerado: os adeptos de Blair fizeram do partido uma social-democracia de classe média, que se orientou exclusivamente a partir das posições das classes médias urbanas e esqueceu a classe trabalhadora. Então basta mover-se à esquerda e eleger Jeremy Corbyn como líder para ganhar credibilidade das pessoas simples.

Mas isto não é tão fácil: Corbyn é o herói dos estudantes progressistas, daqueles mais inclinados para o internacionalismo e também da esquerda convicta. Estes grupos desejam uma política bem diferente daquela dos eleitores da classe trabalhadora que votaram a favor do Brexit e daqueles que acreditam que os imigrantes roubam empregos e os acadêmicos de esquerda se ocupam demais com os direitos dos LGBT e questões do politicamente correto. Por isso, uma "guinada à esquerda" não fará de forma automática destes dois grandes meios um bloco progressista bem-sucedido. O mais grave: a guinada à esquerda pode fazer Corbyn perder os eleitores do meio urbano progressista, sem ganhar significativamente o apoio da classe trabalhadora.

Um meio é contra migração e multiculturalismo; o outro é a favor do internacionalismo, dos direitos humanos e da solidariedade. Uns são a favor do protecionismo, enquanto outros lucram totalmente com a globalização. Uns votaram, numa maioria predominante, pelo Brexit, e outros, contra. Isto significa: não há aqui apenas fossos

---

com/politics/2016/sep/06/does-the-left-have-a-future>. Acesso em janeiro de 2017.

profundos, mas, sim, uma distância que parece pouco transponível.

Levar adiante a União Europeia

Não será fácil traçar uma aliança entre estes grupos diversos. De qualquer jeito, uma precondição é ter conceitos claros, mesmo que isto ainda não seja suficiente. Precisamos, de toda forma, de uma mudança de rumo.

A dominância neoliberal deve ser reduzida nos mais diversos patamares. Primeiramente, no nível dos discursos político-econômicos. Neste ponto, entretanto, algumas coisas já aconteceram desde a crise financeira: a hegemonia radical do mercado era, quinze anos atrás, quase inquestionável, e o mantra da flexibilização, globalização, desregulamentação, das reformas estruturais e capacidade de competição não foi desafiado na prática. Também a maioria dos partidos comuns de centro-esquerda adeptos de reformas adaptou-se ao paradigma dominante, significando que estes não dispunham mais de um paradigma próprio nem de concepções próprias. O que significa que eles desconfiavam de suas próprias concepções e capitularam diante dos adversários.

Hoje o quadro é diferente: o fato de a austeridade abrangente não funcionar está claro até mesmo para os mais teimosos (com exceção, talvez, de Wolfgang Schäuble e de alguns lobistas bem pagos, para quem valem as palavras de Upton Sinclair, segundo as quais é difícil "fazer uma pessoa compreender algo, quando seu salário depende de que não compreenda"). Quase ninguém que queira ser levado a sério contestará que não se gera crescimento e não se supera uma crise reduzindo os rendimentos por toda parte na zona do Euro. O mantra da capacidade de competição, que só leva a um nivelamento por baixo, levou as sociedades pluralistas à beira do colapso.

Economistas diversos, de Paul Krugman a Joseph Stiglitz e Branko Milanović, de Dani Rodrik a Mariana Mazzucato, passando por Thomas Piketty, atacaram em inúmeros trabalhos não apenas o paradigma dominante, mas desenvolveram ao mesmo tempo um programa para os progressistas contemporâneos. Ali eles destacam o papel do Estado e o significado de uma distribuição justa da renda, assim como os efeitos inibidores de uma concorrência internacional demasiada. Já se fala agora no debate global — de revistas próximas de Wall Street como *Forbes* até o muito lido website vox.com — do "*new liberal consensus*", ou seja, o novo consenso liberal de esquerda. Isto não significa naturalmente que exista agora nas discussões econômico-políticas uma hegemonia progressista, mas a dominância do discurso neoliberal recuou de toda forma para uma espécie de "equilíbrio do terror". Talvez até se possa sugerir que em breve a concepção neoliberal mal desempenhará algum papel: nas disputas políticas reais pelo poder que vivenciaremos, programas liberais de esquerda se confrontarão com aqueles dos nacionalistas populistas — um duelo no qual os princípios das velhas elites neoliberais afundarão. (Os tradicionais partidos de centro-direita, geralmente flexíveis, tentarão adotar uma das duas posições: eles vão novamente encenar-se como partidos da justiça social ou, como é o caso da União Social Cristã bávara, copiar os nacionalistas de forma situacional, em determinados campos políticos, ou se aproximar deles até a indiscernibilidade, como fez grande parte dos republicanos estadunidenses.)

O problema não consiste mais, então, no fato de não haver ideias progressistas — e sim em traduzi-las para a política. Isto vale, de um jeito bem particular, para a União Europeia. Sua arquitetura político-econômica é implicitamente neoliberal, pois ela torna extremamente difícil a implementação de conceitos de esquerda na política prática. A União Europeia é (ainda) composta de 28 Estados-membros e a zona do Euro, por 19. Mesmo correções graduais pressupõem um consenso entre os governos (ou pelo menos da maioria deles) e ainda assim elas seriam amaciadas no sistema de vários níveis do Parlamento Europeu e da Comissão Europeia. Se um governo de esquerda é eleito nacionalmente, ele se confronta com os limites estreitos do que é praticável na política real — de forma violenta, como o governo Syriza na Grécia, ou um pouco mais suave, como o governo de esquerda em Portugal.

Formulando sistematicamente, precisa-se de três coisas para uma mudança de rumo: em primeiro lugar, de partidos de esquerda nacionais e ativos, que sejam suficientemente convincentes para ganhar eleições em seus países. Em segundo lugar, de uma ampliação do domínio do discurso progressista na Europa, visando a estabelecer as condições para uma alteração de curso. Finalmente, de alianças de governos de esquerda renovados no nível europeu. Isto não é fácil, mas também não é impossível.

Do ponto de vista empírico, temos o seguinte na Europa hoje: social-democracias tradicionais, que nas últimas décadas se adaptaram, às vezes mais, às vezes menos, ao paradigma neoliberal e que agora — também às vezes com mais sucesso, às vezes com menos — tentam se reencontrar. O espectro estende-se da social-democracia alemã até o oposicionista Partido Trabalhista, com Jeremy Corbyn na ponta, passando pelo abalado Partido Socialista francês, a social-democracia sueca, que governa em uma aliança rubro-verde bem-sucedida, e o SPÖ austríaco, sob um enérgico jovem chanceler. Ao mesmo tempo, aparecem novos partidos de esquerda, que, como o Syriza, vêm substituindo os social-democratas consolidados, como é o caso do Podemos, que concorre com eles (prejudicando os dois partidos no final das contas), ou dos partidos de esquerda portugueses (Partido Comunista e Bloco de Esquerda), que formam uma aliança com os socialistas governantes.

Ver a realidade com os olhos abertos

Os partidos progressistas devem voltar a ser representantes convincentes dos grupos mais vulneráveis economicamente. Para que isto aconteça, é preciso considerar alguns pontos:

1. Devemos olhar a realidade descrita anteriormente com os olhos abertos.
2. Depois de trinta anos, nos quais as pessoas mais simples pagaram o preço da globalização neoliberal e agora estão totalmente frustradas, é mortal para os partidos de esquerda serem vistos como parte do establishment. Eles precisam de um programa

e de uma retórica de mudança radical e precisam procurar, de forma reconhecível, o conflito com as elites globalizadas e não o acordo.

3. É preciso acabar com tudo que possa ser visto (mesmo que erroneamente) como arrogância frente aos eleitores. Christian Kern, o novo presidente do SPÖ, pronunciou uma frase importante no seu discurso de posse, em junho de 2016:

> Acho que, como primeiro passo, temos que fazer uma coisa. Devemos cortar de nosso vocabulário a frase "Precisamos ir em direção às pessoas". Naturalmente não é o que queremos, mas isto pode parecer arrogante. Isto também é absurdo e errado, pois o que significa "Vamos em direção às pessoas"? Nós somos as pessoas! Nós somos as pessoas, pertencemos a estas pessoas e estas pessoas pertencem a nós.

4. Tudo isso não significa que é preciso adaptar-se aos preconceitos existentes nas classes trabalhadoras. Além disso, estes grupos populacionais não estão furiosos porque as "esquerdas da cultura" reivindicam temas como um terceiro toalete para pessoas transexuais. Eles estão furiosos porque têm o sentimento de que é dada *muita* atenção para tais temas, enquanto não se dá *nenhuma* atenção à sua situação econômica e social.

5. Bons empregos, evolução dos rendimentos, moradia acessível, educação, boas chances de vida para as crianças e temas semelhantes são as

questões-chave — quem não as incorporar de forma convincente e não conseguir deixar claro, também de forma convincente, que tem pelo menos um plano (que talvez possa colocar em prática passo a passo, com muita paciência) não terá chance alguma.

6. As redes do movimento trabalhista estruturaram o mundo prático nos bairros subprivilegiados, mas com o declínio delas surgiram buracos negros, levando as pessoas a se sentir abandonadas. Por isso é preciso construir nos bairros estruturas modernas, seguindo, por exemplo, os modelos do Community Organizing. Ou seja: fazer-nos úteis a nossos concidadãos, cuidar para que os mais diferentes grupos adquiram poder para se organizar, articular e impor seus interesses.
7. Não cometam o erro de considerar a classe trabalhadora de forma geral como misógina, antifeminista e xenófoba. Mesmo o pior dos metalúrgicos quer, nestes tempos de um filho só, que sua filha tenha chances de se desenvolver e consiga um emprego bom e bem pago.
8. Fomentar ativistas e formar funcionários de partido que tenham credibilidade nesses meios. Partidos de esquerda são hoje representados sobretudo por pessoas da classe média acadêmica, mas nas periferias há *apparatchiks* demais, que incorporam o tipo dos anos 1960 e acham que estão próximos do povo, enquanto o povo preferiria colocá-los para fora do bar com um bom pontapé. Nas

organizações partidárias inertes, só aparecem tais *apparatchiks*. Por isso é preciso de canais através dos quais jovens da classe média trabalhadora e da classe proletária possam ascender.

Dilemas que permanecerão

Intelectuais de esquerda, indiferentemente de qual tipo, têm por vezes o costume desagradável de achar que todos os problemas do mundo poderiam se resolver da noite para o dia, se ouvissem seus conselhos. Atitudes de superioridade (às quais eu também não sou completamente imune) estão geralmente numa desproporção enorme em relação ao fracasso crônico. Se a coisa fosse realmente tão fácil, cada um de nós já teria há tempos fundado um novo partido e o levado, num abrir e fechar de olhos, para a maioria absoluta. Se considerássemos os oito pontos aqui esboçados como princípios, já teríamos avançado um pouco, mas de jeito nenhum resolvido todos os problemas. Alguns dilemas permanecem.

O descontentamento que se alastrou (e que apresenta dois tipos: por um lado, o descontentamento das classes médias progressistas frente aos partidos de burocratas e ao autodesacoplamento da política pela política; por outro, o descontentamento dos grupos sociais mais sensíveis economicamente devido à impressão de que ninguém se interessa por eles, enquanto o declínio se torna cada vez maior) tem várias causas. Novas alianças de esquerda — partidos renovados, partidos recém-fundados, movimentos, etc. — só vão conseguir transformar este húmus, sobre o qual o populismo de direita cresce esplendidamente, num fermento de política progressista quando tiverem uma mensagem voltada para a frente. Uma retórica de "defesa" ("vamos defender o Estado social", etc.) ou mesmo do obstinado "continuemos assim" está certamente condenada ao fracasso, caso não se possa oferecer ao mesmo tempo uma visão que também nutra esperança. Quem aparecer com uma mensagem implícita do tipo "votem na gente, pois conosco as coisas vão piorar mais lentamente" pode logo entregar a chave do cargo de primeiro-ministro ao líder do partido populista de direita de plantão. Finalmente, também precisamos do que Barack Obama chamou de "*audacity of hope*", ou seja, "audácia da esperança".[6]

Não é fácil, naturalmente, renovar a velha aliança progressista a partir daqueles que lutam por novos direitos civis e querem modernizar nossas sociedades e daqueles que defendem o bem-estar econômico (ou seja, a aliança entre a "inteligência burguesa e a classe trabalhadora", como se dizia antigamente). Alguns até consideram isso impossível, como é o caso de John Harris e ainda de Silja Häusermann, que diz: "Não importa o que a esquerda faz, ela perderá de um jeito ou de outro."

Só porque algo não é fácil, porém, não significa que seja impossível. Antigos movimentos progressistas — dos

6. Barack Obama. *The Audacity of Hope: Thoughts on Reclaiming the American Dream*. Nova York: Crown, 2006 (a tradução alemã foi publicada em 2007, sob o título *Hoffnungwagen: Gedanken zur Rückbesinnung auf den American Dream*. Munique: Riemann). O título em inglês refere-se a uma expressão tirada do discurso de Obama no Congresso dos Democratas, em 2004, no qual John Kerry foi nomeado candidato a presidente.

movimentos trabalhistas do século XIX até o movimento dos direitos civis nos EUA — não surgiram em situações nas quais as condições eram simples e a luta, fácil de vencer. Pelo contrário: a esquerda não foi instituída para ter uma vida fácil, mas para conseguir o impossível, ou seja, melhorar o mundo e as condições de vida das pessoas apesar das adversidades e da falta aparente de perspectiva, e lutar pelos direitos humanos e pela liberdade, além de assegurá-los, irrigando as sociedades com democracia.

(tradução: Silvia Bittencourt)

Descivilização — Sobre tendências regressivas nas sociedades ocidentais

Oliver Nachtwey

Faltou pouco para uma mulher suceder o primeiro presidente negro dos Estados Unidos. Em vez disso, conquistou este posto um empresário do meio imobiliário, misógino, xenófobo e paranoico, que mal consegue controlar suas emoções ou talvez nem queira controlá-las. Donald Trump incorpora em muitos aspectos a negação de como o mundo ocidental descreve a si mesmo: como sociedades de autocontrole, nas quais estão em casa as forças do progresso social que impulsionam o esclarecimento, a igualdade de direitos e a integração social. Algo derrapou nestas sociedades, abaladas na sua autoimagem: algo bruto e violento ingressou no âmbito público e político; além de um ódio descarado, sentimentos perigosos, fantasias de violência e mesmo desejos de morte são pronunciados levianamente.

O controle da emoção está sendo corroído em muitos lugares: na internet, na rua, no dia a dia. Norbert Elias descreveu o processo da civilização como uma tendência a longo prazo do entrelaçamento social, que leva a mais controle da emoção e autocomando. Reunindo os sintomas mencionados, vivenciamos no momento processos perigosos de uma descivilização.

Certamente as câmaras de eco e os filtros-bolha da internet fortalecem ressentimentos. Mas seria limitado ver nestas mídias (literalmente) sociais a força causadora e não somente a força configurante do ressentimento. Colocar a culpa nos algoritmos seria como responsabilizar o rádio por Goebbels. E não se deve esquecer que as mídias sociais foram antes vistas como motor de uma revolta democrática (por exemplo, no contexto da Primavera Árabe). Por isso, é preciso analisar as causas sociais da descivilização.

O contexto que levou as sociedades ocidentais a este "mal-estar"[1] social, político e cultural é marcado por grandes discrepâncias no que se refere à relação entre estilo de vida, igualdade de direitos e desigualdade. Temos dois exemplos vindos dos Estados Unidos: a expectativa de vida dos estadunidenses aumentou no geral, mas a dos trabalhadores homens e brancos caiu.[2] Afro-americanos fizeram grandes progressos na participação em instituições sociais, culturais e políticas; há muito tempo eles não precisam mais se sentar em compartimentos diferentes. Acabaram-se os tempos da segregação formal — isto é, enquanto não se olha mais atentamente. Fazendo-se isto, porém, percebemos que a igualdade liberal anda acompanhada de um sistema de encarceramento em massa de negros nas prisões e de produção de uma subclasse estigmatizada.[3]

1. Leo Löwenthal. *Falsche Propheten. Studien zum Autoritarismus, Schriften 3*. Frankfurt: Suhrkamp, 1990 [1949], p. 29.

2. Ver também Göran Therborn. "An Age of Progress?". In: *New Left Review* II/99 (2016), p. 27-38.

3. Ver também Michelle Alexander. *The New Jim Crow. Mass Incarceration in the Age of Colorblindness*. Nova York: New Press, 2010.

Na análise a seguir, não será possível debater em detalhe todos estes problemas, mas eu gostaria de desenvolver alguns argumentos histórico-sociológicos, que provavelmente colaborarão para o entendimento dos abalos que vêm sacudindo os Estados industriais ocidentais (e não só eles). Paradoxalmente, a regressão que observamos hoje em dia é, pelo menos em parte, um efeito dos progressos sociais. No caso de tais evoluções assincrônicas e contrárias, nas quais o progresso traz consigo o retrocesso, trata-se de processos de uma "modernização regressiva" que caracteriza os capitalismos ocidentais. Ela afeta frequentemente a igualdade horizontal de grupos com diferentes características (por exemplo, o sexo ou a etnia), associada a novas desigualdades e discriminações verticais.[4] Esta combinação específica de progresso e retrocesso produziu imposições civilizadoras normativas e supostos perdedores, que se abrigam em emoções regressivas da descivilização.

Civilização e descivilização

Uma das teorias centrais que se ocupam com o processo da civilização provém de Norbert Elias. A civilização moderna é, para Elias, o resultado de uma mudança abrangente das estruturas sociais e pessoais, caracterizada pela diferenciação social e pelo amplo entrelaçamento das relações humanas. Isto leva a uma autorregulação individual mais forte,

4. Ver também Oliver Nachtwey. *Die Abstiegsgesellschaft. Über das Aufbegehren in der regressiven Moderne*. Berlim: Suhrkamp, 2016.

uma nova atitude psicológica no controle das emoções, um alargamento do espaço de ideias e, particularmente, à renúncia da satisfação das necessidades imediatas, assim como a um pensar a longo prazo.[5]

O ponto de partida do processo civilizatório consiste na formação de poderes centrais e de processos de concorrência e de distinção na sociedade cortesã. Mas ele também é o resultado da ascensão tardia de determinados grupos sociais. Entre os séculos XVIII e XX, quando a média burguesia ascendeu à nobreza e à alta burguesia (fundindo-se em parte com elas) e obrigou os grupos consolidados a compartilhar o poder social, seus membros representavam, sobretudo, a ideia do progresso. Estes tinham, além disso, um olhar otimista sobre o futuro[6] e até empurraram com eles parte da classe operária industrial. Através deste movimento social ascendente, no qual determinados grupos perderam em parte seus privilégios, mas em que todos

5. Norbert Elias. *Über den Prozess der Zivilisation*, vol. 1: *Wandlungen des Verhaltens in den weltlichen Oberschichten des Abendlandes*. Frankfurt: Suhrkamp, 1976a [1939]; vol. 2: *Wandlungen der Gesellschaft — Entwurf einer Theorie der Zivilisation*. Frankfurt: Suhrkamp, 1976b [1939]. [Ed. bras.: *O processo civilizador*, vol. 1: *Uma história dos costumes*, trad. Ruy Jungmann, Rio de Janeiro, Zahar, 1990; vol. 2: *Formação do Estado e civilização*, trad. Ruy Jungmann, Rio de Janeiro, Zahar, 1993.]

6. Disto resultou, mais tarde, um elemento conservador: quando a ascensão do centro burguês atingiu seu apogeu, o otimismo desapareceu e a questão passou a ser, cada vez mais, defender a posição alcançada. A partir de então, o olhar dirigiu-se menos para o futuro e mais para o passado e a nação (ver também Norbert Elias. *Studien über die Deutschen. Machtkämpfe und Habitusentwicklung im 19. und 20. Jahrhundert*. Frankfurt: Suhrkamp, 1992 [1989], p. 174 e seguintes).

foram arrastados pela modernização social, os conflitos habituais entre grupos passaram para o segundo plano.[7]

A teoria da civilização de Elias divide sua premissa com a *Dialética do esclarecimento*, de Max Horkheimer e Theodor W. Adorno[8]: ambos recorrem a uma suposição de Sigmund Freud, segundo a qual a evolução da cultura é acompanhada por uma sublimação de impulsos, sendo que condicionamentos externos para os indivíduos se transformam em autocondicionamentos. Horkheimer e Adorno partem do princípio de que o mundo racionalizado apresenta, ao mesmo tempo, um mundo do domínio anonimizado.

Enquanto Adorno e Horkheimer veem uma tendência ao domínio social total sobre o indivíduo, Elias analisa o processo da individualização como transformação da estrutura da personalidade, que depende historicamente do respectivo equilíbrio social de poder. Entretanto, Elias não considera o processo civilizatório inabalado nem progressista do ponto de vista evolucionário; a civilização não é, para ele, "jamais concluída" e está "sempre ameaçada".[9] Por isso ela está sempre ameaçada por seu oposto: a descivilização. Horkheimer e Adorno sempre tematizaram isto como perigo inerente da modernização: temiam que, "em vez de atingir um estado humano

7. Elias interessou-se pouco pelas lutas de classe, pois, para ele, tratava-se sobretudo da transformação a longo prazo das estruturas da personalidade.

8. Ver também Max Horkheimer e Theodor W. Adorno. *Dialektik der Aufklärung*. Frankfurt: Fischer, 1988 [1944].

9. Norbert Elias. *Studien über die Deutschen*, op. cit., p. 225.

verdadeiro", a humanidade pudesse "afundar em um tipo de barbárie".[10]

A seguir, vou atrás dos dois vestígios da descivilização. Defendo que uma combinação da posição da Teoria Crítica, que leva em conta o papel dos condicionamentos do sistema sobre o indivíduo, e da perspectiva de Elias, que torna compreensíveis o processo da individualização, assim como o significado do equilíbrio social de poder modificado, contribui para os processos de descivilização atualmente em curso — se a complementarmos com uma dimensão intermediadora: o papel da comunidade e das associações intermediárias. Num primeiro momento, desenvolvo uma diagnose para os efeitos dos condicionamentos (neo)liberais do sistema sobre os indivíduos e para as dinâmicas de desintegração no contexto da modernização regressiva. Num segundo momento será discutido o papel do declínio social e econômico, antes de reunirmos os argumentos elaborados tendo em conta os processos de descivilização.

Individualização e modernização regressiva

A individualização é um elemento do processo civilizatório: o fato de que seus membros podem agir como sujeitos autônomos pertence às autodescrições elementares de sociedades modernas. O processo da individualização baseia-se na liberação das formas sociais transmitidas e delimitadas: relações sociais tradicionais, famílias, comunidades locais, vínculos com a vizinhança — tudo isso

10. Horkheimer e Adorno. *Dialektik der Aufklärung*, op. cit., p. I.

perdeu importância. Paradoxal, porém, é o fato de que o indivíduo moderno, ao largar as relações sociais tradicionais, tonou-se no final das contas mais dependente do ponto de vista social.[11] Como cada vez mais pessoas são flexíveis em seus ambientes, elas não moram mais na mesma rua dos pais e precisam de uma vaga no jardim de infância para os filhos, enquanto estão no trabalho. Através das descoletivização do Estado social e da redução de suas reservas de solidariedade, entretanto, o indivíduo está agora individualizado negativamente. O risco de declínio social, que se tornou o símbolo dos capitalismos ocidentais, não é mais detido.

Neste contexto, mal reparamos o papel das comunidades e associações intermediárias. Mesmo sendo estáticos e enfadonhos, os ambientes e meios (de classes) tradicionais formavam espaços onde interpretações contrárias eram atenuadas — como no caso do desemprego —; riscos sociais não eram tidos ali como resultado do fracasso individual, mas como um destino partilhado. Associações e clubes, lugares hoje atribuídos à sociedade civil, não apenas ofereciam um espaço protegido de descanso da pressão social, como permitiam (mesmo que em parte) a organização da sociedade — ou de uma contrassociedade. Isto valia tanto para a classe trabalhadora como também para as classes médias mais burguesas. Experimentávamos a eficácia pessoal e tínhamos um local onde a própria voz contava. Era possível ali expressar os ressentimentos e encontrar ao mesmo tempo uma forma de socialização, identidade

11. Ver também Ulrich Beck. *Risikogesellschaft. Auf dem Weg in eine andere Moderne*. Frankfurt: Suhrkamp, 1986.

coletiva, incorporação social e também controle social. Neste sentido, comunidades e associações intermediárias também sempre são escolas de democracia e civilidade.[12] A redução da importância das comunidades e das associações intermediárias faz com que o indivíduo, frente às imposições sociais e aos processos de transformação, se veja frequentemente sozinho.

A perspectiva distópica, que Adorno e Horkheimer assumiram em referência à individualização, parece assim confirmar-se em alguns âmbitos. Depois da crise financeira, diversos lados proclamaram o fim do neoliberalismo e, de fato, o Estado retornou para a política econômica. Porém, o neoliberalismo não foi enterrado — ele foi simplesmente guardado. O mercado continua sendo a medida de referência para todas as esferas da vida. Pierre Bourdieu chamou tais mecanismos de *poder simbólico*[13]: interiorizou-se o mercado como algo natural, concordando — às vezes voluntariamente, às vezes não — com sua lógica. No neoliberalismo, é grande o peso da autocoação, da sublimação permanente: devemos estar sempre contentes com a concorrência, nos comparar, medir e otimizar. No caso de afrontas, degradações, humilhações e fracassos, a culpa é nossa — e então devemos esperar alegremente por uma nova chance. Frente às correspondentes transformações

---

12. A respeito do recuo da organização da sociedade civil nos Estados Unidos, por exemplo, ver também Robert Putnam. *Bowling Alone. The Collapse and Revival of American Community*. Nova York: Simon & Schuster, 2000.

13. Ver também Pierre Bourdieu. *Gegenfeuer. Wortmeldungen im Dienste des Widerstandes gegen die neoliberale Invasion*. Konstanz: UVK, 1998.

culturais, os atores tradicionalistas, em particular, sentem-se inseguros quanto aos padrões vigentes de comportamento. E quem quiser se opor ao neoliberalismo será castigado pelo mercado e pelo Estado, em uma aliança harmônica. Os gregos podem falar com experiência.

O neoliberalismo, a crença quase religiosa no mercado, é uma encarnação da "razão instrumental".[14] No âmbito do poder da razão instrumental, segundo Horkheimer, tudo é submetido a uma racionalidade de meios e fins, à lógica do domínio da natureza e da individualidade. A crença no mercado, profundamente autoritária, é um "deus anônimo, que escraviza as pessoas", pois ela mesma se apresenta como sem alternativa.[15] Esta interpretação de Horkheimer mostra-se extremamente fértil para compreender a transformação de autonomia em autoritarismo: a falta de alternativa do mercado obriga o indivíduo a interiorizar suas exigências. Os mentores do Iluminismo partiam do pressuposto de que o indivíduo podia dominar o mundo. Sob a égide da razão instrumental total, entretanto, o controle do indivíduo sobre o mundo torna-se o controle total do mundo sobre o indivíduo. A individualidade conforme o mercado torna-se um imperativo social.

A autonomia crescente real do indivíduo moderno está ligada à sua performatividade no mercado. Os vencedores

---

14. Ver também Max Horkheimer. "Zur Kritik der instrumentellen Vernunft". In: *Gesammelte Schriften*, vol. 6: *"Zur Kritik der instrumentellen Vernunft" und "Notizen 1949-1969"*. Frankfurt: Fischer Max 1991 [1967], p. 19-186.

15. Max Horkheimer. "Autorität und Familie". In: *Gesammelte Schriften*, vol. 3: *Schriften 1931-1936*. Frankfurt: Fischer 1988 [1936], p. 336-417, p. 372.

recebem um dividendo de autonomia, enquanto os perdedores descobrem o disciplinamento e a estigmatização. O indivíduo moderno continua, como antes, dependente de instituições, mas é dessocializado por elas. Ele se transforma de um cidadão integrado em uma coletividade mais ou menos organizada, com instituições de solidariedade coletiva, em um cidadão do mercado, em um cliente com direitos. Mercados desvinculados produzem, porém, uma incerteza permanente e corroem as experiências de autoeficácia de muitos indivíduos — eles não acreditam mais que possam controlar a situação atual e o futuro. A carência de previsibilidade, controle e segurança não é mais suprida. Também nossa cultura tolerante levou paradoxalmente a um aumento de sentimentos de culpa, pois agora se pode fazer muito, mas isto só de forma civilizada e economicamente produtiva. Resumindo: a autocoação, ou a internalização, torna-se de novo uma coação social externa — sentimentos acumulam-se, o autocontrole civilizado diminui e ressentimentos escapam como numa válvula de pressão.

Processos de desintegração social também desempenham um papel. Axel Honneth, por exemplo, baseando-se em Talcott Parsons, argumentou que (a) o sistema jurídico, (b) a economia e (c) a família exercem, uma função dupla: integração sistêmica e integração social. O funcionamento desses subsistemas, entretanto, transformou-se nas últimas décadas, fazendo com que se tornassem fontes de desintegração ou mesmo de uma "degradação do conflito social".[16] Pode-se estipular para cada uma

16. Axel Honneth. "Verwilderung des sozialen Konflikts. Anerkennungskämpfe zu Beginn des 21. Jahrhunderts". In: *Strukturwandel*

dessas esferas um tipo de modernização regressiva: (a) no campo da igualdade de direitos das minorias, aconteceu muita coisa nos últimos tempos. Enquanto no que se refere à igualdade horizontal dos gêneros, das etnias, dos grupos LGBT foram feitos muitos progressos, os direitos civis *sociais* (por exemplo, para os trabalhadores temporários) fragmentaram-se. Isto levou, (b) na economia, ao aumento das relações trabalhistas precárias. Considerando isto, os processos de emancipação seguiram, nos últimos trinta anos, a lógica do liberalismo, segundo a qual a igualdade cultural e um mercado desregulado estão acoplados um ao outro.

Finalmente, Honneth destaca que, segundo Parsons, (c) sobretudo o papel do pai e do chefe de família colaborou para a pacificação social. Os déficits de reconhecimento vivenciados na vida profissional podiam ser compensados com o papel do chefe da família. Neste meio-tempo, entretanto, muitos homens não só perderam o monopólio da posição de provedor, como também o papel simbólico do chefe da família.

Declínio e erosão da civilização

Os progressos nas normas comportamentais civilizatórias no século XX basearam-se não apenas no autocontrole crescente, mas também na "manutenção do padrão de vida

---

der Anerkennung. Paradoxien sozialer Integration in der Gegenwart. Org. Ophelia Axel, Stephan Lindemann e outros. Frankfurt: Campus, 2013 [2011], p. 17-39.

habitual".[17] Um alto grau de segurança social e física são, então, precondições centrais. Sempre houve lutas por status e posições também em sociedades crescentemente integrativas e igualitárias, mas estas se deslocaram cada vez mais para as arenas, como no esporte, no consumo e na cultura.

Além disso, a partir da metade do século XX novos movimentos sociais mobilizaram-se, deslocando o equilíbrio de poder na sociedade; basta lembrar o movimento feminista e aqueles cujos adeptos exigiam um reconhecimento de seus direitos subjetivos, de sua identidade sexual, etc. Os consolidados mantiveram suas posições, mas já no final do século XX surgiram incertezas de status, identidade e comportamento.

Desde os anos 1980, no mais tardar nos anos 1990, a dinâmica básica das sociedades ocidentais transformou-se fundamentalmente. O processo da ascensão coletiva chegou ao fim; não era mais possível que todos ascendessem, e sim que alguns decaíssem de novo — sobretudo tais grupos que antes faziam parte de um amplo círculo consolidado, como da classe média baixa, composta de trabalhadores qualificados. O progresso social, naturalmente, conhecera perdedores também antes, mas os perdedores de hoje são frequentemente aqueles que ontem estavam mais ou menos bem estabelecidos.

Norbert Elias tinha duas dimensões em vista: em primeiro lugar, a ascensão e o declínio de grupos no interior de um Estado; em segundo, a posição das nações no

17. Norbert Elias. *Studien über die Deutschen*, op. cit., p. 225. Os padrões mencionados também sofreram, no entanto, reveses bárbaros, sobretudo nos tempos do fascismo.

sistema mundial. Observando os processos do passado, ele faz a seguinte análise:

> As consequências imediatas de tal declínio, de uma perda de poder e de status, são os sentimentos habituais de desânimo e desilusão, da falta de valor e de objetivo, misturados a inclinações ao cinismo, niilismo e recolhimento, que podem se tornar dominantes.[18]

Bem no nível do sistema mundial, alguns grupos dos Estados ocidentais, líderes nos últimos vinte, trinta anos, registraram certo declínio. Frequentemente são justamente estes grupos que se enredam em mensagens autoritárias à moda do "*make* X *great again*". Isto tem muito a ver com a evolução global do capitalismo, que experimenta sua forma específica de modernização regressiva. Pode-se constatar, em primeiro lugar, que a economia global desenvolveu-se de forma extremamente positiva. A desigualdade de renda entre os Estados diminuiu desde o final dos anos 1980, o que tem a ver sobretudo com o desenvolvimento econômico na Ásia. Os Estados do Brics (Brasil, Rússia, Índia, China e África do Sul) ascenderam, deixando para trás o status de "países em desenvolvimento". Lá também vivem os vencedores da globalização, as novas classes médias globais, mesmo sendo estas ainda relativamente pobres, se comparadas com o nível de vida da classe média nos países ocidentais. Dentro do mundo ocidental, no entanto, a desigualdade cresceu, pois aqui os rendimentos das classes médias baixas estagnaram ou, no melhor dos casos, subiram

18. Id. ibid.; p. 462 e seguintes.

só um pouco.[19] As classes média e trabalhadora do velho mundo industrializado são as perdedoras da modernização global e agora ficam olhando como perdem terreno para três grupos: as elites cosmopolitas, os vencedores altamente qualificados da globalização e as classes médias dos capitalismos emergentes. E especialmente para os homens com qualificação mediana ou baixa acrescentam-se experiências do declínio e insegurança em outras dimensões: como já mencionado, eles também perderam a posição do chefe de família e adquiriram o sentimento de que são prejudicados em benefício dos refugiados e de outras minorias. Os ressentimentos correspondentes não surgem apenas no pântano da moralidade para serem apanhados por empreendedores políticos. Eles também são atiçados por atores consolidados e, desta forma, legitimados. Nesta linha, o governador da Baviera, Horst Seehofer, afirmou já em março de 2011: "Vamos nos defender da imigração no sistema social alemão até o último cartucho." Frente a tais frases, a retórica do Pegida[20] não surpreende.

Processos de descivilização

Norbert Elias indica como motivos para uma possível descivilização, entre outros, conflitos de poder e

---

19. Ver também Branko Milanovic. *Die ungleiche Welt. Migration, das Eine Prozent und die Zukunft der Mittelschicht*. Berlim: Suhrkamp, 2016.

20. Sigla em alemão para "Patriotas europeus contra a islamização do Ocidente", um movimento xenófobo atuante, desde 2014, em cidades alemãs orientais, sobretudo Dresden. [N.T.]

transformações nas representações dos grupos consolidados e dos grupos marginais. Perdas de poder "em relação aos grupos marginais em ascensão" deflagraram, "não apenas por questões econômicas, uma forte resistência e um desejo de restauração da velha ordem, às vezes fora da realidade"; os grupos atingidos sentiram-se, muito mais, "também humilhados na sua autoestima".[21] Se os grupos consolidados tivessem a impressão de que estariam ameaçados com a chegada dos grupos marginais, eles reagiriam com estigmatizações depreciativas.[22] Aqui se encontra a causa mais profunda da descivilização. Para os inseguros,

> frequentemente não há meios grosseiros ou brutais demais, o que se deve ao fato de que seu poder — e a sua própria imagem como uma formação grande e esplêndida — tem para eles um valor mais elevado do que qualquer outra coisa [...]. E quanto mais fracos, inseguros e desesperados eles estão no seu declínio, mais incisivamente eles sentem a luta por sua primazia, mais bruto se torna o seu comportamento e mais agudo o perigo de desprezarem e destruírem o padrão de comportamento civilizado, do qual são orgulhosos. Pois padrões de comportamento civilizados, muitas vezes, só fazem sentido para os agrupamentos dominantes enquanto mantêm, ao lado de todas as outras funções, os símbolos e instrumentos de seu poder. Por

21. Norbert Elias. *Studien über die Deutschen*, op. cit., p. 243.
22. Ver também Norbert Elias e John L. Scotson. *Etablierte und Außenseiter*. Frankfurt: Suhrkamp, 1993 [1965].

> isso as elites do poder, classes dominantes ou nações lutam frequentemente em nome de seus valores superiores e de sua civilização superior com métodos que se contrapõem diametralmente aos valores que elas afirmam defender. Ameaçados, os defensores tornam-se facilmente os maiores destruidores da civilização. Eles se tornam facilmente bárbaros.[23]

Tais fenômenos da descivilização não se manifestam apenas nas classes médias (baixas), mas também nas elites. Particularmente suscetíveis, entretanto, parecem ser os homens de idade mediana, com qualificação e rendimentos medianos. Não se pode afirmar mais do que isto, pois os estudos a respeito estão ainda no início. O que eles têm em comum, além de seguir mensagens de ódio na internet ou espalhá-las, depois de ter jantado com suas famílias? Eles sentem-se desvalorizados e explorados — pelas elites, pela globalização, pelas mulheres e pelos refugiados. Têm a impressão de que se tornaram marginais socialmente, uma minoria no próprio país, a quem ninguém dá ouvidos e por quem ninguém se interessa. Eles tentam recuperar esta perda sentida de status através de "classificações negativas" de outros grupos.[24] Medos materiais e culturais relativos ao status são os motores do ressentimento, de sentimentos negativos, de retração identitária e de teorias

---

23. Norbert Elias. *Studien über die Deutschen,* op. cit., p. 463.
24. Sighard Neckel e Ferdinand Sutterlüty. "Negative Klassifikationen. Konflikte um die symbolische Ordnung sozialer Ungleichheit." In: *Integrationspotenziale einer modernen Gesellschaft. Analysen zu gesellschaftlicher Integration und Desintegration.* Org. Wilhelm Heitmeyer e Peter Imbusch. Wiesbaden: vs Verlag, 2005, p. 409-428.

conspiratórias — aspectos identificados já cedo como sinais de estruturas autoritárias da personalidade.[25] Possivelmente, sob este pano de fundo, é a própria submissão, frente à suposta falta de alternativa econômica do mercado, que liberta "agressões autoritárias".[26]

Quem tem a impressão de estar excluído socialmente perde o sentimento de autoeficácia. Muitas pessoas adotam, assim, algumas estratégias para elevar de novo sua autoestima. Estas podem ser fixadas no nível da prática como também da percepção. Um resultado paradoxal é que se deseja um alívio através da pressão externa, feita por uma instância autoritária. Pensando no nacional-socialismo, Elias escreveu que, em situações de insegurança, pode aparecer "um desejo por um controle de fora, vindo de um governante forte".[27] Através dos ressentimentos, os inseguros podem se permitir uma identidade, um novo sentimento do "nós". O problema básico que surge através da individualização radicalizada seria a questão do papel das identidades coletivas, pois as pessoas contariam com o sentimento do "nós".[28] A política da identidade é assim também uma reação à erosão da comunidade e

25. Theodor W. Adorno. *Studien zum autoritären Charakter*. Frankfurt: Suhrkamp, 1995 [1950].

26. Ver também Oliver Decker, Johannes Kiess e Elmar Brähler. *Die stabilisierte Mitte. Rechtsextreme Einstellung in Deutschland 2014*. Leipzig: Kompetenzzentrum für Rechtsextremismus-und Demokratieforschung der Universität Leipzig, 2014. Disponível em: <http://research.uni-leipzig.de/kredo/Mitte_Leipzig_Internet.pdf>. Acesso em janeiro de 2017.

27. Norbert Elias, *Studien über die Deutschen*, op. cit., p. 414.

28. Ver também Norbert Elias. *Die Gesellschaft der Individuen*. Frankfurt: Suhrkamp, 1991 [1987].

das associações intermediárias. A radicalização permite às pessoas se sentirem novamente soberanas.

Para alguns grupos na atualidade, parece que não vale mais a pena comportar-se civilizadamente. Na condição de indivíduos desvinculados, que mal estão sujeitos ao controle social sobretudo na internet e não necessitam se responsabilizar por mensagens cheias de ódio, eles se deixam levar por seus preconceitos. No final, eles encontram-se nas coalizões emocionais daqueles carregados pelo ressentimento: na AfD e nas aparições de Donald Trump e Marine Le Pen. O que une estes grupos é, em nome de uma civilização ocidental imaginária, a negação da civilização na prática.

(tradução: Silvia Bittencourt)

Do retrocesso global aos contramovimentos pós-capitalistas

César Rendueles

Desde 2008, vem ruindo a hegemonia que ao longo de trinta anos permitiu às elites econômicas ocidentais definirem os limites da legitimidade política, as fronteiras do que considerávamos coletivamente possível, impossível, desejável ou necessário. A crise alterou a percepção de certos grupos sociais sobre o funcionamento do capitalismo contemporâneo, que sentiam que seus interesses e os das elites globais estavam sendo solapados. Hoje, em compensação, muitas dessas pessoas têm plena consciência de que a possibilidade de fracasso vital — de "desfiliação", para usar a terminologia de Robert Castel[1] — se democratizou, deixando de ser patrimônio exclusivo de imigrantes, ex-operários industriais, trabalhadores precários de baixa qualificação e outros perdedores de primeira hora da globalização neoliberal. Justamente, as diferentes maneiras de interpretar a natureza desse destino comum — seja como um jogo de soma zero que confronta diversas vítimas da crise, seja como o efeito compartilhado de tendências globais — oferecem

1. R. Castel. *La Montée des incertitudes. Travail, protections, statut de l'individu*. Paris: Seuil, 2009.

algumas chaves para entendermos as convulsões políticas, sociais e culturais do nosso tempo.

É revelador que, em contraste, as leituras dominantes do ciclo histórico atual tenham um forte viés economicista, como prova a generalização da expressão "Grande Recessão". O esforço por descrever o que ocorreu a partir de 2008 — da Primavera Árabe até a vitória do Syriza, passando pela crise dos refugiados e pelo Brexit — aplicando um conceito extremamente técnico, que os manuais de macroeconomia resumem à fórmula "ao menos dois trimestres consecutivos de queda do PIB", hoje parece uma piada de mau gosto. O problema é que a interpretação economicista da crise é eminentemente etnocêntrica e classista. A ideia de que em 2008 ocorreu algo de excepcional deve parecer estranha a centenas de milhões de pessoas para as quais os choques financeiros e a deslegitimação das instituições democráticas fazem parte do seu cotidiano há décadas. Mexicanos e colombianos com menos de quarenta anos simplesmente nunca viveram sob outra situação que não fosse de crise econômica e decomposição política. E algo parecido ocorre com amplos setores dos países ricos. Eu costumo fazer um pequeno experimento com meus alunos de sociologia: primeiro exponho os índices de risco de pobreza relativa na Espanha, que em 2016 atingia pouco mais de 22% da população. Em seguida pergunto em que nível eles imaginam que esse percentual se encontrava antes do início da crise, no auge do milagre econômico espanhol, quando o país era a oitava economia do mundo. Quase todos arriscam números muito abaixo dos 10%. Na realidade, em 2007, 19,7% das famílias espanholas *já* se encontravam em risco de pobreza: a desigualdade não é consequência da recessão, e sim sua causa.

De fato, a crise é a normalidade histórica do turbocapitalismo global. Em primeiro lugar, porque as catástrofes financeiras se sucederam quase ininterruptamente desde o início dos anos 1980 em países como México, Estados Unidos, Japão, Finlândia, Tailândia, Indonésia, Filipinas, Espanha, Rússia, Argentina e Islândia, entre outros. Mas, sobretudo, como apontou David Harvey, porque essas crises regionais, longe de pôr em questão o projeto neoliberal, só fizeram reforçá-lo.[2] Os colapsos financeiros provocados pela desregulamentação e pela interdependência econômica transnacional foram utilizados para promover reformas políticas que visam reduzir ainda mais o poder de negociação dos trabalhadores. Por outro lado, há o crescente mal-estar social ligado aos processos de mercantilização: desde o início dos anos 1980, os neoliberais desenvolveram estratégias agressivas para administrar o sofrimento psíquico, a degradação das instituições públicas, a fragilização social, a deterioração cultural e a polarização política de modo a retroalimentar o seu projeto.

O grande retrocesso contemporâneo não é tanto o início de uma nova era econômica, e sim a conclusão da estratégia escolhida pelas elites ocidentais para superar a crise de acumulação de capital dos anos 1970: um regresso ao capitalismo manchesteriano globalizado que resultou numa esmagadora vitória das classes dominantes. E num sistema social como o capitalismo — autoexpansivo e

2. D. Harvey. *A Brief History of Neoliberalism*, Oxford: Oxford University Press, 2007.

essencialmente incompatível com qualquer tipo de limitação —, uma vitória esmagadora sempre é a própria antessala da catástrofe.

Contramovimentos emergentes

De modo semelhante, nos anos 1940, Karl Polanyi interpretou a grande crise econômica, política, social e espiritual do seu tempo não como uma anomalia imprevisível, e sim como o desenlace razoável dos processos de mercantilização generalizada que, depois de devastarem a Europa, espalharam-se pelo mundo inteiro no ciclone colonial do final do século XIX.[3] De acordo com essa visão, as duas guerras mundiais e o auge do totalitarismo surgiram das tensões surdas que foram se acumulando ao longo de um extenso século de *pax mercatoria* e crescimento econômico sem precedentes.

Mais do que a justiça ou legitimidade do liberalismo econômico, o questionamento de Polanyi dizia respeito à sua *possibilidade*. O ideal do mercado autorregulado é um projeto utópico e autodestrutivo, materialmente incompatível com qualquer modalidade de vida humana. O livre mercado nunca existiu nem poderá existir. Os processos de mercantilização sempre precisaram de intervenções agressivas do Estado para atenuar as suas falhas sistêmicas e vencer a resistência das pessoas a se deixarem arrastar pelo furacão econômico.

3. K. Polanyi. *The Great Transformation. The Political and Economic Origins of Our Time*. Boston: Beacon Press, 2001.

A opção histórica que de fato se apresenta, diz Polanyi, não é entre livre mercado e intervenção coletiva. Só podemos escolher entre diferentes tipos de mediação política, "contramovimentos", que necessariamente surgirão para limitar os efeitos cancerígenos do capitalismo. A questão é saber se essas regulações coletivas buscarão blindar os privilégios das elites, se serão reacionárias, identitárias e totalitárias, ou se, pelo contrário, abrirão uma oportunidade para aprofundar a democracia e o esclarecimento.

Justamente, Polanyi interpretou a explosiva situação política do entreguerras como sendo resultado de uma disputa entre diferentes projetos pós-liberais para impor sua versão dos limites do mercado. De um lado, aquele tipo de dinâmica que Gramsci denominou "revoluções passivas": intervenções autoritárias que defendiam transformações institucionais agressivas, incluindo a regulação econômica, com o objetivo de preservar o sistema de estratificação herdado. De outro lado, um leque de correntes democratizantes que procuravam promover processos de desmercantilização voltados a reduzir a desigualdade e avançar pela via da emancipação social.

A situação atual comporta grandes analogias com a polarização política, a instabilidade institucional e o ódio coletivo que Polanyi experimentou em primeira mão. Em certo sentido, já vivemos em sociedades pós-neoliberais. O ideal de livre mercado é um zumbi político que, embora continue a causar sofrimento e a emitir sons inarticulados, todos dão como morto. No mundo inteiro estão surgindo poderosos contramovimentos de reação à distopia neoliberal. A maioria se move no campo da extrema-direita, do nacionalismo identitário, da xenofobia, do fundamentalismo religioso e do populismo reacionário. As instituições políticas ocidentais estão deixando de atuar como mediadoras da deliberação democrática, transformando-se em anabolizantes da brutalização do discurso público e deslegitimando a discussão política ao reduzi-la a questões de segurança. A defesa de uma "democracia iliberal" feita em 2014 pelo primeiro-ministro húngaro, Viktor Orbán, e a vitória de Donald Trump em 2016 são manifestações espetaculares de uma dinâmica que, em maior ou menor grau, já atinge todos os países ocidentais. Por exemplo, quando se critica a proposta de Trump de erguer um muro entre o México e os Estados Unidos, toma-se o cuidado de omitir que na única fronteira seca da União Europeia com a África — os territórios espanhóis no norte do Marrocos — existe há muitos anos uma tripla barreira metálica de seis metros de altura coroada de lâminas cortantes que já provocou terríveis ferimentos em centenas de imigrantes.

Felizmente, os contramovimentos reacionários são apenas uma parte da história. Também existem alternativas democratizantes e igualitárias que aspiram a aproveitar a janela de oportunidade aberta pela crise econômica para promover transformações sociais de longo alcance, baseadas na solidariedade transnacional. Se no início deste século a América Latina era o motor do antagonismo global que apanhou o bastão do movimento altermundista surgido a partir dos protestos de Seattle em 1999[4], talvez hoje seja preciso rastrear alguns dos novos laboratórios

4. J. Petras. *The Left Strikes Back: Class and Conflict in the Age of Neoliberalism*. Nova York: Perseus, 1999.

de contra-hegemonia nos países semiperiféricos do sul da Europa.

Aprendendo com a periferia europeia

O fato é que a recessão econômica tem tido efeitos políticos explosivos na Europa mediterrânea. Transformou a despolitização pós-moderna amável e anticonflituosa, diagnosticada e defendida por autores como Anthony Giddens e Ronald Inglehart, numa grande crise de legitimidade.[5] Na Espanha, em particular, abalou-se profundamente um regime político baseado na alternância no poder de dois partidos majoritários cujos programas coincidiam em elementos essenciais, como a desregulamentação do mercado de trabalho e a limitação das políticas redistributivas.[6] A legitimidade desse regime bipartidário se alicerçava numa economia em crescimento, baseada no mercado imobiliário que oferecia promessas de mobilidade social ascendente e alto poder de consumo. Tratava-se em boa

5. A. Giddens. *Modernity and Self-Identity*. Stanford University Press, 1991; R. Inglehart e Ch. Welzel. *Modernization, Cultural Change, and Democracy*. Cambridge: Cambridge University Press, 2005.

6. Nos países do norte da Europa, popularizou-se a lenda de que a crise econômica espanhola foi causada pelo esbanjamento público e pelas políticas econômicas irresponsáveis. O fato é que, até 2007, a Espanha era um modelo de ortodoxia econômica liberal e sua dívida equivalia a 35% do PIB (nesse mesmo ano, a dívida alemã superava 60% do PIB). A dívida espanhola aumentou vertiginosamente quando, depois da crise, o governo manteve a qualquer preço a política de contenção dos gastos públicos e se submeteu ao austericídio imposto pela União Europeia.

medida de uma miragem, pois os níveis de desemprego, precariedade e desigualdade eram muito altos e o Estado de bem-estar, pouco redistributivo. Mas por muito tempo funcionou como uma fonte de coesão social muito eficaz.

A crise econômica fez esse consenso voar pelos ares. O sonho do *boom* imobiliário se transformou num pesadelo especulativo, caracterizado pelo desemprego em massa (na Espanha há mais de quatro milhões de desempregados e um milhão e meio de famílias com todos os seus membros desempregados), pela pobreza (uma em cada três crianças está em risco de pobreza ou exclusão) e pelos despejos (meio milhão do início da crise). Os inúmeros casos de corrupção política são vistos pelos cidadãos como o sintoma de uma crise institucional profunda induzida pela mútua conivência das elites econômicas e políticas. O mal-estar social veio à tona na primavera de 2011, com a irrupção do 15M (o movimento dos indignados) e do ciclo de mobilizações que desencadeou. Mas a grande mudança ocorreu em 2014, quando esse movimento conseguiu tomar de assalto as instituições políticas. Em primeiro lugar, o Podemos sacudiu o mapa eleitoral ao obter 8% dos votos nas eleições ao Parlamento Europeu. Alguns meses depois, em muitas localidades espanholas foram eleitas candidaturas municipais vindas de movimentos populares próximos do 15M. Mais exatamente, as três maiores cidades espanholas — Madri, Barcelona e Valência — são hoje governadas por movimentos de mudança, com uma forte marca de crítica e desmercantilização.

Essa dinâmica antagonista causou surpresa e despertou esperanças; como apontou Owen Jones, e talvez tenha trazido à luz modelos de mobilização e intervenção pública que podem ser replicados em outros países.[7] Diferentemente do que ocorreu em outros lugares, na Espanha até agora a reação à crise mostrou poucas tendências xenófobas ou autoritárias. Não é fácil explicar essa imunização, que certamente obedece a uma soma de vários fatores: a memória ainda recente da ditadura, a intensa solidariedade familiar que mitigou o sofrimento econômico, a inclusão de parte da extrema-direita no partido conservador majoritário...[8] Mas também foi crucial o surgimento de movimentos capazes de canalizar o mal-estar e a indignação rumo à reivindicação do aprofundamento da democracia, transformando o discurso da esquerda tradicional no intento de interpelar uma maioria social. De fato, não há nenhum exagero em afirmar que na Espanha ocorreu uma tímida normalização de posições que até recentemente circulavam pela periferia dos movimentos sociais. Hoje o feminismo, a economia social e a democracia participativa têm uma visibilidade pública muito maior do que antes da crise.[9]

---

7. O. Jones. "There is a Model for the New Politics We Need. It's in Spain" *The Guardian*, 22 de junho de 2016.

8. Com os 10,26% de votos obtidos e os 24 deputados eleitos para o Parlamento nacional nas eleições de 28 de abril de 2019 pelo partido de extrema-direita Vox — legenda fundada em 2013 e que se caracteriza pelo populismo, conservadorismo, misoginia e anti-imigracionismo — a Espanha parece entrar também na "onda nacionalista" que ganha força na Europa (em que pesem as tentativas de formação de um governo de esquerda PSOE–Podemos em julho de 2019). [N.E.]

9. Pew Research Global. "Emerging and Developing Economies Much More Optimistic than Rich Countries about the Future", 8 de setembro de 2014; Fundación BBVA, "Values and Worldviews", 5 de abril de 2013.

Com efeito, a pergunta que se deve fazer é por que o processo de mudança política não foi mais rápido e profundo. Como é possível que sete milhões de espanhóis continuem votando num governo conservador que promoveu os maiores cortes sociais do período democrático e está totalmente tomado por escândalos de corrupção? Uma parte da resposta, sem dúvida, tem a ver com o brutal e bem-sucedido esforço que toda a mídia tem feito para demonizar os partidários da mudança. Mas também é verdade que a esquerda vem tendo muita dificuldade para propor um modelo político alternativo capaz de superar a lógica ideológico-discursiva e interpelar um grupo social majoritário em questões ligadas às suas condições materiais de vida.

A crise social e os limites do "classe-medismo"

O 15M, o Podemos e os demais movimentos transformadores espanhóis pararam às portas dos locais de trabalho e foram incapazes de criar uma solidariedade de classe baseada na precarização compartilhada que superasse as microidentidades alicerçadas no patrimônio imobiliário e no capital social e cultural.[10] A mobilização baseada na

10. Em certos setores da esquerda europeia há a suspeita de que o Podemos e outros movimentos da mudança na Espanha estariam se deslocando para o espaço político do populismo de direita. Trata-se de um completo mal-entendido, pelo menos por ora. O programa do Podemos coincide quase perfeitamente com o dos partidos da esquerda transformadora tradicional. E mais, as tentativas de ampliar sua base eleitoral utilizando uma linguagem com pouca conotação ideológica — a oposição dos "de baixo" e

indignação diante da crise econômica, da desigualdade e da corrupção não se traduziu em propostas de um modelo de sociedade alternativo que não só interesse teoricamente aos professores universitários ou ideologicamente aos ativistas, mas que ofereça à maioria das pessoas uma alternativa realista de vida plena, em nome da qual valha a pena tomar decisões políticas arriscadas. Na Espanha, assim como em outros países, a resistência ao austericídio foi protagonizada pelas classes médias sociológicas, cuja indignação tem a ver não tanto com o sofrimento material imediato, mas com um mal-estar "existencial", isto é, com a frustração das expectativas de mobilidade ascendente e o descumprimento das promessas sociais herdadas. Trata-se de um motor de mudança política limitada, muito marcada por um viés de aversão à perda.

Há uma velha ideia marxista que talvez valha a pena resgatar. Marx acreditava que os perdedores do capitalismo são agentes privilegiados da mudança política. São os únicos que estão em condições de promover alguns avanços morais que beneficiariam a todos, mas que nenhum outro grupo pode defender, porque todos estão presos a seus interesses particulares de curto prazo. Por exemplo, muita gente entende que numa sociedade com alto nível de tecnificação seria razoável deixar de tratar o emprego como se fosse um bem escasso pelo qual devemos competir e procurar alternativas políticas que nos permitam transformar o problema do desemprego numa

"a casta" ou os apelos ao patriotismo — tiveram um êxito limitado, e as pesquisas mostram que a identidade política continua a desempenhar um papel crucial no seu eleitorado.

solução; mais concretamente, numa fonte de tempo livre e revalorização do trabalho reprodutivo. Mas quem ainda se aferra a trabalhos precários está pouco disposto a assumir os custos e os riscos da transição a um sistema mais sensato, pois poderia causar grandes prejuízos no curto prazo. Por mais que sejamos capazes de imaginar essa reorganização social e reconhecer suas vantagens, para promovê-la teríamos de nos transformar em heróis morais dispostos a nos imolar no altar da racionalidade política. Mas se você tiver 20 anos, toda sua família estiver há cinco anos desempregada e na sua cidade o nível de desemprego juvenil rondar os 70%, será bem mais fácil achar que a destruição do mercado de trabalho tal como o conhecemos é uma ideia plausível e razoável.

A moral da história é que os projetos emancipadores precisam urgentemente romper o encapsulamento social dos discursos progressistas no campo das classes médias, frequentemente disfarçados de radicalismo teórico. Contudo, em contraste com as propostas da esquerda operária tradicional, o problema aqui não é ideológico — a alienação do proletariado ou a frivolidade da "esquerda caviar" —, mas tem a ver com as condições sociais da mudança política. As iniciativas emancipadoras contemporâneas se movem num terreno social devastado. A verdadeira vitória do neoliberalismo foi conseguir desarticular a sociedade civil e transformar-nos numa sociedade frágil, individualista e consumista.

Em 1987, Margaret Thatcher pronunciou numa entrevista sua famosa sentença: *There is no such thing as society* [Não existe essa coisa de sociedade]. Muita gente a interpretou como uma expressão do individualismo metodológico. Na realidade, era um programa político. Algo que autores neocomunitaristas como Richard Sennett ou Christopher Lasch entenderam muito melhor que os herdeiros de Marx.[11] A derrota global do sindicalismo dos anos 1980 não apenas acarretou uma dramática redução do poder de negociação dos trabalhadores, mas também, e acima de tudo, significou a coroação da destruição de um amplo conjunto de espaços de socialização diretamente imbricados nos processos de subsistência material das classes populares. As classes altas, em compensação, conseguiram se resguardar da individualização pós-moderna preservando tanto seu capital social — por exemplo, através de instituições educacionais elitistas ou de redes de afinidade ligadas a estilos de vida — quanto um simulacro de projeto cultural próprio baseado no consumo sofisticado. Hoje as chances de êxito dos contramovimentos de emancipação passam pela reconstrução de laços sociais universalistas em que o sustento material tenha um peso crucial: não mais apenas o emprego remunerado, mas também o trabalho reprodutivo e assistencial.

A vulnerabilidade global aprendida e a possibilidade da Europa

Um segundo freio às contra-hegemonias emergentes consiste naquilo que poderíamos definir como uma espécie de

11. R. Sennett. *The Corrosion of Character: The Personal Consequences of Work in the New Capitalism*. Nova York: Norton, 1998; C. Lasch, *The Minimal Self: Psychic Survival in Troubled Time*. Nova York: Norton, 1984.

vulnerabilidade global aprendida. O capitalismo contemporâneo promoveu dinâmicas que, mais do que carecer de mecanismos de cooperação política internacional, se baseiam na sua ausência. Nas democracias ocidentais, os mercados globais têm poder de voto, e este tem mais peso que o dos parlamentos. O caso mais recente, claro, é o da Grécia. Quando em 2015 os gregos cometeram o equívoco de escolher a opção eleitoral "errada", a UE pôs em funcionamento uma sádica máquina de guerra financeira, política e midiática para transformar essa decisão numa lição continental de disciplina política.

É difícil que hoje um projeto de democratização consiga convencer uma maioria social se não for capaz de superar essa vulnerabilidade aprendida propondo ferramentas realistas de recuperação da soberania política. Uma delas é, sem dúvida, a extensão do marco geográfico de intervenção constituinte para além das fronteiras do Estado-nação, isto é, a construção de alianças transnacionais capazes de disputar o poder com a plutocracia global. A boa notícia é que, diferentemente do que ocorria com o internacionalismo clássico, hoje, na Europa, propostas do tipo já não estão apenas no plano das boas intenções, pois já contamos com o embrião de uma institucionalidade continental. E mais, a demanda dos movimentos contra-hegemônicos por um espaço de intervenção política transnacional poderia ser a última esperança para o projeto de unidade europeia, que desde o início da crise vem sofrendo um acelerado processo de degradação.

Em grande medida, as defesas contemporâneas da União Europeia são uma espécie de nacionalismo continental de baixa intensidade, hipócrita, rançoso e piegas: apologias do legado cultural europeu e da nossa ridícula propensão — que chega às raias do humor negro — a assumirmos o papel de guardiães morais do mundo. Na realidade, se a Europa tem importância, não é pelo fato de ela ser a Europa, mas justamente pelo contrário: porque — apesar de toda a aderência das tradições políticas, sociais e culturais europeias — a união continental pode constituir um passo para a construção de formas de cooperação global pós-capitalista. Trata-se, é verdade, de uma ideia na contramão da arquitetura institucional europeia. Desde sua origem, a UE entendeu a si mesma como uma realização bem-sucedida do princípio de pacificação mercantil, uma velha teoria que remonta ao Iluminismo e que sustenta que o comércio gera cordialidade entre os povos onde a política e a cultura insuflam o conflito.[12] Impressionados com as guerras religiosas que transformaram a Europa num matadouro, Montesquieu e outros autores pensaram que os interesses econômicos compartilhados poderiam ajudar a superar as desavenças identitárias.

Durante quase quarenta anos, a teoria aparentemente funcionou na prática. A UE era uma experiência bem-sucedida e uma prova do poder pacificador do mercado, capaz de antecipar o processo de convergência política e preparar o terreno para seu desenvolvimento. Na realidade, trata-se basicamente de um mito. A mercantilização das relações internacionais europeias teve como contrapartida um forte consenso em torno da desmercantilização parcial da força

12. A. O. Hirschman, *The Passions and the Interests: Political Arguments for Capitalism Before It's Triumph*. Princeton: Princeton University Press, 1977.

de trabalho em nível nacional. Em outras palavras, até o final dos anos 1970, a unidade comercial europeia se desenvolveu a par do Estado de bem-estar europeu, e essa simultaneidade foi crucial para seu êxito. E esse processo, além disso, contava com o fortíssimo apoio dos Estados Unidos, que entenderam corretamente as políticas keynesianas como um dique de contenção à expansão soviética. Terminada a guerra fria, à medida que o Estado de bem-estar era cada vez mais questionado pela hegemonia neoliberal, a UE foi se revelando uma carcaça financeira vazia, e a decisão de instaurar uma moeda única sem políticas fiscais e sociais comuns, um suicídio em câmera lenta.

A única saída para a implosão da União Europeia passa por desfazer o mal-entendido histórico que dava prioridade ao mercado na construção de um projeto político continental. Só os contramovimentos democratizantes da periferia do sul da Europa estão em condições de promover um projeto como esse. Em contraste com os partidos políticos tradicionais, aspiram a um empoderamento popular que ponha fim à ditadura dos mercados. E diferentemente dos programas identitários ou neoprotecionistas, como o Brexit, precisam de um marco de soberania ampliado permitindo-lhes desafiar com êxito as elites econômicas globais, que fugiram ao controle dos Estados nacionais. Além disso, uma desmercantilização em escala europeia poderia significar um forte desafio à ordem neoliberal global. Trata-se de uma tese que o cientista político britânico Peter Gowan[13] sustentou vinte anos atrás. A União

13. P. Gowan. *The Globalization Gamble: The Dollar-Wall Street Regime and its Consequences*. Nova York: Verso, 1999.

Europeia em seu conjunto é a maior economia do mundo, e os países que a integram têm sólidas tradições políticas democráticas. Por isso, sugeria Gowan, ela tem condições de liderar uma mundialização pós-capitalista mais justa, democrática e próspera.

Para além da recessão, para além do capitalismo

A conversão do precariado numa "classe para si" transformadora com o auxílio de novas ferramentas de socialização e a criação de uma aliança popular internacional podem parecer projetos titânicos, quase utópicos. Na realidade, são a parte mais simples do programa emancipador contemporâneo. Mais difícil é romper com a lógica consensual que domina as iniciativas antagonistas mais bem-sucedidas.

É verdade que um dos grandes avanços políticos das últimas décadas foi a recuperação por parte dos movimentos sociais do conceito de democracia como ideal político efervescente e desafiante. A superação da concepção tradicional da política antagonista como uma atividade heroica, restrita a meia dúzia de campeões do ativismo bem treinados em todo tipo de rebuscamento teórico, é uma excelente notícia. Em todo o mundo, os movimentos populares mais vigorosos são aqueles que entenderam quão radical pode ser a reivindicação da normalidade. Tentar levar uma vida mais ou menos convencional, formar uma família, ter a chance de morar no bairro onde se nasceu, estudar aquilo para o que se tem vocação, confiar nas instituições públicas e ter a oportunidade de participar delas... Tudo isso obriga a mudar de cima a baixo o mundo que conhecemos.

Mas também é verdade, como apontou Anselm Jappe, que a retórica dos 99% confrontados a 1% é profundamente falaciosa e disseminou a ideia de que a mudança política pode ser tranquila e sem conflitos. Como se bastasse aumentar os impostos sobre os mais ricos e melhorar os serviços públicos para garantir nossa entrada segura no caminho da transformação social através de um altercapitalismo mais solidário e verde, uma espécie de restauração keynesiana no século XXI. Às vezes chegamos até a pensar o pós-capitalismo como uma espécie de capitalismo sem capitalistas, como se nossa sociedade estivesse prenhe de solidariedade e só fossem necessários alguns pequenos ajustes que dessem escala às práticas cooperativas atuais, especialmente àquelas ligadas à tecnologia digital. Isso nunca foi verdade, e muito menos agora, em face de horizontes ambientais apocalípticos. Muito mais que os fracassos do capitalismo, deveríamos temer seus êxitos.

Richard Tawney disse em certa ocasião que a verdadeira linguagem da transformação política não é a dos direitos, mas a dos deveres. "A democracia é um sistema político pouco sólido quando se limita a ser um sistema político e mais nada. Deveria ser não apenas uma forma de governo, mas também um tipo de sociedade e uma forma de vida em harmonia com esse modelo social", escreveu ainda.[14] Acredito que há uma profunda verdade nessa ideia, próxima também de Simone Weil e outros socialistas cristãos do entreguerras. Talvez nos ofereça algum tipo

14. R. H. Tawney. *Equality*. Londres: Harper, 1931.

de orientação para evitar o beco sem saída tanto da épica revolucionária como da paralisia consensual.

Entre boa parte da esquerda que se autoqualifica como "responsável", avessa a apostas políticas arriscadas e a mudanças bruscas, prevalece hoje certa saudade do passado recente, dos bons e velhos tempos do neotrabalhismo e da globalização de face humana. Isso mais parece uma receita infalível para acelerar a crise econômica, social e política. A Grande Recessão, mais do que uma ruptura do modo como o Ocidente se organizou nos últimos quarenta anos, é o resultado de diversos intentos reativos de reformular essa ordem herdada a fim de preservar os privilégios das classes dominantes. Se quisermos evitar a catástrofe, devemos passar da radicalização da normalidade à normalização da ruptura, e isso implica assumir um conflito aberto não só contra um punhado de vencedores do cassino econômico global, mas também contra aqueles aspectos da nossa vida que participam da barbárie capitalista.

(tradução: Sérgio Molina)

O retorno dos reprimidos como início do fim do capitalismo neoliberal

Wolfgang Streeck

O neoliberalismo chegou com a globalização ou a globalização, com o neoliberalismo; assim se iniciou a *grande regressão*.[1] Nos anos 1970, o capital das sociedades industriais reconstruídas começou a libertar-se do pasto nacional pelo qual teve que passar nas décadas seguintes a 1945.[2] Chegava o tempo de se despedir dos mercados de trabalho esvaziados, da produtividade estagnante, dos lucros reduzidos e dos sindicatos cada vez mais exigentes de um capitalismo que se tornara maduro, administrado pelo Estado. O caminho para o futuro, para uma nova expansão — que é o desejo profundo de todo capital —, levava para fora: para o mundo felizmente ainda não governado de uma economia global na qual mercados não estão mais inseridos em Estados, mas Estados em mercados.

A transformação neoliberal estava sob a influência de uma nova deusa chamada "Tina" — *There is no alternative*. A longa fila de sacerdotisas e sacerdotes vai de Margaret

---

1. Como ficará mais claro um pouco mais adiante, emprego conceitos como este, que se tornaram em pouco tempo o repertório sólido da retórica política, contra a corrente.
2. Wolfgang Streeck. *Gekaufte Zeit: Die vertagte Krise des demokratischen Kapitalismus*. Berlim: Suhrkamp, 2013.

Thatcher a Angela Merkel, passando por Tony Blair. Quem quisesse servir à "Tina", sob os cantos solenes dos economistas unidos de todos os países, precisava reconhecer a eclosão do capital no mundo como uma necessidade tanto natural quanto de interesse geral e ajudar energicamente a tirar todos os obstáculos contrários a ele. Práticas pagãs como controles de circulação de capital, ajudas estatais e coisas semelhantes deveriam ser detectadas e exterminadas; ninguém deveria mais se privar da "concorrência global" e descansar com os pés para o alto. Tratados de livre comércio deveriam abrir mercados e proteger-se da intromissão estatal; no lugar de governos nacionais, deveria aparecer a "governança global"; a proteção contra a comoditização deveria ser substituída pela capacitação à comoditização, e o Estado social, dar lugar ao Estado competitivo de uma nova era de racionalização capitalista.[3]

No mais tardar ao final dos anos 1980, o neoliberalismo tornou-se pensamento único, tanto no lado da centro-direita quanto no da centro-esquerda. As velhas controvérsias políticas pareciam resolvidas. Tratava-se então, por toda parte, de fazer "reformas" para aumentar a "capacidade de concorrência": mercados de trabalho mais flexíveis, aperfeiçoamento dos "incentivos" (positivamente, no topo da distribuição de renda; negativamente, na sua parte inferior), privatização, uso de comercialização como arma na concorrência por instalações e custos, assim como teste de resistência moral. Em vez de lutas

3. Wolfgang Streeck. "Industrielle Beziehungen in einer internationalisierten Wirtschaft". In: *Politik der Globalisierung*. Org. Ulrich Beck. Frankfurt: Suhrkamp, 1998, p. 169-202.

por distribuição, surgiu a investigação tecnocrática das condições econômicas e, ao mesmo tempo, das medidas inevitáveis; instituições, políticas e estilos de vida deveriam adaptar-se a isto. Consequentemente, tudo foi acompanhado por uma regressão dos partidos políticos — ou seja, por seu recuo como "partidos de cartel"[4] para o aparato estatal —, assim como por uma diminuição do número de filiados e da participação eleitoral, sobretudo na parte desfavorecida da sociedade. Desde o início dos anos 1980, também se constatou uma redução da organização sindical, além de uma diminuição dramática, no mundo todo, da frequência de greves — em outras palavras, uma desmobilização vagarosa e geral do aparato de participação e distribuição da democracia do pós-guerra no mais amplo espectro. Uma desmobilização contínua e tornando-se cada vez mais a norma.

A revolução neoliberal como processo de regressão institucional e política inaugurou uma nova época de *política da pós-verdade*.[5] Isto se tornou necessário, pois o programa unitário da globalização neoliberal estava longe de fornecer, de fato, o bem-estar prometido para todos.[6] À inflação dos anos 1970 e ao desemprego resultante das duras medidas destinadas a contê-la seguiram-se o endividamento dos Estados dos anos 1980, o saneamento das finanças estatais através de reformas sociais e políticas na década de 1990, e, finalmente, como compensação,

4. Peter Mair e Richard S. Katz. "Changing Models of Party Organization and Party Democracy. The Emergence of the Cartel Party". In: *Party Politics* I/I (1995), p. 5-28.

5. Ver nota 1.

6. Streeck, *Gekaufte Zeit*, op. cit.

a abertura de possibilidades generosas de endividamento para orçamentos privados. Paralelamente, o crescimento recuou, apesar do fato ou mesmo devido ao fato de desigualdade e endividamento continuarem a crescer: não houve um *trickle-down*, mas, em seu lugar, o mais vulgar *trickle-up*; uma disparidade crescente dos rendimentos de indivíduos, famílias, regiões e, no interior da união monetária europeia, entre nações. A prometida sociedade de prestação de serviços e de conhecimento mostrou-se muito menos abrangente do que a sociedade industrial em declínio; assim aumentando constantemente o número daqueles que não são mais utilizáveis, da população excedente de um capitalismo esgarçado: exposta — sem defesa e sem compreender — à transformação do Estado tributário em um Estado endividado (e, em seguida, em um Estado em consolidação), assim como às crises financeiras e às consequentes medidas de resgate, encontrando-se em posições cada vez piores.[7] Neste ponto, a "governança global" não ajudou em nada — e tampouco o Estado de direito democrático e nacional, acoplado à economia capitalista para apoiá-la. Para que isso não se tornasse um perigo para o admirável mundo novo da globalização, foram necessários métodos refinados para obtenção de consenso e desorganização da resistência — e, de fato, a caixa de ferramentas desenvolvida para esta finalidade mostrou-se rudemente eficaz.

7. Oliver Nachtwey. *Die Abstiegsgesellschaft. Über das Aufbegehren in der regressiven Moderne*. Berlim: Suhrkamp, 2016.

A "época da pós-verdade"

Na política sempre houve mentiras, até mesmo as mais atrevidas; lembremo-nos da apresentação em PowerPoint de Colin Powell, no Conselho de Segurança da ONU, que traria provas documentais infalíveis da existência de armas de destruição em massa no Iraque. No caso da Alemanha, alguns devem lembrar-se da afirmação de um ministro da Defesa já falecido, social-democrata de alma e coração, segundo a qual as tropas alemãs enviadas ao Afeganistão por iniciativa dos Estados Unidos estariam defendendo lá ("no Hindukush") a segurança da Alemanha. Com a revolução neoliberal e, relacionada a ela, sua passagem para a "pós-democracia"[8], surgiu no mundo um novo tipo de fraude, a *mentira de especialistas*. A curva de Laffer deu o sinal de largada, pois com ela foi cientificamente provado que reduções de imposto levariam a mais arrecadação.[9] A ela seguiu-se — entre outros — o "Relatório Cecchini" da Comissão Europeia (1988), que prometeu aos cidadãos, como recompensa pela "conclusão do mercado comum", planejada para 1992, um aumento no bem-estar de 5% do PIB europeu, uma diminuição de 6% nos preços de bens de consumo, "milhões de novos empregos" e uma melhoria das finanças de cerca de 2,2% do PIB europeu. Nos Estados Unidos, entretanto, especialistas financeiros como Bernanke, Greenspan e Summers concordavam que

8. Colin Crouch. *Postdemokratie*. Frankfurt: Suhrkamp, 2008.

9. Sobre a contribuição do economista Arthur B. Laffer para as políticas tributária e de endividamento público de Reagan, ver David A. Stockman. *The Triumph of Politics: How the Reagan Revolution Failed*. Nova York: Harper and Row, 1986.

bastavam as medidas de precaução para a estabilização dos mercados financeiros cada vez "mais livres" e globais — tomadas por investidores balizados por interesse próprio e por conta própria —, e que as autoridades oficiais não precisavam fazer nada contra a formação de bolhas, pois se estava em condições de eliminar, de forma indolor, as consequências de bolhas estouradas.

Ao mesmo tempo, tornaram-se cada vez mais absurdas as "narrativas"[10] espalhadas por partidos, governos e especialistas em relações públicas do *mainstream*, assim como as decisões e "não decisões" tomadas com base naquelas narrativas. Como recompensa por seu imprescindível conhecimento especializado, antigos e futuros *managers* da Goldman Sachs continuaram a penetrar os aparelhos do governo, como se nada tivesse acontecido. Depois de sete anos, nos quais nenhum banqueiro foi incriminado pelo acontecido em 2008, o ministro da Justiça de Obama, Eric Holder, voltou para o escritório de advocacia em Nova York de onde viera, especializado na defesa de diretores de bancos, e isto por um generoso salário de milhões. E Hillary Clinton, que depois de sair da Casa Branca adquiriu com o marido e a filha uma fortuna de milhões, na faixa de três dígitos — entre outros, com honorários

10. A palavra saiu só há pouco da teoria literária e da psicologia e entrou para a política, aqui fazendo carreira rapidamente. Não surpreende; segundo a Wikipedia, no caso de uma narrativa, trata-se de uma "narração com sentido, na qual emoções são transportadas, que orienta e transmite confiança"; ver artigo da Wikipedia em: <https://de.wikipedia.org/wiki/Narrativ> (em janeiro de 2017). Este conceito é particularmente popular em relação à "Europa", onde hoje se exige, sempre que uma votação não dá certo, uma "narrativa" melhor.

da Goldman Sachs até mesmo acima do nível de um Larry Summers —, apareceu na campanha eleitoral autodenominando-se representante de uma "classe média" dos que "trabalham duro", mas que na verdade há muito tempo fora degradada pelo progresso capitalista como população excedente.

Certamente, na visão do internacionalismo neoliberal, que transformara a difusão de ilusões numa arte governamental democrática, a época da pós-verdade só teve início em 2016, o ano do referendo do Brexit e da destruição do clintonismo por Donald Trump.[11] Só depois do fracasso da pós-democracia — o fim da paciência massiva com as "narrativas" de uma globalização que nos Estados Unidos beneficiou apenas o 1% superior —, os administradores do "discurso" dominante exigiram "controles obrigatórios dos fatos", lamentaram os "déficits" causados, por um lado, pelas garras da economia global dirigida e, por outro, pelos cortes nacionais na educação, e exigiram ainda, como solução, testes de aptidão dos mais variados como precondição para o exercício

11. Em 15 de novembro de 2016, a redação dos Oxford Dictionaries elegeu "post-truth" como palavra do ano. A ela juntou-se imediatamente a Sociedade da Língua Alemã, declarando "postfaktisch" [pós-verdade] a palavra alemã do ano: "Camadas cada vez maiores da população" estariam, "na sua aversão 'àqueles lá de cima', dispostas a ignorar os fatos e até a aceitar, solicitamente, mentiras evidentes. Em 'tempos da pós-verdade', não é o direito à verdade, mas a expressão da 'verdade sentida' que leva ao sucesso." Após décadas de hegemonia construtivista nas faculdades de literatura (é a narrativa!), um redescobrimento repentino da verdade objetiva com o fim de insultar concidadãos não acadêmicos!

do direito do voto.[12] O fato de os desfavorecidos, que perderam tanto tempo, de forma tão incentivadora ao capitalismo, com as páginas do Facebook de Kim Kardashian, Selena Gomez, Justin Bieber e *tutti quanti*, terem voltado às urnas logo apareceu como sinal de uma ameaçadora regressão. Desviar a atenção do declínio das próprias sociedades por meio de "intervenções humanitárias" ou da retomada do conflito Leste-Oeste, desta vez com a Rússia em vez da União Soviética, ou através dos LGBTQ em vez do comunismo, também se esgotou repentinamente. Verdade e moral não valiam mais — e na Inglaterra, ao ser perguntado por que defendia a saída da União Europeia, indo contra o conselho dos "especialistas", um membro conservador da Câmara dos Comuns responderia: "As pessoas neste país já estão por aqui com os especialistas!"[13]

12. É impossível não atentar para a semelhança com os *literacy tests*, aos quais os cidadãos negros eram submetidos antigamente nos estados do sul dos EUA. Sandro Gaycken, segundo sua página na internet "director of the Digital Society Institute, a strategic research institute for digital topics of the German dax-companies", deu um belo exemplo em um artigo assinado no *Frankfurter Allgemeine Zeitung* de 29 de novembro de 2016: "Precisamos de uma 'gnosecracia'. Quem quiser votar deve mostrar competência política. [...] Para isto, em frente a cada cabine de votação, deve ser preenchido um teste variado de múltipla escolha, com uma simples pergunta de cada área [política externa e interna, meio ambiente, economia, etc.]. Quem passar pode votar."

13. Michael Gove, citado em: Henry Mance. "Britain Has Had Enough of Experts, Says Gove". In: *Financial Times* (3 de junho de 2016). Disponível em: <https://www.ft.com/content/3be49734-29-cb--Ile6-83e4-abc22d5dl08c>. Acesso em janeiro de 2017.

Moralização, desmoralização e o retorno dos reprimidos

Característica do "cenário intelectual da época" de hoje é uma nova *divisão cultural*, que parece ter caído das nuvens em cima das sociedades democrático-capitalistas. Do ponto de vista estrutural, esta divisão tem como base um mal-estar crescente, há tempos escondido, frente à globalização, acompanhado pelo aumento contínuo do número dos "perdedores da globalização" — um processo que chegou, nos anos seguintes à crise financeira de 2008, a um nível crítico, no qual a quantidade de consternação mudou para a qualidade do protesto aberto. Isto demorou para acontecer, pois aqueles que antes falavam pelos atingidos entraram, no mais tardar nos anos 1990, para o clube dos fãs da globalização. Assim, quem via a "globalização" como problema em vez de solução não tinha apoio no começo. O auge da globalização favoreceu muito mais o estabelecimento de uma indústria de consciência orientada no cosmopolitismo, que via suas chances de crescimento ao impregnar o expansionismo dos mercados capitalistas com os valores libertários da revolução social dos anos 1960 e 1970, assim como com suas promessas utópicas de libertação humana.[14] Ao mesmo tempo, o pensamento único tecnocrático do neoliberalismo misturou-se com o *juste milieu* moral de uma comunidade discursiva internacionalista. A tão consolidada soberania sobre as mesas dos seminários serve hoje como base de operação em uma

14. Uma faceta da cooptação de "1968", descrita por Ève Chiapello e Luk Boltanski em *Der neue Geist des Kapitalismus* (Konstanz: UVK, 2003), pelo capitalismo adaptado a uma sociedade transformada.

guerra cultural muito especial, na qual a moralização de um capitalismo em expansão global está conectada a uma desmoralização daqueles que veem seus interesses por ele prejudicados.

Depois que a participação eleitoral nas democracias ocidentais passou décadas recuando, ela voltou a crescer pouco tempo atrás, sobretudos nas camadas inferiores. O redescobrimento da democracia como corretivo político, entretanto, beneficia exclusivamente os novos partidos e movimentos que tumultuam os sistemas políticos nacionais. Por isso eles são vistos e combatidos como um perigo mortal para "a democracia" pelos partidos há muito tempo igualados e fusionados com o aparelho de Estado, assim como por seus especialistas de comunicação. O conceito de luta aplicado aqui, infiltrado rapidamente no conhecimento factual da pós-verdade, é o do "populismo", e com ele são guarnecidas as tendências e organizações de direita e de esquerda, que se fecham, sob as condições da globalização neoliberal, contra a lógica da "Tina" de política "responsável".

O conceito de populismo tem uma longa história, que remonta à *progressive era* dos Estados Unidos nos anos 1920 e ao Partido Progressista de Robert M. La Follette (1855-1925; em 1924, ele assumiu a candidatura presidencial). Mais tarde, o populismo passou a ser mais uma designação neutra para a ideologia sobretudo de movimentos políticos latino-americanos, que se consideravam como oposição do "povo" a uma "elite" autoproclamada e autoenriquecida.[15] Há alguns anos, o conceito é aplicado no mundo

15. Ernesto Laclau. *On Populist Reason*. Londres: Verso, 2005; Chantal Mouffe. *Agonistik. Die Welt politisch denken*. Berlim: Suhrkamp, 2014.

todo por partidos e mídias do internacionalismo liberal como um nome coletivo polêmico para uma nova oposição, que exige alternativas nacionais à internacionalização declaradamente sem alternativa. Associada ao populismo clássico, a ideia de um povo que no caso de conflitos políticos se constitui como uma unidade atuante, com o intuito de expulsar do poder uma minoria hostilmente adversa à "gente pequena", influente do ponto de vista econômico e arrogante culturalmente, foi apropriada tanto pela esquerda quanto pela direita; isto facilitou a adoção do conceito pelos devotos da globalização, pois oferece a possibilidade de evitar diferenciações e jogar na mesma panela propagandística Trump e Sanders, Farage e Corbyn e, na Alemanha, Petry e Wagenknecht.[16, 17]

A brecha entre aqueles que chamam os outros de "populistas" e aqueles que por eles são assim chamados é hoje a linha de conflito político dominante nas sociedades em crise do capitalismo financeiro. Trata-se aqui nada menos do que da relação entre capitalismo global e organização estatal. Nada polariza tanto as sociedades capitalistas de hoje como as discussões aqui travadas sobre necessidade e legitimidade da política nacional, nas quais interesses e identidades se misturam e dão motivo para declarações inimigas recíprocas de grande intensidade, de forma não

16. Os "populistas" dão o troco na mesma moeda e descrevem todos os representantes da doutrina da "Tina", independentemente de sua origem, como uma "elite" indiscernivelmente homogênea da globalização.

17. Frauke Petry, antiga liderança da Alternativa para a Alemanha (AfD), e Sahra Wagenknecht, deputada e líder parlamentar de A Esquerda (Die Linke). [N.E.]

mais vivenciada desde a guerra fria. Nas guerras de facções resultantes, que a qualquer momento podem se tornar campanhas de extermínio morais, toca-se nas mais sensíveis e profundas camadas da identidade social e individual, nas quais se decide sobre consideração e desprezo, inclusão e exclusão, reconhecimento e excomunhão.[18]

Característica da política de internacionalização é a coesão com a qual as "elites", denominadas assim pelos "populistas" de forma negativa (e por elas mesmas positivamente), reagem aos novos partidos. No uso homogêneo e internacionalista da língua, "populismo" é tratado sobretudo como um problema cognitivo: seus adeptos devem ser pessoas que exigem "soluções fáceis", pois não compreendem as soluções complexas e realmente necessárias (como são proporcionadas incansável e eficazmente pelas forças consolidadas do internacionalismo) — e seus representantes são cínicos que prometem "às pessoas" as "soluções fáceis" almejadas, apesar de notoriamente não haver nenhuma alternativa às soluções complexas dos tecnocratas. Assim, pode-se explicar o aparecimento de novos partidos através da *grande regressão no caso da gente pequena*, manifestada como falta de educação e respeito

18. Interessante é a dimensão internacional do conflito. A *internacional dos internacionalistas* adverte para uma *internacional dos nacionalistas*, que deve ser combatida conjuntamente em nome da democracia — e o contrário. Por vezes, fala-se também de uma *internacional autoritária*, que deveria ser combatida pela *internacional (neo)liberal* tanto na política interna como externa. (Nacionalismo e autoritarismo são assim equiparados.) De fato, os líderes dos partidos considerados populistas na Europa e também Trump e o ditador emergente da Turquia manifestam-se frequentemente de forma positiva sobre a Rússia.

pelos cultos, e fomentando ainda os "discursos" sobre o fim desejável de votações populares ou sobre a transferência das decisões políticas para especialistas e entidades não políticas.

No dia a dia, fica clara uma expatriação moral e cultural dos partidos antiglobalização e de seus seguidores. Segue-se à declaração de dependência cognitiva uma denunciação moral de reivindicações por uma política nacional como proteção contra riscos e efeitos colaterais da internacionalização; o conceito de luta correspondente, que deve mobilizar as lembranças de racismo e guerra, chama-se "etnonacionalismo". "Etnonacionalistas" não estão só à altura das reivindicações morais da globalização, mas também das econômicas — ou seja, "da concorrrência global"; seus "medos e preocupações devem ser levados a sério", como diz a versão oficial, mas só do ponto de vista de um assistente social. O protesto contra a degradação material e moral fica sob suspeita de fascismo, sobretudo porque antigos adeptos das classes plebeias se bandearam para o lado da fração da globalização e, para sua antiga clientela, só a matéria-prima linguística crua de experiências antipolíticas de privação está disponível para a articulação de protestos contra a pressão capitalista de modernização. Por isso acontecem infrações constantes contra as regras prevalecentes do falar público civilizado, que se tornam causa de indignação "em cima" como também de mobilização "embaixo". Ao mesmo tempo, os perdedores e opositores da internacionalização privam-se da censura moral, retirando-se das mídias públicas e se inserindo nas mídias sociais, para construir, com ajuda das infraestruturas mais globalizadas, círculos próprios de comunicação, nos quais não precisam temer serem elitisticamente insultados como retardados morais e culturais.[19]

Isolados

Entre as curiosidades de 2016 está o fato de como o Brexit e Trump surpreenderam não só a opinião pública liberal, como também as ciências sociais. Nada documenta melhor a divisão das sociedades globalizadas do que a perplexidade de suas elites do poder e do discurso frente ao retorno dos reprimidos, cuja apatia política acreditavam poder interpretar como uma resignação baseada em conhecimento. Mesmo as universidades estadunidenses das costas Leste e Oeste, tidas literalmente como "excelentes" e por isso bem dotadas, fracassaram como sistema de alerta. Não é possível mais aprender sobre o estado atual das sociedades desestabilizadas com pesquisas "de opinião" feitas a partir de entrevistas telefônicas de vinte minutos de duração. Deve aumentar constantemente o número de pessoas para quem os pesquisadores sociais surgem como espiões de uma força estranha da qual precisamos fugir e — se isto não for possível — cuja desaprovação evitamos, respondendo a suas perguntas da forma que imaginamos esperarem. Assim são fortalecidas patologicamente as ilusões das "elites" a respeito do estado de suas sociedades. Só poucos cientistas sociais parecem ainda entender hoje o que acontece embaixo; quem leu, por exemplo, o livro

19. A AfD tem no Facebook mais seguidores do que qualquer outro partido alemão.

de Robert Putnam *Our Kids: The American Dream in Crisis* não pode ter se surpreendido com a vitória eleitoral de Trump.[20]

Muito tempo será preciso até a esquerda internacionalmente aburguesada compreender os acontecimentos de 2016. Na Grã-Bretanha, os adeptos de Blair remanescentes no Partido Trabalhista acreditavam que poderiam conquistar seus antigos eleitores com longas listas sobre as vantagens econômicas da permanência na União Europeia, sem considerar a distribuição enviesada destas vantagens. Isolada da experiência cotidiana dos grupos e regiões de seu país que estão em declínio, a opinião pública liberal não lembrou que, para os eleitores, o governo por eles designado deveria estaria comprometido mais com os seus interesses do que com acordos internacionais. Também não havia ficado claro para alguns eleitores que fazia parte da solidariedade internacional entre os trabalhadores no século XXI a obrigação de deixar o próprio emprego exposto a uma concorrência global desenfreada.

Interregno

O que esperar? A desmontagem da máquina Clinton por Trump, o Brexit e o fracasso de Hollande e Renzi — tudo no mesmo ano — marcam uma nova fase na crise do sistema de Estados capitalistas transformados pela revolução neoliberal. Propus para esta fase o conceito de "interregno",

20. Robert D. Putnam. *Our Kids: The American Dream in Crisis*. Nova York, entre outras: Simon and Schuster, 2015.

de Antonio Gramsci[21]: uma época de duração indeterminada, na qual uma velha ordem já se despedaçou, mas uma nova ainda não conseguiu surgir. A velha ordem era a do mundo do capitalismo globalizado, derrubado no mais tardar em 2016 pelo assalto dos bárbaros populistas, cujos governos haviam neutralizado suas democracias nacionais de forma pós-democrática, de modo a não perder a conexão com a expansão global do capitalismo; ao mesmo tempo, eles adiaram as reivindicações por intervenções democrático-igualitárias em mercados capitalistas para uma futura democracia global. É incerto como será a nova ordem a ser criada, o que é a essência do interregno. Até ela aparecer, segundo Gramsci, deve-se contar com "os mais variados sintomas mórbidos".

Na visão de Gramsci, define-se o interregno como um período de extrema insegurança, no qual contextos causais habituais são anulados e, a qualquer momento, pode acontecer algo inesperado, perigoso, que saia grotescamente fora de lugar, pois vertentes díspares de evolução andam lado a lado de forma irreconciliável, resultando permanentemente em configurações instáveis e fazendo surgir uma série de *acontecimentos surpreendentes* no lugar de *estruturas previsíveis*. Entre as causas da imprevisibilidade está o fato de as classes políticas do neoliberalismo serem obrigadas, após a revolução populista, a ouvir mais os seus povos. A democracia nacional voltou a ser usada, depois de décadas de um enxugamento institucional exigido pela globalização, como um canal para a articulação de

21. Wolfgang Streeck. *How Will Capitalism End?* Londres/Nova York: Verso, 2016, p. 35-46.

insatisfação. Chegaram ao fim os tempos de um desmantelamento planejado de linhas de defesa nacionais contra a pressão por racionalização dos mercados internacionais. Após Trump, não haverá mais na Grã-Bretanha um segundo referendo sobre o Brexit nos moldes União Europeia — ou seja, fazemos votar até o resultado vir conforme. Um eleitorado reorganizado não aceitará uma necessidade econômica natural desprovida de alternativa, e tampouco aceitará afirmações sobre a impossibilidade de controles nas fronteiras. Partidos que apostaram na *responsabilidade* precisam aprender novamente o que significa *responsividade*[22] ou deverão dar lugar a outros agrupamentos.

A retórica "*one nation*" da primeira-ministra britânica Theresa May mostra que isto não escapou de certos setores da liderança política. Já no seu discurso de candidatura, em 11 de julho de 2016, apareceram reivindicações que não haviam sido ouvidas desde os anos 1980 nem mesmo por parte do Partido Trabalhista: combate à desigualdade econômica, tributação mais justa sobre altos rendimentos, melhoria do sistema educacional, participação dos trabalhadores na direção das empresas, proteção dos postos de trabalho britânicos contra o deslocamento para o exterior — e tudo isso com uma limitação da imigração. Também o discurso de May na reunião anual da Confederação da Indústria Britânica em novembro de 2016, no qual ela explicou o resultado da votação com o "desejo das pessoas por uma economia mais justa", mostra que

22. Peter Mair. "Representative versus responsible government", MPIfG Working Paper n. 09/8, setembro de 2009. Disponível em: <http://www.mpifg.de/pu/workpap/wp09-8.pdf>. Acesso em janeiro de 2017.

a saída da União Europeia lembrou a política britânica que ela, antes de mais nada, precisa prestar contas a seu eleitorado.[23]

O programa neoprotecionista de May coloca a esquerda social-democrata frente a questões incômodas. Se Trump tentasse cumprir suas promessas político-industriais e fiscais, também ele poderia tornar-se um problema para a esquerda e, de fato, o inteligente Bernie Sanders já lhe ofereceu apoio várias vezes tanto para o saneamento de velhas regiões industriais, que continuaram se debilitando nos oito anos de governo Obama, como também para um programa "keynesiano" de reconstrução da infraestrutura nacional. Neste ponto, o necessário aumento da dívida pública — sobretudo quando os impostos devem ao mesmo tempo ser reduzidos, como foi prometido — corresponderia a receitas neokeynesianas, há muito favorecidas por políticos e economistas da esquerda moderada ("fim da austeridade"); frente à resistência de partes do Tea Party, isto só passaria pelo Congresso com a ajuda dos democratas. O mesmo deve valer para o pretendido uso por Trump do "dinheiro de helicóptero", para o qual precisaria contar com a cooperação do banco central.

No entanto, uma política pós-globalista e neoprotecionista conforme Trump e May — e logo, talvez, conforme Le Pen ou Hamon — não conseguirá garantir

23. N. N. "May will niedrigste Unternehmenssteuern der G20" [May quer os mais baixos impostos patronais do G20]. In: *Frankfurter Allgemeine Zeitung*, 21 de novembro de 2016). Disponível em <http://www.faz.net/aktuell/wirtschaft/witschaftspolitik/theresa-may-will-niedrigste-unternehmenssteuern-der-g20-14537468.html>. Acesso em janeiro de 2017.

um crescimento estável, mais e melhores empregos, uma redução do endividamento público e privado, nem maior confiança no dinheiro. O atual capitalismo financeirizado em crise não é mais governável nacionalmente, pela base, do que internacionalmente, pelo topo: ele está pendurado nos fios de seda de uma política monetária "não convencional", que tenta notoriamente em vão — através de juros negativos e de uma expansão aventureira da massa monetária, gerada pela compra de títulos de dívidas pelos bancos centrais — criar algo como crescimento. As "reformas estruturais" neoliberais, que na visão dos "especialistas" são complementarmente necessárias, emperraram nos países onde elas poderiam, quando muito, produzir algum efeito, devido à resistência da população a uma "globalização" imposta de suas condições de vida. Ao mesmo tempo, aumenta a desigualdade, também porque sindicatos e Estados perderam ou entregaram seu poder para os mercados globais. A destruição, sem contrapartida, das instituições nacionais de redistribuição econômica e o consequente fracasso da política monetária e dos bancos centrais como última instância da política econômica tornaram o capitalismo ingovernável, tanto "populística" quanto tecnocraticamente.

Conflitos de política interna também são previsíveis ali onde se trata de simbolismo cultural. Será que a valorização das estirpes locais conduzida por "populistas" requererá uma desvalorização dos imigrados no seu sentido mais amplo? E, aos que despertaram de sua apatia, conseguirá a esquerda prestar tributo cultural de forma verossímil? Trocaram-se ofensas demais, sem falar que uma reconciliação poderia indispor os simpatizantes aburguesados no centro cosmopolita. Para desviar a atenção, também Trump, May e outros teriam a tentação, no caso de fracassos econômicos, de lançar campanhas mais ou menos sutis contra minorias étnicas ou outras. As consequências seriam rebeliões por parte tanto dos civilizados quanto dos incivilizados.

Em âmbito internacional, talvez as coisas corressem de forma menos dramática. Diferentemente de Obama, Blair, Clinton, e também Sarkozy, Hollande e Cameron — e talvez até mesmo Merkel, como "última defensora do Ocidente livre"[24] —, os novos protecionistas não têm, do ponto de vista da política mundial, qualquer ambição no tocante aos direitos humanos, tanto frente à China ou à Rússia quanto — até onde se pode observar — na África ou no Oriente Médio. Quem apoia intervenções humanitárias no sentido mais amplo lamentará. A falta de tolerância da Rússia com artistas como o Pussy Riot não deflagará, juntos aos governos do pós-11 de Setembro, voltados para si mesmos, nenhum reflexo missionário. Nos Estados Unidos, Victoria Nuland ("*fuck the EU*") no fim não se tornou ministra das Relações Exteriores e o grupo existente de defesa dos direitos humanos no Departamento de Estado reassumiu suas cátedras universitárias. Planos de admitir a Ucrânia na União Europeia e na OTAN e, assim, tirar dos russos seus portos no mar Negro, também tornaram-se águas passadas, assim como projetos de

24. Alison Smale e Steven Erlanger. "As Obama Exits World Stage, Angela Merkel May Be the Liberal West's Last Defender". In: *The New York Times*, 12 de novembro de 2016). Disponível em <http://www.nytimes.com/2016/11/13/world/europe/germany-merkel-trump-election.html>. Acesso em janeiro de 2017.

"mudança de regime" em países como a Síria. A tentativa dos Estados Unidos de aproveitar a Rússia pós-soviética para uma nova guerra fria está sendo suspensa. Em seu lugar poderia aparecer a China, que precisaria ser convencida por um presidente Trump a abrir mão de fatias de mercado nos Estados Unidos e, ainda assim, continuar comprando títulos de dívida do Tesouro estadunidense.

No ambiente subestruturado deste interregno que se iniciou, com suas instituições disfuncionais e caóticas cadeias de causas e efeitos, os "populistas" que avançaram no aparelho de poder estatal são uma fonte de incerteza adicional. O início do interregno aparece como momento bonapartista: tudo é possível, mas nada tem consequências, muito menos as desejadas, pois a sociedade voltou a se tornar, na revolução neoliberal, um "saco de batatas".[25] Os novos protecionistas não vão acabar com a crise do capitalismo; entretanto, eles trazem a política de volta para o jogo e lembram-na duradouramente das classes médias e baixas que se tornaram as perdedoras da globalização. Também a esquerda, ou aquilo que ela virou, não sabe como seria a passagem do atual capitalismo, que se tornou ingovernável, para um futuro mais ordenado, menos ameaçado e nocivo — vide o caso de Hollande, Renzi e Clinton. Mas se quiser ainda voltar a desempenhar um papel, ela precisará tirar as lições do fracasso da "governança global" e da política identitária

25. Karl Marx. *Der achtzehnte Brumaire des Louis Napoleon*. In: idem e Friedrich Engels. *Werke* (= MEW) [obras completas de Marx e Engels]. Org. Instituto para o Marxismo-Leninismo do Comitê Central do SED [Partido Socialista Unificado da Alemanha], vol. 8. Berlim: Dietz, 1960 [1852; 1869].

de compensação. Entre elas, não deixar os marginalizados da autodenominada "sociedade do conhecimento", que estão cada vez menos numerosos, abandonados ao seu destino e jogados nas mãos da direita; assumir que, numa democracia, o cosmopolitismo à custa da "gente pequena" não é viável a longo prazo mesmo sob ameaças liberais, e que só é possível abrir o Estado nacional *com* seus cidadãos e não *contra* eles. Em relação à Europa, isto significa: quem quiser integração demais colhe conflitos e acaba com menos integração. O identitarismo cosmopolita dos dirigentes da época neoliberal, oriundos em parte do universalismo de esquerda, provoca como reação um identitarismo nacional, e medidas de reeducação vindas de cima produzem um nacionalismo antielitista vindo de baixo. Quem força uma sociedade a se dissolver com argumentos econômicos ou morais colhe uma resistência tradicionalista; pois para aquele que se vê exposto às incertezas dos mercados internacionais, cujo controle lhe foi há muito tempo prometido, mas não entregue, mais vale um pássaro de uma democracia nacional na mão do que dois de uma sociedade democrática mundial a voando.

(tradução: Silvia Bittencourt)

Caro presidente Juncker

David Van Reybrouck

Caro presidente Juncker,

A União Europeia pode chegar ao fim muito em breve. A realização de plebiscitos em países em que parte da população quer deixar o bloco, a ascensão do populismo, a transformação da Aliança Atlântica, as novas ambições imperiais da Rússia, a derrocada da Primavera Árabe, a crise dos refugiados, o terrorismo, a perda generalizada de confiança no establishment político... Todos esses acontecimentos sociais e políticos dos últimos anos tiveram como consequência o enfraquecimento acelerado do que parecia ser uma sólida e abrangente instância de organização da vida pública.

Sem precedentes na história, a trajetória da União Europeia nos últimos cinquenta anos é marcada por sua expansão em tamanho e poder. Aquilo que começou como um projeto de elite entre dois países nos anos do pós-guerra — "vamos unir a indústria pesada francesa e a alemã, assim nenhuma das duas nações poderá se rearmar sem que a outra dê por isso" — tornou-se a mais poderosa instância decisória para meio bilhão de cidadãos. Trata-se, sem dúvida, de um projeto extraordinário.

Em novembro de 2014, o senhor foi empossado como o 12º presidente da Comissão Europeia, órgão que, com o Conselho Europeu, detém os mais importantes poderes executivos na Europa. É possível que o senhor também venha a ser o último ocupante do cargo.

Há alguns anos, um amigo meu, o artista Thomas Bellinck, de Bruxelas, criou o museu temporário do sonho europeu. "Domo de Eŭropa Historio en Ekzilo" era o nome em esperanto, a casa da história europeia no exílio. O senhor chegou a visitar o lugar? Apresentando-se como "a primeira exposição internacional sobre a vida na antiga União Europeia", o museu levava os visitantes a recuar "mais de meio século no tempo, até o início do século XXI". Instalada num local em péssimo estado de conservação, era a típica instituição cultural de pequeno porte, administrada por alguns poucos voluntários e colecionadores em tardes de sábado, com algumas salas mal iluminadas, repletas de recortes de jornal dos anos 2010, já amarelados, e vitrines em que se viam moscas mortas. O primeiro objeto que o visitante tinha para examinar era uma cópia desbotada do prêmio Nobel da Paz, concedido à União Europeia no já então remoto e havia muito esquecido ano de 2012. O museu, que na realidade era uma instalação artística brilhantemente concebida, esteve em Bruxelas, Viena, Atenas, Roterdã, Wiesbaden, entre outras cidades.

A coisa toda parecia uma hipérbole hilária, presidente Juncker, mas a intenção do artista não era cômica. Esse projeto extraordinário pode muito bem chegar ao fim um dia. A arte de boa qualidade às vezes é visionária, mas eu me pergunto se Thomas Bellinck teria pressentido a rapidez com que a grande regressão entraria em ação. No futuro, o ano de 2016 talvez venha a ser visto como o momento em que o caldo entornou de vez.

Desde o Brexit e a vitória de Trump, temos visto milhares de análises e comentários em tempo real. Lemos sobre tudo o que houve de errado com os políticos, os partidos e até com as pessoas — mas, surpreendentemente, pouco ouvimos falar sobre o que deu errado com os procedimentos. Ainda é uma heresia indagar se as eleições, em sua forma atual, não seriam uma tecnologia extremamente ultrapassada para realizar a conversão da vontade coletiva do povo em governos e políticas públicas.

Como a grande regressão tem inúmeras causas, é inevitável que enfrentá-la exija inúmeros remédios. Nesta carta, porém, quero me concentrar numa dimensão que me parece ser de extrema importância: o modo como exercitamos a democracia. Estou interessado nos procedimentos práticos e nas interfaces prosaicas que utilizamos para fazer a democracia acontecer. Isso certamente tem a ver com meu *background*. Sou arqueólogo: acredito que as condições práticas do mundo material não são de importância apenas secundária; muito pelo contrário, são essas condições que constituem o mundo. Os instrumentos determinam os resultados. Ou, como disse Churchill depois de o edifício do Parlamento britânico ter passado por uma reforma: "Nós moldamos nossos edifícios; então passamos a ser moldados por eles."

Para que as pessoas sejam ouvidas, os instrumentos típicos utilizados são as eleições e os plebiscitos e referendos. Mas seriam essas as melhores ferramentas que temos à disposição? Ao serem chamados a tomar decisões da maior importância sobre o futuro de suas sociedades, os cidadãos estão em condições de dar o melhor de si na penumbra de uma cabine eleitoral, atrás de uma cortina fechada, sem terem tido a obrigação de se informar sobre as questões em jogo e sem que antes lhes tenham sido oferecidas oportunidades formais de participar de deliberações com seus concidadãos? Será possível que tenhamos chegado ao início do século XXI sem encontrar soluções mais apropriadas, em termos de tomada de decisões coletivas, do que esse velho ritual eleitoral? Serão esses os meios mais adequados para que as pessoas expressem seus sonhos e suas preferências no tocante a políticas públicas?

Não creio. E me atrevo a afirmar que necessitamos atualizar com urgência os meios utilizados no exercício da democracia, promovendo uma reforma procedimental que traga as pessoas de volta ao processo democrático para tratar alguns dos sintomas e mazelas mencionados anteriormente.

Numa eleição, a pessoa tem a oportunidade de dar seu voto, mas, ao fazer isso, também está se privando de continuar a fazê-lo nos anos subsequentes, até a eleição seguinte. A delegação de poderes a representantes eleitos talvez tenha sido necessária no passado — quando as comunicações eram lentas e as informações, limitadas —, mas está em total descompasso com a maneira como os cidadãos interagem uns com os outros atualmente.

Será que realmente precisamos continuar recorrendo a um procedimento que remonta aos fins do século XVIII, ainda mais quando ele é tão amiúde pervertido por um carnaval de promessas, lobbies e marketing? Fazer um x ao lado do nome de uma pessoa é realmente a melhor solução que conseguimos encontrar numa era de informação, comunicação e avanços educacionais? As eleições são o combustível fóssil da política: no passado, serviram para impulsionar a democracia, agora engendram toda uma nova série de perigos.

E não se pode dizer que os plebiscitos sejam uma alternativa melhor. Em consultas populares desse tipo, indaga-se diretamente o que eleitores pensam, sem que eles sejam obrigados a pensar — muito embora certamente tenham sido bombardeados com todo tipo concebível de manipulação nos meses que antecedem a votação.

Há algumas décadas, os plebiscitos são apresentados como um instrumento útil para diminuir a distância entre cidadãos e políticos. Com um plebiscito, argumentam seus defensores, o eleitor recupera parte do poder substantivo de que abre mão, em democracias representativas tradicionais, por alguns anos. Os cidadãos não delegam a tomada de decisões por inteiro, podendo decidir sobre questões específicas entre um momento eleitoral e outro. No entanto, em vez de diminuir a distância entre governantes e governados, os últimos plebiscitos criaram distâncias novas e muito maiores. O Brexit, o plebiscito realizado na Holanda sobre o tratado de associação firmado entre a Ucrânia e a UE, o plebiscito sobre a reforma parlamentar na Itália, o plebiscito sobre o acordo de paz com as FARC na Colômbia nos ensinam todos uma coisa: quando a consulta aos eleitores é reduzida a uma questão de "sim" ou "não", a ser respondida no interior de uma cabine eleitoral, os plebiscitos, longe de contribuir para sanar as divisões internas de um país, tornam-no ainda mais dividido.

Não consigo entender de que maneira questões políticas complexas, como o ingresso de um país na UE, ou uma reforma parlamentar, podem ser resolvidas com um único golpe do machado de corte cego de um plebiscito.

Não consigo entender como cirurgias constitucionais desse tipo podem ser executadas com um bisturi enferrujado na mão de cidadãos de competência duvidosa.

Ainda que a possibilidade de participação substantiva seja, sem dúvida, um avanço em relação às eleições, os plebiscitos e referendos geram novas dificuldades. Em primeiro lugar, não há como saber se os cidadãos estão bem informados ou não. Mesmo com uma campanha justa e equilibrada, livre de mentiras (coisa rara ultimamente), ou com o governo fornecendo à população informações objetivas e factuais (como acontece na Suíça), nada garante que os indivíduos que depositarão seus votos nas urnas estarão adequadamente informados.

Em segundo lugar, não há como saber o motivo que leva as pessoas a escolher uma ou outra das alternativas que lhes são apresentadas. É comum que em consultas populares os eleitores respondam a uma indagação que no fundo não lhes está sendo feita. A consulta pode até ter a ver com uma proposta específica de política pública, mas parte substancial do eleitorado frequentemente aproveita a oportunidade para dizer o que pensa do desempenho global do governo. Em outras palavras, em algumas circunstâncias, os plebiscitos e referendos funcionam como avaliações de meio de mandato ou até como eleições antecipadas. As coisas se tornam completamente absurdas quando chefes de governo como David Cameron ou Matteo Renzi atrelam explicitamente sua carreira política ao resultado da consulta. Além de se apoiar em avaliações para lá de otimistas de sua popularidade, esses líderes embaralham ainda mais as coisas. Nesse caso, as urnas de fato respondem a uma pergunta que foi explicitamente formulada, mas que nem sequer figura na cédula.

Portanto, tanto as eleições, como os plebiscitos e referendos, são instrumentos imperfeitos para que as pessoas expressem seus ideais políticos. O Brexit e a vitória de Trump ilustram dolorosamente o perigoso caminho que todas as democracias ocidentais vêm trilhando: a redução da democracia ao voto.

Se nos recusarmos a atualizar nossa tecnologia democrática, corremos o risco de que um dia o sistema não tenha mais como ser reparado; 2016 já foi o pior ano para a democracia desde 1933. Donald Trump não é uma anormalidade, e sim a consequência perfeitamente lógica de um sistema democrático que combina o método de votação do século XVIII com a ideia do sufrágio universal do século XIX, a invenção dos meios de comunicação de massa do século XX e a cultura das redes sociais do século XXI.

Depois da Independência dos Estados Unidos e da Revolução Francesa, as eleições foram introduzidas não para viabilizar a democracia, mas para dar poder ao que Thomas Jefferson chamava de "aristocracia natural". O poder não podia mais ficar nas mãos dos que tinham títulos, castelos e terras destinadas à caça, devendo antes ser conferido a indivíduos que se destacassem por sua competência intelectual e excelência moral. As palavras "elite" e "eleições" estão etimologicamente relacionadas: as eleições são o procedimento por meio do qual é criada uma nova elite.

Devemos ao filósofo francês Bernard Manin o crucial desvendamento das bases aristocráticas do moderno governo representativo.[1] Nos séculos XIX e XX, o caráter essencialmente aristocrático das eleições passou por uma democratização, com a extensão do direito de voto a mais e mais cidadãos: agricultores, operários fabris, mulheres, jovens, imigrantes. O problema é que foi uma democratização mais quantitativa do que qualitativa: um número cada vez maior de indivíduos podia votar, mas a grande maioria dos cidadãos continuava sem poder falar. Para se dirigir a seus governantes, tudo que as massas podiam fazer era assinalar, a intervalos periódicos, um x na cédula eleitoral.

No século XX, a comunicação entre cidadãos e políticos se deu, fundamentalmente, através dos meios de comunicação de massa. A extraordinária comercialização sofrida pelo setor no último quartel do século produziu uma transformação profunda na natureza e estrutura da esfera pública. Entre o topo da pirâmide (os que estão no poder) e sua base (o povo), a zona intermediária passou a ser organizada muito menos por uma sociedade civil do que pela lógica do mercado de mídia.

A ascensão da internet interativa no início do século XXI produziu nova mudança de enorme magnitude. As redes sociais transformaram consumidores de informação passivos em produtores e distribuidores ativos. A democratização da informação foi aclamada como um fenomenal passo rumo à maior igualdade, mas o que está claro agora é que a atual fase da internet é muito menos igualitária, aberta e democrática do que se pensava anteriormente.

1. Ver Bernard Manin. *Kritik der repräsentativen Demokratie*. Berlim: Matthes & Seitz, 2007.

A informação é trazida até nós pelos algoritmos secretos de duas grandes empresas estadunidenses. O Facebook sabe de que coisas gostamos e nos oferece mais coisas de que gostamos: pouco a pouco, vamos nos recolhendo a nossas confortáveis bolhas culturais e ideológicas, onde podemos falar com os "amigos" que veem o mundo como nós. Se alguém do lado de lá se atreve a conversar conosco e fica irritado com as coisas que consideramos sagradas, dizemos que o sujeito é um "trolador". Afastamo-nos bastante do ideal do *herrschaftsfreie Diskurs*[2] (Jürgen Habermas) entre cidadãos que talvez tenham diferenças de opinião.

Enquanto o Facebook ergue muros invisíveis entre nós, o Google se encarrega de abastecer ambos os lados com conteúdo não verificado. A empresa se vê como uma plataforma que divulga o que está disponível na internet, e não como um árbitro preocupado com a veracidade das informações. A seu ver, a negação do Holocausto é tão válida quanto a segunda lei da termodinâmica. Em razão disso, as "*fake news*" (jargão atualmente utilizado para aludir ao que costumávamos chamar de *mentiras*) tornaram-se um aspecto fundamental da vida na democracia moderna, deliberadamente geradas e disseminadas por redes políticas com o intuito de distorcer a opinião pública e incutir enorme desconfiança em relação aos órgãos tradicionais de imprensa, que passaram a ser vistos como *Lügenpresse*.[3]

2. Em alemão no original; literalmente, "discurso livre de dominação", isto é, um discurso, ou diálogo, entre iguais, em que nenhuma das partes envolvidas se impõe às demais. [N.T.]

3. Termo pejorativo que a direita alemã (Pegida, AfD) aplica à mídia tradicional.

Um muro, dois mundos. Se o outro lado tenta falar conosco, só pode ser para nos "trolar". Se tentamos conversar com eles, é sinal inequívoco de que pertencemos à *Lügenpresse*. E é com esse tipo de mentalidade que nos dirigimos às urnas.

O senhor se admira que a União Europeia esteja se esfacelando, presidente Juncker?

Precisamos urgentemente de espaços, off-line e on-line, onde os cidadãos, a despeito de suas diferenças, possam se reunir e ter acesso a informações confiáveis, com base nas quais deliberem sobre o rumo que a sociedade deve tomar. E, francamente, já não dispomos de espaços desse tipo. A esfera pública encolheu ainda mais e nossas democracias estão sofrendo com isso. Adotamos procedimentos antiquados em contextos inteiramente novos. Viajamos em carroças do século XVIII em meio à zoeira e às buzinas das estradas congestionadas do século XXI.

Com nossa recusa em mudar os procedimentos, tornamos as turbulências e instabilidades políticas traços definidores da democracia ocidental. O Brexit, essa mal calculada jogada eleitoral de Cameron, pode provocar uma reação em cadeia, com países como França, Holanda e outros decidindo realizar plebiscitos sobre sua permanência na UE. Nem é preciso dizer que a saída de dois membros fundadores do bloco constituiria um golpe fatal para o sonho europeu, que é o maior esforço de construção da paz que a história já testemunhou.

Inúmeros países ocidentais sofrem atualmente do que poderíamos chamar de "síndrome de fadiga democrática". Os sintomas podem incluir febre de plebiscitos, queda no número de indivíduos filiados a partidos e baixas taxas de comparecimento às urnas. Ou impotência governamental e paralisia política — em meio ao escrutínio implacável da imprensa, a desconfiança generalizada do público e a agitação populista. Os dados do World Values Survey oferecem um retrato sombrio: menos de metade dos jovens europeus consideram ser essencial viver numa democracia.[4] Apesar disso, o problema não é a democracia. O problema é o voto.

Esse é o estado em que se encontra o continente europeu, presidente Juncker. Estamos nos desintegrando. Seu discurso sobre o Estado da União, proferido em setembro de 2016, reconhece que a Europa está "em certa medida, numa crise existencial".[5] Mas então por que a reação oficial tem sido tão tímida? Por que não vemos um esforço enérgico e coordenado para lidar com essa crise tão grave? Por que não vemos nem sequer o esboço de uma nova e ousada compreensão dos princípios que animam esta União?

Sei que a UE sempre se mostrou melhor nos procedimentos lentos do que nas respostas rápidas. Isto não é um país, e sim uma rede complexa de países, onde o consenso diplomático prevalece sobre a liderança carismática. Mas nós votamos no senhor. Não era essa a ideia por trás da

---

4. Ver Roberto Stefan Foa e Yascha Mounk. "The Democratic Disconnect". *Journal of Democracy*, vol. 27, n. 3, 2016, p. 7. Disponível em <http://www.journalofdemocracy.org/sites/default/files/Foa%26Mounk-27-3.pdf>. Acesso em janeiro de 2017.

5. Jean-Claude Juncker, "State of the Union Address 2016: Towards a Better Europe — a Europe that Protects, Empowers and Defends", 14 de setembro de 2016. Disponível em <http://ec.europa.eu/priorities/state-union-2016_en>. Acesso em janeiro de 2017.

eleição de 2014, com seus *Spitzenkandidaten*[6] e debates televisionados pela Euronews? Dar um rosto à Europa? Garantir que o grupo vitorioso no Parlamento presidisse o Conselho? O senhor venceu. Agora precisa liderar.

Até o momento, porém, a UE ofereceu ao Brexit a pior resposta possível: deu de ombros para o resultado do plebiscito britânico e tornou a se concentrar nos procedimentos técnicos do dia. "Bom, a campanha dos que defendiam que o Reino Unido se desligasse do bloco se baseou em tantas mentiras que a UE está dispensada de qualquer tipo de introspecção. Obviamente, não vai haver reação em cadeia."

E, até o momento, também à eleição nos Estados Unidos o senhor deu a pior resposta possível, culpando Trump por sua ignorância: "Acredito que perderemos dois anos, até que o presidente Trump viaje pelo mundo que não conhece." Por mais que isso seja verdade, ao desdenhar de tipos como Trump, Farage e Boris Johnson por serem idiotas e mentirosos e, ao mesmo tempo, recusar-se a levar a sério a raiva e o medo de tantos eleitores que os apoiam, o senhor está apenas pondo mais lenha na fogueira. Sem dúvida, parte dessa raiva talvez seja gerada e fomentada pela retórica populista, mas parte dela é real e merece toda a atenção do senhor.

Se a democracia se tornou uma disputa entre "troladores" e mentirosos, a União Europeia está cada vez mais se tornando uma disputa entre cidadãos e empresas. Esse que no passado foi um projeto pacifista, que pretendia

6. Termo alemão utilizado para designar os principais candidatos na eleição para a Presidência da Comissão Europeia. Equivale a "cabeças de lista". [N.E.]

interligar indústrias nacionais com o intuito de evitar um novo conflito armado, agora é fonte de tensão crescente entre corporações privadas e cidadãos descontentes.

Há duas Europas de novo, há até mesmo duas Alemanhas de novo. E, desta vez, a divisão não é entre uma Europa Ocidental e uma Europa Oriental, ou entre o capitalismo e o comunismo. Trata-se de uma divisão entre os que se sentem e os que não se sentem politicamente representados — isto é, até o líder populista dar as caras. Pois, quando isso acontece, todos os velhos ressentimentos encontram no novo líder sua válvula de escape.

Martin Schulz, atual presidente do Parlamento Europeu, que foi o *Spitzenkandidat* dos socialistas, recentemente chegou até a propor um "*Aufstand der Anständigen*", isto é, uma revolta dos homens decentes, dessa maneira estigmatizando e demonizando como "indecentes" vastos segmentos da outra Europa, numa atitude tão inacreditavelmente imbecil quanto a de Hillary Clinton, que chamou amplas parcelas do eleitorado de Trump de um "bando de gente deplorável". Estranho, pois eu ainda achava que a razão de ser da social-democracia era a preocupação com os desfavorecidos.

Para Guy Verhofstadt, *Spitzenkandidat* dos liberais que o senhor derrotou, presidente Juncker, a resposta da Europa a Trump não deve ser mais democracia, e sim mais investimentos em recursos militares. Como se o maior perigo que enfrentamos não fosse interno. A maior ameaça à UE atualmente não é a Rússia, mas a própria UE. Apesar disso, Herman Van Rompuy, que presidiu o Conselho Europeu entre 2009 e 2014, recentemente afirmou: "Eu sempre dou risada quando as pessoas se põem a falar em déficit democrático. Reconheço que a UE tenha que funcionar melhor, mas não há nada de errado com sua qualidade democrática".

De onde vem esse sentimento de superioridade, presidente Juncker? Será algo típico dessa geração de líderes políticos a que o senhor pertence? Como é possível que os senhores não estejam enxergando? Pois, apesar de suas diferenças ideológicas, num ponto os senhores aparentemente estão de acordo: parecem achar que as pessoas ainda não entenderam como a Europa é boa para elas. "Paz e prosperidade", os senhores repetem alegremente, "nos últimos setenta anos." Mas será que esse mantra ainda faz sentido para os que enfrentam a violência da globalização e as injustiças do sistema econômico mundial que a Europa impulsionou? O senhor se dá conta da violência do momento que vivemos? Agricultores e operários estão perdendo seus empregos por causa da globalização; em breve, a automação fará com que os trabalhadores de classe média também fiquem sem emprego. O futuro parece incerto para um número cada vez maior de europeus, e é fácil encontrar bodes expiatórios. É mais fácil pôr a culpa nos muçulmanos do que nos robôs.

O senhor sabe por que certa fase do projeto europeu chegou ao fim? Porque, no passado, a União Europeia sempre esteve baseada no consenso; um consenso forjado entre as elites dominantes, que então o impunham às massas eleitorais. Mas a democracia tem menos a ver com consenso do que com conflito. E, para que ela funcione, importa menos solucionar os conflitos do que aprender a conviver com eles. A democracia procura lidar com os conflitos antes que eles degenerem em violência. Assim, em sua raiz, a democracia é a celebração do conflito — mas, no âmbito da UE, isso só acontece em doses mínimas. As leis europeias sempre pareceram mais ser fruto de acordos de cavalheiros do que produto de soluções conciliatórias a que as massas chegavam a duras penas.

O principal motivo de a UE estar em frangalhos é a enorme distância que separa os cidadãos de Bruxelas. Está na hora de a voz dos cidadãos ser ouvida na Europa, não apenas por meio de mecanismos representativos, mas com participação. Assinalar um x numa cédula a cada cinco anos não é suficiente. Onde fica a sábia voz do povo nisso tudo? Onde os cidadãos europeus têm a oportunidade de obter as melhores informações, debater uns com os outros e decidir seu futuro coletivamente? Onde é dado aos cidadãos determinar o destino de suas comunidades? Na urna é que não é.

Precisamos recuperar o princípio central da democracia ateniense: seleção por sorteio. Na Atenas antiga, a maioria das funções públicas era desempenhada por cidadãos escolhidos aleatoriamente. Cidades renascentistas, como Veneza e Florença, adotavam o mesmo mecanismo e tiveram séculos de estabilidade política. Com o sorteio, não se pede a todas as pessoas para votar em questões que poucas delas conhecem a fundo; escolhe-se uma amostra aleatória da população e adotam-se medidas para garantir que seus integrantes se aprofundem no assunto, a fim de chegar a uma decisão sensata. Uma amostra representativa e bem informada da sociedade é capaz de agir de forma mais coerente que uma sociedade inteira desinformada.

Vamos lá, presidente, o senhor precisa levar os europeus a sério. Deixe-os falar. Por que educar as massas se elas continuam sem poder falar? Veja o exemplo da Irlanda, a democracia mais inovadora da Europa. Há algumas semanas, um grupo de cem cidadãos irlandeses, selecionados aleatoriamente, tomou posse na Assembleia dos Cidadãos. Eis aí um país que confia em seus cidadãos, em vez de temê-los. Durante um ano, eles discutirão cinco tópicos, entre os quais aborto, consultas populares e mudanças climáticas. Poderão ouvir todos os especialistas que tenham interesse em consultar. Trata-se da segunda iniciativa desse tipo: entre 2013 e 2014, em procedimento similar, um grupo de cidadãos irlandeses formulou recomendações de políticas públicas no tocante a ampla gama de assuntos, incluindo o casamento entre pessoas de mesmo sexo. O grupo elaborou uma proposta de reforma constitucional, posteriormente submetida a plebiscito. Foi a primeira vez na história moderna que uma Constituição foi modificada após as deliberações de uma amostra aleatória de cidadãos. Isto, sim, é praticar a democracia no século XXI.

E se o senhor convocasse algo nos moldes da Assembleia dos Cidadãos na União Europeia? Cada país integrante do bloco poderia reunir uma amostra aleatória de cem cidadãos durante quatro dias, encarregando-os de responder a uma grande questão: *Como tornar a União Europeia mais democrática antes de 2020?* De Portugal à Estônia, os participantes teriam a mesma quantidade de tempo e os mesmos materiais. Cada país elaboraria dez recomendações. Depois de três meses, vinte delegados de cada convenção nacional, novamente escolhidos por sorteio, participariam de uma reunião em Bruxelas para finalizar a lista das 25 prioridades comuns para políticas públicas a serem adotadas futuramente pelo bloco.

Essa lista poderia até mesmo ser submetida a uma consulta popular. Só que isso não deveria ser feito, de modo algum, por meio de uma pergunta tradicional de tipo "sim" ou "não", devendo antes incorporar o modelo do *plebiscito de múltipla escolha*. A cédula incluiria todas as 25 propostas, cabendo ao eleitor assinalar os três tópicos que lhe parecessem mais importantes; ou, alternativamente, classificar cada uma das propostas numa escala de um a cinco.

Os plebiscitos de múltipla escolha combinam o que há de melhor numa eleição com o que há de melhor nas consultas populares: como em plebiscitos de tipo "sim" ou "não", abordam-se conteúdos substantivos (e não apenas nomes); como nas eleições, os eleitores podem escolher entre várias opções (e não apenas uma).

As autoridades da UE utilizariam ambas as consultas como fontes de inspiração: tanto a lista das 25 prioridades esboçada pelo painel de cidadãos, como o resultado do plebiscito de múltipla escolha.

Combinar as assembleias de cidadãos escolhidos por sorteio com os plebiscitos de múltipla escolha é uma ótima maneira de aperfeiçoar a democracia: os cidadãos são incluídos no processo de tomada de decisões, a opinião bem informada é valorizada, preponderando sobre as opiniões irrefletidas, e o processo como um todo promove a união, e não a divisão, da sociedade.

O resultado disso seriam mudanças reais. Ao dar voz aos cidadãos, presidente Juncker, o senhor criaria uma agenda para ações futuras que teria sido concebida de baixo para cima. Os cidadãos teriam papel ativo na construção da Europa que desejam. O senhor apontaria para um caminho inovador, traçado entre os que pedem "mais Europa" e os que querem ter "seu país de volta". O senhor instauraria uma nova dinâmica entre os países-membros e Bruxelas. E, mais importante, o senhor faria com que as duas Europas abandonassem sua diatribe digital para embarcar num verdadeiro diálogo.

Em seu discurso sobre o Estado da União, presidente Juncker, o senhor diz, com razão, que "os próximos doze meses serão cruciais para construirmos uma Europa melhor". O senhor chega mesmo a propor uma "Europa que dê poder". Infelizmente, isso se consubstanciou apenas na promessa de uma internet 5G e de uma força de voluntários. Com a internet 5G, entraremos ainda mais rápido na bolha onde reinam as *fake news*. Com uma força constituída por voluntários, as chances de que um alemão neonazista, um refugiado sírio e um *hipster* urbano se conheçam e travem relações serão reduzidas. Como o senhor se atreve a propor soluções tão tímidas num momento em que a UE agoniza? O desafio hoje é de magnitude totalmente diversa: trata-se de restabelecer a confiança em um projeto único, envolvendo os cidadãos no debate sobre o futuro de suas comunidades. A democracia não é apenas o governo do povo, para o povo, mas também pelo povo. Temos menos de um ano.

(tradução: Alexandre Hubner)

A tentação populista

Slavoj Žižek

Circulam atualmente duas generalizações equivocadas sobre a sociedade de hoje. A primeira é a de que vivemos numa era de antissemitismo universalizado: com a derrota militar do fascismo, o papel antes desempenhado pela figura antissemítica do judeu agora é atribuído a qualquer grupo estrangeiro visto como uma ameaça à nossa identidade: os latino-americanos, os africanos e, em especial, os muçulmanos, que são cada vez mais vistos na sociedade ocidental como o novo "judeu". A outra generalização é a de que a queda do Muro de Berlim levou à proliferação de novos muros, construídos para nos separar do perigoso Outro (o muro que separa Israel da Cisjordânia, o muro a ser erguido na fronteira dos Estados Unidos com o México, etc.) — sem dúvida, mas há uma diferença fundamental entre esses dois tipos de muro. O Muro de Berlim simbolizava a divisão imposta ao mundo pela guerra fria, e, embora fosse percebido como a barreira que mantinha isoladas as populações dos Estados comunistas "totalitários", também indicava que o capitalismo não era a única opção, que havia uma alternativa, ainda que malograda. Em contraste a isso, apesar de sua construção ter sido desencadeada pela queda do Muro de Berlim (isto é, pela desintegração da ordem comunista), os muros que se erguem hoje, em vez de simbolizar a divisão entre capitalismo e comunismo, são emblemáticos de uma divisão que é estritamente imanente à ordem capitalista global. Num belo movimento hegeliano, tão logo o capitalismo derrotou seu inimigo externo e unificou o mundo, a divisão se reintroduziu em seu próprio espaço.

Quanto à primeira generalização, há uma diferença óbvia entre o fascismo em sentido estrito e o populismo anti-imigração atual.[1] Recuperemos a premissa básica da análise marxista do capitalismo: o capitalismo é o reino da abstração; nele, as relações sociais são impregnadas, reguladas e dominadas por abstrações que não são apenas abstrações subjetivas produzidas por nossas mentes, mas abstrações "objetivas", abstrações que governam a própria realidade social, aquilo que Marx chamava de *Realabstraktion*. No capitalismo, essas abstrações fazem parte de nossa experiência social: a vida social é diretamente experimentada por nós como sendo regulada por mecanismos impenetráveis, totalmente refratários à representação ou à encarnação num indivíduo — até mesmo os capitalistas, que ocuparam o lugar dos antigos senhores, são escravizados por poderes que permanecem fora de seu controle. Não é de surpreender que a prosopopeia ideológica esteja em alta: o mercado financeiro voltou a falar como um ser vivo, externando sua "preocupação" com o que pode acontecer se as eleições não produzirem governos comprometidos com a continuidade do programa de austeridade fiscal.

1. Baseio-me aqui em Alenka Zupančič, "AIMO". *Mladina*, inverno de 2016/2017. (Em esloveno.)

A figura antissemítica do "judeu" dá corpo a essa abstração na figura do senhor invisível que, por baixo dos panos, tem as rédeas nas mãos. Como os judeus estão completamente integrados à nossa sociedade, fazendo-se enganadoramente passar por um de nós, o problema e a tarefa é identificá-los com clareza (basta recordar todas as ridículas tentativas empreendidas pelos nazistas com o intuito de mensurar identidades raciais precisas). Os imigrantes muçulmanos *não* são os judeus de hoje: permanecem demasiado visíveis, nitidamente não integrados a nossas sociedades, e a ninguém ocorre suspeitar que, por baixo dos panos, eles tenham as rédeas nas mãos. Se alguém desconfia que a "invasão da Europa" promovida pelos imigrantes muçulmanos faz parte de uma trama secreta, então os judeus têm de estar por trás da coisa, como sugere um texto publicado recentemente num dos principais semanários de direita da Eslovênia, onde se lê: "George Soros é uma das pessoas mais depravadas e perigosas da nossa época, está por trás da invasão empreendida pelas hordas negroides e semíticas e, portanto, do crepúsculo da UE [...]. Como um típico talmudo-sionista, é inimigo mortal da civilização ocidental, do Estado-nação e do homem branco europeu." Seu objetivo, prossegue o autor, é formar uma "coalizão arco-íris, composta por marginais sociais, como veados, feministas, muçulmanos e adeptos do marxismo cultural que odeiam trabalhar", a qual se encarregaria então de proceder a "uma desconstrução do Estado-nação, transformando a UE numa distopia multicultural dos Estados Unidos da Europa". E que forças estão enfrentando Soros? "Viktor Orbán e Vladimir Putin são os políticos perspicazes que entenderam perfeitamente as maquinações de Soros e, logicamente, proibiram a atividade de suas organizações." Além disso, segundo o comentarista esloveno, Soros é inconsistente em seu apoio ao multiculturalismo:

> Ele o promove exclusivamente na Europa e nos EUA, ao passo que, no caso de Israel, de uma maneira que para mim faz todo o sentido, Soros concorda com o monoculturalismo, o racismo latente e a construção de um muro no país. Diferentemente do que propõe na UE e nos EUA, ele também não pede que Israel abra suas fronteiras e aceite "refugiados". Uma hipocrisia característica do talmudo-sionismo.[2]

Além da franqueza assombrosamente racista do texto, dois aspectos chamam a atenção. Primeiro, a combinação de antissemitismo e islamofobia: a ameaça à Europa vem das hordas de refugiados muçulmanos, mas por trás desse fenômeno caótico estão os judeus. Segundo, seu autor toma claramente partido no conflito em curso no interior da direita europeia em relação a Putin: de um lado, o presidente russo constitui uma ameaça à Europa — em especial aos países pós-comunistas que são vizinhos da Rússia — e tenta sabotar a UE com suas maquinações; de outro, Putin viu o perigo do multiculturalismo e da permissividade ocidentais e, sabiamente, evitou que tomassem conta de seu país.

2. Citação extraída de Bernard Brščič, "George Soros is One of the Most Depraved and Dangerous People of Our Time." *Demokracija*, 25 de agosto de 2016, p. 15. (Em esloveno.)

É somente contra esse pano de fundo que podem ser compreendidas as inconsistências de Trump em relação à Rússia: enquanto os linhas duras do Partido Republicano criticavam insistentemente Obama por tolerar as agressões militares de Putin (Geórgia, Crimeia...), deixando em situação vulnerável os aliados do Ocidente na Europa Oriental, os correligionários de Trump agora defendem atitude muito mais conciliatória no tratamento dado à Rússia. O problema subjacente aqui é o seguinte: como unir a oposição entre tradicionalismo e relativismo secular com a outra grande oposição ideológica, sobre a qual repousa toda a legitimidade da "guerra ao terror" promovida pelo Ocidente, a saber, a oposição entre os direitos individuais da democracia liberal e o fundamentalismo religioso consubstanciado, primordialmente, no "islamofascismo"? Essa é a sintomática inconsistência dos neoconservadores estadunidenses: se, na política interna, eles enfatizam a luta contra o secularismo progressista (aborto, casamento gay, etc.), contrapondo a assim chamada "cultura da vida" à "cultura da morte", na política externa abraçam valores opostos, típicos da "cultura da morte" progressista.

Em seu íntimo, e sem ter muita clareza da coisa, os neoconservadores veem a União Europeia como *o* inimigo. Tal percepção, que não é manifestada em público, eclode em seu duplo obsceno e subterrâneo: a visão política fundamentalista da extrema-direita cristã, galvanizada pelo medo obsessivo da Nova Ordem Mundial (haveria um conluio secreto entre Obama e a ONU para permitir que forças internacionais interviessem nos EUA e colocassem todos os estadunidenses verdadeiramente patriotas em campos de concentração — há alguns anos, circularam rumores de que tropas latino-americanas já teriam sido inclusive deslocadas para o Meio Oeste, onde estariam construindo os campos...). Uma solução para esse dilema é a adotada pelos linhas duras do fundamentalismo cristão, tal como articulada nos livros de Tim LaHaye e outros autores: subordinar de forma inequívoca a segunda oposição à primeira. O título de um dos romances de LaHaye aponta nessa direção: *A conspiração Europa*. O verdadeiro inimigo dos EUA não são os terroristas muçulmanos, que não passam de fantoches, secretamente manipulados pelas verdadeiras forças do Anticristo, a saber, os secularistas europeus que querem enfraquecer os EUA e estabelecer a Nova Ordem Mundial, sob o comando da ONU. De certa forma, eles têm razão: a Europa não é apenas mais um bloco geopolítico; representa antes uma visão global que, no limite, é incompatível com a existência continuada de Estados-nação. É nessa dimensão da UE que está a chave da suposta "fraqueza" europeia: há uma correlação surpreendente entre a formação do bloco e a perda de poder político-militar da Europa. Mas, se a UE é uma confederação transestatal cada vez mais impotente, necessitando de proteção estadunidense, por que os EUA se incomodam com isso? Não nos esqueçamos dos indícios de que os EUA apoiaram financeiramente as forças que defendiam o "não" no plebiscito irlandês sobre o novo tratado europeu...

A essa visão minoritária se contrapõe a visão predominante, de inclinação liberal-democrata, para a qual o principal inimigo são todos os tipos de fundamentalismo — e que vê no fundamentalismo cristão estadunidense uma deplorável versão local do "islamofascismo". Agora, porém, tal predominância corre perigo: aquela que até pouco tempo atrás não passava de uma opinião marginal, restrita a teóricos da conspiração que circulam pelo submundo das redes sociais, está se tornando uma visão hegemônica em nosso espaço público. Trump e Putin apoiaram o Brexit, e ambos adotam uma linha conservadora-nacionalista radical, de tipo "América/Rússia em primeiro lugar", que vê numa Europa unificada seu maior inimigo. E os dois têm razão. O problema da Europa é como se manter fiel a seu legado, que no momento se encontra sob cerrado bombardeio populista-conservador. Para salvar esse legado, a primeira coisa a fazer é investigar as causas mais profundas do sucesso de Trump. O presidente dos Estados Unidos é um exemplo perfeito do "capitalista de espírito duplo", cuja fórmula pode ser encontrada já em *Cidadão Kane*. Ao ser criticado por Thatcher — que no filme representa o grande capital financeiro — por usar seu dinheiro para financiar um jornal que fala pelos desfavorecidos, Kane retruca:

> O problema é que você não percebe que está tratando com duas pessoas. Na figura de Charles Foster Kane, sujeito que é dono de oitenta e duas mil, trezentas e sessenta e quatro ações da Metropolitan Transfer — viu como tenho uma noção razoável do meu patrimônio? — concordo com você. Esse Charles Foster Kane é um canalha. Temos que impedir o jornal dele de circular nesta cidade, precisamos formar uma comissão para boicotá-lo. Se você conseguir criar essa comissão, conte comigo. Entro com uma contribuição de mil dólares [...]. Por outro lado, eu também sou o editor

> do *Enquirer*. Enquanto tal, é meu dever — e vou te contar um segredo, é também um prazer — cuidar para que as pessoas decentes e trabalhadoras desta cidade não sejam espoliadas por um bando de ricaços inescrupulosos só porque as coitadas não têm quem olhe por elas! E vou te contar outro segredo, Thatcher. Acho que sou o sujeito ideal para a tarefa. Sabe como é, tenho dinheiro e bens. Se eu não defender os interesses dos desfavorecidos, é capaz que outra pessoa resolva fazer isso — alguém sem dinheiro ou bens; e aí a coisa vai engrossar.[3]

A última frase revela, numa fórmula sucinta, o que há de errado com um bilionário como Trump posar de voz dos despossuídos: sua função estratégica é impedir que eles próprios se defendam. Assim, Trump está longe de ser simplesmente inconsistente; o que parece inconsistência é algo que está no próprio cerne de seu projeto.

Fazendo eco a essa inconsistência há duas reações à vitória de Trump que precisam ser rejeitadas, por serem inaceitáveis e, em última instância, autodestrutivas. A primeira é o fascínio arrogante com a estupidez dos eleitores comuns que se deixaram levar pela demagogia superficial de Trump, sem perceber que estavam votando contra seus próprios interesses. A segunda é a convocação de uma contraofensiva imediata — "Não temos tempo para filosofar, precisamos agir!" — que, por estranho que pareça, reproduz a atitude anti-intelectual de Trump. (Em

3. Extraído de <http://www.dailyscript.com/scripts/citizenkane.html>.

comentário perspicaz, Judith Butler diz que, como acontece com todo e qualquer demagogo populista, Trump está oferecendo às pessoas "a oportunidade de não pensar, não ter de pensar. Pois pensar é necessariamente pensar num mundo global complexo, e ele está tornando tudo muito, muito simples".[4] É claro que, como Butler bem sabe, ao se apresentar como uma mulher versada nas complexidades da política, Hillary Clinton fazia uso não menos falso da ideia de "complexidade", uma vez que também a empregava para moderar as reivindicações da esquerda.)

A primeira reação corresponde à queixa de que a animosidade popular explorada por figuras como Trump e os populistas anti-imigração na Europa implica uma "regressão na cultura política" — uma regressão a vulgaridades demagógicas que há poucos anos não seriam toleradas no espaço público, mas que agora se tornaram lugar-comum, oferecendo um "perigo nítido e real" à nossa democracia. A segunda e não menos deplorável reação é uma variação sobre o velho tema do "se você não pode vencê-los, junte-se a eles!": da Grécia à França, começa a surgir uma nova tendência no que restou da "esquerda radical" — a redescoberta do nacionalismo. A ideia é que, em meio à ira popular que nos engolfa, as pessoas despertaram, deixando clara sua insatisfação, e o que a grande imprensa denuncia como um desvio perigoso é, na realidade, o vigoroso

4. Scott MacLeod, "Global Trouble: American Philosopher Judith Butler Discusses American Vulgarity, Middle East Upheaval, and Other Forms of the Global Crisis". *The Cairo Review of Global Affairs*, inverno de 2016. Disponível em <https://www.thecairoreview.com/q-a/global-trouble>. Acesso em janeiro de 2017.

retorno da luta de classes. A tarefa da esquerda, portanto, é recusar o medo liberal e assumir essa ira, afastando-a do racismo de direita e canalizando-a para a luta socioeconômica direta: o inimigo não é o estrangeiro, mas a classe dominante, a oligarquia financeira, etc. Desse ponto de vista, os movimentos identificados pelos nomes de "Trump" e "Sanders" representam duas formas de populismo, ambas reintroduzindo uma paixão antiestablishment, de caráter antagonístico, na política. (É evidente que não faz o menor sentido classificar Trump, um bilionário que se aproveita de todas as brechas jurídicas que vê pela frente, como uma figura "antiestablishment", mas esse é, desde o princípio, o paradoxo do populismo.)

Essas duas posições estão cada qual certas num ponto: os bons modos jamais devem ser subvalorizados na política, e um discurso vulgar indica, por definição, uma desorientação política mais profunda; também é verdade que a ira populista de direita é uma forma distorcida da luta de classes, como já acontecia com o fascismo. No entanto, ambas as posições estão também fundamentalmente equivocadas. Os liberais que criticam o novo populismo não percebem que a virulência popular é um sinal não do primitivismo das pessoas comuns, mas da fragilidade da própria ideologia liberal hegemônica, a qual, como não consegue mais "forjar consensos", precisa recorrer a um funcionamento mais "primitivo" da ideologia. Na esquerda, os que se propõem a abraçar o populismo recusam-se a ver que o "populismo" está longe de ser uma forma neutra, à qual se possa conferir uma orientação de direita fascista ou de esquerda. No nível de sua forma, o populismo concebe o inimigo como um intruso externo, negando assim antagonismos sociais imanentes.[5] Por esse motivo, ainda que de modo algum implique necessariamente a degradação do discurso político em vulgaridade, o populismo sem dúvida apresenta uma espécie de propensão natural a descambar para as simplificações vulgares e a agressividade individualizada.

A esquerda populista aceita com demasiada facilidade a premissa básica de seu inimigo: o universalismo já era; deve ser descartado por ser a contrapartida política e cultural insípida do capital global "desenraizado" e de seus tecnocratas financeiros, ou, quando muito, a ideologia de social-democratas habermasianos que propugnam um capitalismo global com face humana. Essa redescoberta do nacionalismo tem um motivo óbvio: a ascensão do populismo nacionalista de direita na Europa Ocidental, que atualmente é, a um só tempo, a mais vigorosa força política a ter como bandeira a defesa dos interesses da classe operária e aquela que é capaz de dar vazão a verdadeiras paixões políticas. Ora, por que a esquerda deveria deixar esse manancial de paixões nacionalistas para a direita radical, por que não "resgatar *la patrie*, tirando-a das mãos do Front National"? Porventura a esquerda radical não poderia mobilizar essas mesmas paixões nacionalistas, transformando-as em arma poderosa contra a força dominante na sociedade global da atualidade, o reinado cada vez mais sem limites do desenraizado capital financeiro? Aceitando-se esse horizonte, o fato mesmo de a crítica

5. Para uma crítica conceitual ao uso do populismo pela esquerda, ver Slavoj Žižek. *In Defense of Lost Causes*. Londres e Nova York: Verso, 2009, capítulo 6.

à tecnocracia de Bruxelas, do ponto de vista de uma soberania nacional cerceada por burocratas anônimos, constituir a principal característica da direita radical atual passa a ser uma razão para o patriotismo de esquerda. Na Grécia, essa é a divergência entre Varoufakis e Lapavitsas[6], que critica o DiEM25[7] do primeiro por defender um pan-europeísmo insosso, que aceita de antemão o terreno do inimigo.

A principal proponente teórica do populismo de esquerda é Chantal Mouffe.[8] De acordo com o diagnóstico que Mouffe faz das agruras por que passamos, a responsabilidade pelo fracasso da esquerda deve ser atribuída principalmente a sua postura não combativa, de argumentação racional e universalismo sensabor, personificada nos nomes de Giddens, Beck e Habermas, que pôs um prego na roda das velhas e apaixonadas batalhas ideológicas. Tendo em

---

6. O autor se refere a Yanis Varoufakis, ministro das Finanças da Grécia entre janeiro e julho de 2015 e integrante do partido de esquerda Syriza, e ao também economista Costas Lapavitsas, que conquistou uma cadeira no Parlamento grego na eleição de janeiro de 2015, quando concorreu pelo Syriza. Alguns meses depois, Lapavitsas deixou a agremiação para fundar, com outros parlamentares, um partido de posições mais à esquerda, o Unidade Popular. [N.T.]

7. Sigla de Democracy in Europe Movement 2025, movimento político lançado em 2015 por Yanis Varoufakis e pelo filósofo croata Srećko Horvat, que tem como intuito reformar as instituições da União Europeia e transformar o bloco numa democracia plena, ainda que respeitando a autodeterminação nacional de cada país. O movimento recebeu o apoio de intelectuais e ativistas como Julian Assange, Noam Chomsky, Antonio Negri e do próprio autor do presente ensaio. [N.T.]

8. Para uma breve exposição de sua posição, ver Chantal Mouffe. "Pour un populisme de gauche". *Le Monde*, 21 de abril de 2016, p. 22.

vista que essa Terceira Via pós-política não é páreo para a lógica agonística do "nós" contra "eles", mobilizada com sucesso por populistas anti-imigração como Marine Le Pen, o combate ao populismo de direita só pode ser feito por um populismo de esquerda que, embora retendo a lógica agonística e as coordenadas populistas básicas, cuide de preenchê-las com conteúdo de esquerda: "eles" já não são os infelizes refugiados e imigrantes, e sim o capital financeiro, a burocracia tecnocrática estatal, etc. Esse populismo de esquerda também vai além do velho anticapitalismo da classe operária, incorporando uma multiplicidade de lutas, do ambientalismo ao feminismo, do direito ao emprego ao direito a educação e saúde gratuitas, etc., como o Podemos vem fazendo na Espanha. Mas será que essa fórmula de politização agonística, de confrontação apaixonada, em oposição ao universalismo insosso, não é, precisamente, formal demais? Porventura ela não ignora a grande questão que permanece à espreita no fundo da cena: por que, para começo de conversa, a esquerda abandonou a lógica agonística do "nós" contra "eles"?

É absolutamente fundamental atentar para uma característica compartilhada pelo respeito politicamente correto às identidades particulares e o ódio aos outros dos anti-imigrantes: o medo de que uma identidade particular seja tragada em nome da universalidade de uma Nova Ordem Mundial. Quando os nacionalistas conservadores argumentam que só desejam para seu país (para alemães, franceses, britânicos...) o mesmo direito à identidade que minorias sexuais e étnicas querem para si, essa reivindicação, por mais tremendamente hipócrita que seja, chama a atenção para um ponto válido; a saber, o de que precisamos ir além de *todas* as formas de política de identidade, sejam elas de direita ou de esquerda. O que se deve rejeitar, desde um nível mais básico, é a perspectiva de múltiplas lutas emancipatórias locais (de caráter étnico, sexual, religioso, jurídico...) a serem então gradualmente unificadas por meio da construção de uma sempre frágil "cadeia de equivalências" (para usar a expressão de Ernesto Laclau). A universalidade não é algo que deva surgir graças a um longo e paciente processo; é algo que desde o início já está aqui, sempre, servindo como ponto de partida para todo e qualquer genuíno processo emancipatório, como sua própria motivação.

Em termos formais, portanto, o problema é como combinar os dois eixos: universalidade versus pertencimento patriótico e capitalismo versus anticapitalismo de esquerda. Todas as quatro combinações possíveis acham-se ocupadas: temos o capitalismo multicultural global, a esquerda universalista, a esquerda patriótica antiglobalista e o capitalismo com "características" étnicas/culturais locais (China, Índia...). Esta última combinação vem se tornando cada vez mais vigorosa, comprovando que, idealmente, o capitalismo global pode coexistir com identidades culturais particulares. Além disso, temos de ter sempre em mente o paradoxo singularmente hegeliano representado pela atual classe universal de executivos e acadêmicos de elite. No interior de cada comunidade particular (nação), essa elite aparece como um grupo particular, isolado da maioria por seu estilo de vida: um professor de humanidades que more em Nova York tem muito mais em comum com um professor de humanidades que more em Paris, ou mesmo em Seoul, do que com um trabalhador que more em Staten Island. A forma com que se manifesta uma classe universal capaz de transcender os limites nacionais é a de uma extrema particularidade no interior de cada nação — a universalidade recorta, a partir de dentro, uma identidade particular.

É por isso que temos de deslocar nossa atenção do Grande Lobo Mau do populismo para o verdadeiro problema: a fragilidade da posição "racional" moderada. O fato de que a maioria não se convença com a propaganda capitalista "racional" e se mostre muito mais inclinada a apoiar uma posição populista e antielitista não deve ser descartado como um caso de primitivismo das classes baixas: os populistas detectam corretamente a irracionalidade desse racionalismo, e o rancor dirigido às instituições anônimas que regulam nossas vidas de forma intransparente é totalmente justificado. A lição a ser aprendida com o fenômeno Trump é a de que, para a verdadeira esquerda, o maior perigo seria aceitar um pacto estratégico com os liberais de Hillary para combater a Grande Ameaça que Trump encarna. E essa lição tem uma importância de longo prazo, pois a história de Donald e Hillary continua: em seu segundo episódio, os nomes do casal mudam para Marine Le Pen e François Fillon.[9] Agora que Fillon foi escolhido como candidato da direita na eleição presidencial francesa de 2017, e sendo praticamente certo que o segundo turno será disputado entre Fillon e

9. Francois Fillon perdeu no primeiro turno. Marine Le Pen foi para o segundo turno com Emmanuel Macron, que venceu as eleições. [N.E.]

Le Pen, nossa democracia está para atingir seu (por ora) ponto mais baixo. Como escreveu Natalie Nougayrède em sua coluna no *Guardian*, "François Fillon é uma ameaça tão grande aos valores liberais quanto Marine Le Pen":

> Não é coincidência que Fillon seja publicamente enaltecido por Putin. Não é só porque o Kremlin torce por um presidente francês que possa ser um aliado seu em política externa. É também porque Putin identifica em Fillon traços de sua própria ideologia ultraconservadora. Segundo essa visão de mundo, os valores progressistas liberais fizeram as sociedades ocidentais entrar num estado de "decadência", como resultado de políticas sexuais e imigratórias. Basta ver o apelido que a propaganda russa deu à Europa: "Gayropa".[10]

Se, no caso de Hillary e Trump, a diferença era entre o establishment liberal e a ira populista de direita, as discrepâncias se reduzem a um mínimo no confronto de Le Pen com Fillon. Ainda que em termos culturais ambos sejam conservadores, em matéria de economia Fillon é estritamente neoliberal, ao passo que Le Pen está muito mais voltada para a proteção dos interesses dos trabalhadores. Fillon representa a pior das combinações possíveis hoje: neoliberalismo econômico com conservadorismo social; o único argumento a favor de Fillon é puramente

10. Natalie Nougayrède, "François Fillon is as Big a Threat to Liberal Values as Marine Le Pen". *The Guardian*, 28 de novembro de 2016. Disponível em <https://www.theguardian.com/commentisfree/2016/nov/28/francois-fillon-threat-liberal-values-marine-le-pen-france>. Acesso em janeiro de 2017.

formal: ele defende *formalmente* uma Europa unida e guarda distância mínima da direita populista.

Nesse sentido, Fillon representa a decadência imanente do próprio establishment — foi aqui que, após uma longa série de derrotas e recuos, viemos parar. Num primeiro momento, a esquerda radical teve de ser sacrificada, por estar desconectada de nossos novos tempos e "paradigmas" pós-modernos. Em seguida, foi a esquerda social-democrata moderada que teve de ser sacrificada, por também se mostrar alheia às necessidades do novo capitalismo global. Agora, no último capítulo dessa triste história, é a vez de a própria direita liberal moderada (Juppé) ser sacrificada, por ter se divorciado dos valores conservadores que terão de ser mobilizados se nós, o mundo civilizado, quisermos derrotar Le Pen. Qualquer semelhança com a velha história de como os nazistas, uma vez no poder, foram atrás dos comunistas, depois dos judeus, depois da esquerda moderada, depois do centro liberal, para então cair em cima até dos conservadores honestos... é pura coincidência. Numa situação desse tipo, abster-se de votar é, *obviamente*, a única coisa apropriada a fazer.

A esquerda liberal e a direita populista de hoje estão ambas presas à política do medo: o medo dos imigrantes, das feministas, etc., ou o medo dos populistas fundamentalistas, etc. A primeira coisa a fazer aqui é proceder ao deslocamento do medo à *Angst*: o medo se volta para um objeto externo, percebido como ameaça à nossa identidade, ao passo que a ansiedade vem à tona quando nos damos conta de que há algo de errado com essa identidade que queremos proteger de uma temível ameaça externa. O medo nos faz querer aniquilar o objeto externo, enquanto, para enfrentar a ansiedade, temos de mudar a nós mesmos. É grande a tentação de virar pelo avesso a famosa frase de Gramsci sobre os "sintomas mórbidos", que aparecem quando a velha ordem está morrendo e a nova ainda não pode nascer: quando vigora uma ordem, naturalizam-se horrores e monstruosidades; mas, na passagem do velho para o novo, os horrores tornam-se visíveis enquanto tais, são desnaturalizados — e, nesses momentos de esperança, viabilizam-se grandes atos.

A urgência da situação atual não deve, de modo algum, servir como desculpa — a situação urgente é o momento de parar para pensar. Tampouco devemos hesitar em inverter a 11ª tese de Marx: até o momento, tentamos transformar o mundo muito rapidamente; é hora de reinterpretá-lo autocriticamente, examinando as nossas (da esquerda) responsabilidades. E devemos fazer isso já, enquanto ainda nos encontramos atordoados com a vitória de Trump (que, não nos esqueçamos, insere-se em uma série de surpresas igualmente desagradáveis): precisamos rejeitar tanto o derrotismo, quanto o ativismo cego e "estudar, estudar e estudar" (como Lênin teria dito) o que levou a esse fiasco da política liberal-democrática. Em seu *Notes Towards the Definition of Culture*[11], o grande conservador T. S. Eliot observa que há momentos em que a única escolha a ser feita é entre a heresia e a descrença, quando a única maneira de manter uma religião viva é proceder a uma ruptura sectária com seu corpo principal. É isso que precisa ser feito hoje: as eleições estadunidenses de

11. Ver T. S. Eliot. *Notes Towards the Definition of Culture*. Londres: Faber & Faber, 1973.

2016 foram o derradeiro golpe desferido contra o sonho de Fukuyama, a derrota definitiva da democracia liberal, e a única maneira de superarmos Trump, e salvar o que vale a pena salvar da democracia liberal, é romper sectariamente com seu corpo principal. Em suma, transferir o peso de Hillary para Sanders — a próxima eleição tem que ser entre Trump e Sanders.

Não é muito difícil imaginar quais seriam os elementos do programa dessa nova esquerda. Evidentemente, o "déficit democrático" do capitalismo global só pode ser combatido com a criação de uma entidade transnacional — não foi o próprio Kant que, há duzentos anos, identificou a necessidade de uma ordem estatal transnacional, fundada no surgimento da sociedade global? "Tendo em vista que o estabelecimento de uma comunidade mais ou menos estreita entre os povos da Terra avançou tanto que a violação de direitos em um lugar repercute em todos os demais, a ideia de uma lei da cidadania mundial nada tem de extravagante ou exagerada."[12] Todavia, isso nos põe diante daquela que pode ser considerada a principal contradição da Nova Ordem Mundial: a impossibilidade estrutural de se criar uma ordem política global que corresponda à economia capitalista global. E se, por razões estruturais, e não em virtude de limitações empíricas apenas, não for possível implantar uma democracia ou um governo representativo em escala mundial? A antinomia do capitalismo global reside na impossibilidade (e, simultaneamente, na necessidade) de

12. Immanuel Kant. *Perpetual Peace* (ed. Lewis White Beck). Indianapolis: Bobbs-Merrill, 1957, p. 23.

uma ordem sociopolítica que o abarque: a economia de mercado global não pode ser diretamente organizada como uma democracia liberal global, com eleições mundiais. Na política, o "recalcado" da economia global retorna em fixações arcaicas e identidades substanciais particulares (étnicas, religiosas, culturais). Essa tensão define a dificuldade do momento atual: a livre circulação de mercadorias em escala global é acompanhada de divisões crescentes na esfera social — enquanto as mercadorias circulam com liberdade cada vez maior, mais e mais pessoas são separadas por novos muros.

Trump promete cancelar os principais acordos de livre comércio defendidos por Hillary; a alternativa à esquerda seria um programa de acordos internacionais novos e diferentes — acordos que estabelecessem controles sobre os bancos, obrigassem o cumprimento de normas ambientais, garantissem os direitos trabalhistas, a prestação de serviços de saúde, a proteção a minorias sexuais e étnicas, etc. A grande lição do capitalismo global é que os Estados-nação não têm como dar conta do recado sozinhos — só uma nova Internacional teria como refrear o capital global. Um velho anticomunista de esquerda certa vez me disse que a única coisa boa em Stalin era que ele deixava as potências ocidentais apavoradas, e o mesmo pode ser dito de Trump: a única coisa boa nele é que os liberais morrem de medo dele. As potências ocidentais aprenderam a lição e, de maneira autocrítica, concentraram-se em suas deficiências, desenvolvendo o Estado de bem-estar social. Nossos liberais de esquerda estarão dispostos a fazer algo semelhante? E, se estiverem, terão condições de fazê-lo?

A vitória de Trump criou uma situação política inteiramente nova, com oportunidades para uma esquerda mais radical. Está na hora de nos dedicarmos à árdua tarefa de formar essa esquerda. Ou, para citar Mao: "Há desordem sob o céu; a situação é excelente."

(tradução: Alexandre Hubner)

O Brasil voltou cinquenta anos em três

Renato Janine Ribeiro

Juscelino Kubitscheck, um dos melhores e mais admirados presidentes que tivemos, prometeu em seu governo fazer "50 anos em 5" — e na segunda metade dos anos 1950 industrializou o País, especialmente com a produção de automóveis, e transferiu a capital do Rio de Janeiro para Brasília, assim promovendo uma marcha para o Oeste que acabou com a limitação do Brasil importante ao litoral do Atlântico.

Querendo imitá-lo, os publicitários do presidente Michel Temer conceberam uma propaganda infeliz, em maio de 2018, dizendo que "o Brasil voltou/ Vinte anos em dois". A separação em duas linhas pretendia que fossem duas frases diferentes, mas o texto foi lido, como era de se esperar, como uma frase única: em vez de se entender que o Brasil voltou, e que em dois anos avançou vinte, compreendeu-se que retrocedeu vinte anos em apenas dois. Um erro ou ato falho que descreve bem o rumo tomado pelo País nos últimos tempos.

Mas isso ainda haveria de piorar. Uma semana apenas antes de ser eleito, com maioria impressionante apesar de um ensurdecedor silêncio nas ruas (muito escassas as bandeiras, faixas, camisetas e *buttons* às vésperas da eleição), o candidato de extrema-direita, Jair Bolsonaro, dizia querer recuar *cinquenta anos*. Logo acrescentou: na segurança — uma vez que a criminalidade só fez crescer ao longo dessas décadas — e nos costumes. Ora, aqui está o problema. O recuo em políticas sociais e na participação popular na coisa pública, iniciado no governo Temer, agora era oferecido, explicitamente e não por uma falha na comunicação, como uma *promessa* de retrocesso ainda mais pronunciado, no plano da liberdade pessoal.

O Brasil viveu, entre 1994 e 2015, as melhores décadas de sua história. Caiu (ou saiu) a ditadura militar em 1985, começando um ciclo democrático inédito por sua duração (trinta anos) e por sua qualidade (liberdade política e pessoal muito grande). Depois dessa primeira agenda democrática, como eu denominei a democratização das instituições e dos costumes, tivemos uma segunda, a do fim da inflação, obtido em 1994 com o Plano Real. Foi quando os frutos da democratização política começaram a se fazer sentir, o que só conseguiriam em razoável plenitude desde 2003, com a inclusão social se tornando uma pauta essencial, nos governos do PT. Isso significou, em poucos anos, cinquenta milhões de pessoas deixarem a miséria ou a pobreza para integrarem a classe média baixa, feito incomparável em sua dimensão e rapidez. Essa terceira agenda estava e está incompleta, porque enfrenta um legado de cinco séculos de exclusão social cuidadosamente planejada, mas estávamos caminhando para completá-la.

Manifestações em 2013 mostraram que as três agendas, porém, não bastavam. A má qualidade dos serviços públicos — educação, saúde, transporte coletivo e segurança — despertou a ira dos brasileiros, que ocuparam as ruas exigindo que melhorassem. Foi uma descoberta da política: uma descoberta súbita e fulminante. Para tudo o que era problema de certa importância, era como se um povo pouco politizado, especialmente quando comparado com os vizinhos argentinos e chilenos, aprendesse que a solução estava na política.[1]

Era também uma demanda, entre consciente e inconsciente, por equiparar nossa vida social à dos países mais desenvolvidos. As três agendas de que falei anteriormente incluíam um elemento, digamos, negativo: acabar com a ditadura, com a inflação e com a miséria. Uma quarta agenda significaria não apenas a eliminação do que é ruim, mas a promoção do que é bom: serviços públicos de qualidade.

Para uns, os que se queixam da tributação brasileira, que não é baixa, tratava-se de receber algo em troca pelo que pagam; penso sobretudo na classe média, que no Brasil se caracteriza justamente — a meu ver — por pagar, uma segunda vez, por serviços que já financiou mediante o imposto, mas dos quais não faz uso: assim é que ela contrata escola particular para os filhos, plano de saúde privado, compra carro e ainda paga o segurança da rua ou do condomínio. Ela tem razão para se indignar contra o Estado e namorar a ideia de pagar menos impostos, pensando em contratar diretamente os provedores dos serviços que de fato utiliza. (Isso faz sentido, para a classe média: dado que paga serviços privados, se ela parar de pagar pelos públicos — que não utiliza e que nem para

1. Sobre os protestos de 2013 e a tese das quatro agendas democráticas, ver meus artigos de 2014, "O Brasil e a democracia de protesto" e "A quarta agenda da democracia brasileira", republicados em meu livro *A boa política*. São Paulo: Companhia das Letras, 2017.

os mais pobres são bons — privatize-se tudo! Não é mero preconceito antipobre, como alegam os detratores dessa classe; é uma ideologia fundada diretamente em suas condições reais de existência: por que pagar pelo que não recebe? Não perceber isso foi um erro grande dos setores progressistas, que deixaram o caminho livre para a direita e depois a extrema-direita conquistarem o voto da maioria dessa classe.)[2]

Para outros, os mais pobres, há a percepção de uma vida diminuída, em que a escola, a saúde, o transporte e a segurança são ruins, demorados, pouco confiáveis. A própria manifestação de 2013 pela mobilidade urbana tinha um forte sentido simbólico: mover-se é viver, dizia em 1651 o filósofo Thomas Hobbes ("*Life is but movement*"): quem não se move, quem fica parado horas num ônibus ruim, quem gasta quatro horas diárias indo e voltando do trabalho, vive menos bem, vive menos.

Um salto de qualidade seria assim desejável. Foi essa, em boa medida, a esperança de 2013.

Uma esperança frustrada. Comparei-a, já na época, ao maio de 1968, francês e mundial, que introduziu um novo modelo de mudança social, caracterizada antes de mais nada por seu caráter *inesperado, imprevisto, imprevisível*, além do ambiente de *festa* e da sensação de que *tudo é possível*. Nos últimos séculos, o advento das ciências sociais trouxe à tona a ideia de que mudanças são fruto de processos mais ou menos longos, que o analista

2. Ver o capítulo "O alvo errado da esquerda: a classe média", em meu livro *A pátria educadora em colapso*. São Paulo: Três Estrelas, 2018.

capacitado consegue identificar. Assim, a constituição do Movimento dos Trabalhadores Rurais Sem Terra (MST) e a ascensão do Partido dos Trabalhadores ao poder presidencial foram processos cujas etapas, cuja direção se podiam perceber. Da mesma forma, o declínio do PT de 2013 e, sobretudo, 2015 em diante. Contudo, a explosão dos estudantes franceses em março de 1968, a do povo da Tunísia em dezembro de 2011 e a indignação nas ruas brasileiras em maio-junho de 2013 excediam, de longe, suas causas imediatas: a repressão a uma passeata em Paris, a autoimolação de uma vítima da violência policial num vilarejo próximo a Túnis e os protestos contra o aumento da tarifa de ônibus em São Paulo.

Assim, essa irrupção dos protestos, marcando o surgimento em cena pública de desejos que antes se desconheciam, ou seja, de um inconsciente que vinha com toda a sua força, apontava para um novo horizonte, uma nova pauta social e política. Mas, por outro lado, tudo isso era muito súbito. Demandavam-se soluções políticas para problemas que, antes, não eram entendidos como fazendo parte do campo público, político, e sim do privado — ou mesmo do simples destino, de um *fatum* que escapasse à ação humana. Esse desejo, agressivo e descontrolado como o id freudiano, deitava sementes em terreno inculto politicamente, terreno impróprio para que medrasse a mudança. Por isso, o 2013 brasileiro esteve muito mais próximo do retumbante fracasso das primaveras árabes do que do êxito, ainda que a médio termo, do 1968 francês.

***

Hoje, a sensação é de terra arrasada. As grandes esperanças, como nos romances realistas do século XIX, cederam lugar a ilusões perdidas. A política, que aparecia como solução, tornou-se um enorme problema: nada maior, hoje, que a aversão aos políticos. Uma sociedade mal politizada reduz a política aos políticos, isto é, aos profissionais. Ela não pensa que política é o que ela faz, o que todos fazem, se forem cidadãos para valer. Ela terceiriza a política e, com isso, somente pode decepcionar-se com ela. Aqui a opção é clara: ou o cidadão se apodera da política, se empodera politicamente, ou esta jamais o satisfará, sempre o frustrará. Em 2013, a sociedade chamou para si a política, quis e acreditou assumi-la; em 2018 (mas já desde 2016), ela repudiou-a, repeliu-a, como coisa de gente ruim, os políticos.

Esse fenômeno é mundial. Episódios como o Brexit de 2016, as sucessivas eleições — ambas terminando em impasses — na Espanha em 2015 e 2016, outro impasse na Itália em 2018, levando a uma aliança *contra natura* entre fascistas e populistas remotamente de esquerda, parecem indicar uma situação explosiva: os eleitores condenam os políticos pelos fracassos dos últimos anos, mas, na hora de resolvê-los, chamam os mesmos políticos. É como se dissessem, mesmo sem perceber: vocês criaram os problemas, agora os resolvam! Isso pode ser legítimo na vida doméstica, em que estamos mais ou menos condenados a conviver com as mesmas poucas pessoas, e se torna pedagógico cobrar, de quem errou, que corrija. Mas na política — ambiente de disputa — isso não tem como dar certo. O adequado na política, se um ator errou, é substituí-lo por outro, de preferência seu antagonista.

Mas parece termos chegado, mundialmente, a tal desencanto com a política que fica difícil os cidadãos sentirem que tenham um papel a desempenhar nela. Não é fortuito que tenham surgido estes anos, na Espanha, dois partidos alternativos, um à direita (Ciudadanos), um à esquerda (Podemos): seus nomes expressam bem o desencanto com os políticos de profissão — um propõe que os próprios *cidadãos* façam a política, o outro diz que os indignados *podem*, sim, fazer isso. Mas nenhum deles assumiu a chefia do governo, ao termo de três eleições em rápida sucessão, que não definiram maioria clara e nítida.

***

Chegamos a um impasse, também no Brasil. Por um lado, todos os problemas acumulados ao longo de séculos explodiram em nossa cara. Durante quinhentos anos, os mais pobres foram deportados para os alagadiços urbanos e o semiárido rural, ou seja, para onde há água demais ou de menos. Nas cidades são mortos pelas enchentes, no semiárido, pela fome. Mas nas últimas décadas, à medida que votavam e participavam cada vez mais, sacudindo a manipulação de seus corações e mentes pela elite e sua mídia, em especial desde a Constituição de 1988, os mais pobres começaram a exigir que se quite a dívida histórica de que são merecidos credores. Pagá-la é caro, mas necessário ética e politicamente. Um dos grandes efeitos da inclusão social, convertida em política de Estado ao longo da década de 2000, foi exigir na prática, de qualquer postulante ao poder executivo — federal, estadual ou municipal — que desejasse mesmo ganhar a eleição, a formulação de um projeto robusto de redução da miséria (nas eleições de 2018, porém, esse tema praticamente sumiu).

O descaso ambiental estourou na barragem de Mariana, em novembro de 2015. O País já estava convulsionado pela política, com a demanda pelo impeachment da presidente Dilma Rousseff crescendo, e se somou a ela a destruição da natureza. Não faltaram alertas. Na década de 1920, o engenheiro Saturnino de Brito, que havia promovido o saneamento de Santos com a construção dos canais que salvaram o porto das epidemias, propôs que os rios Tietê e Pinheiros, que atravessam a capital de São Paulo, tivessem suas margens preservadas, as quais pertenciam, segundo ele entendia, aos cursos d'água. Uma rede de parques cercaria os rios. Não foi ouvido, porém; as margens do Tietê e do Pinheiros foram ocupadas com avenidas — as marginais — e construções, de modo que a cidade se viu condenada a fortes inundações periódicas.[3] O custo do erro ambiental é enorme, porque para

3. "A história do projeto das marginais se inicia em 1920, quando o engenheiro e sanitarista Francisco Saturnino de Brito levou ao então prefeito José Pires do Rio uma ideia que visava garantir a integridade dos leitos com a formação de um cinturão de parques. A proposta foi considerada muito ousada e não avançou. Na década de 1930, a discussão sobre a necessidade de obras nos rios Tietê e Pinheiros foi retomada, porém com foco na circulação viária.

   A opção pelas rodovias

   Criado pelo engenheiro Francisco Prestes Maia, o projeto do Plano de Avenidas baseou-se em um modelo radial, com construção de avenidas ao longo das margens, implantação de um circuito de *parkways* e canalização dos dois rios. Durante o seu governo como prefeito, Prestes Maia colocou parte dos seus planos em prática e finalizou a retificação do Tietê. O projeto foi reforçado

devolver as várzeas aos rios seria preciso desapropriar e derrubar prédios caros.

Erros do passado hipotecam, de maneira irreversível, o futuro. O que sucedeu em Mariana foi da mesma ordem: o descaso com o descarte dos dejetos de mineração matou pessoas, devastou a natureza, extinguiu a vida ao longo de 660 quilômetros do rio Doce. Danos como estes são irrecuperáveis. O fato de que os culpados raramente são penalizados — três anos depois do desastre de Mariana, não foram punidos à altura do que fizeram — acentua a sensação de descaso, de terra sem lei. O passado nos condena.

A miséria é assim *produzida*: no Brasil, ela é inscrita na geografia das águas excessivas ou escassas. É maltratada, pelo manejo da natureza em seus registros inóspitos, do exagero ou da carência. A natureza é assim uma das formas pelas quais se constrói miséria. Daí que tenha sido possível *abusar* do termo "*fatalidade*", sempre que a natureza maltratada levava à destruição de moradias, geralmente pobres, e à mortandade de populações pobres e miseráveis. Os desastres eram ditos naturais, escondendo-se sua responsabilidade humana, sua causalidade social e histórica.

---

em 1950 pelo engenheiro norte-americano Robert Moses. Ele propôs um sistema de vias expressas radiais ligando o centro aos subúrbios e um anel viário junto aos vales do Tietê e do Pinheiros que daria acesso às rodovias Anchieta, Anhanguera e Dutra." Marginais Pinheiros e Tietê. *Revista eonline*, n. 227, maio 2015, 29 abr. 2015. Disponível em <https://www.sescsp.org.br/online/artigo/9008_MARGINAIS+PINHEIROS+E+TIETE>. Acesso em 1º de novembro de 2018.

Neste ponto, uma linha de corte ocorre com a criação, em 2011, do Centro Nacional de Monitoramento e Alertas de Desastres Naturais (Cemaden), por iniciativa do cientista Carlos Nobre: um instituto governamental de pesquisa que permite avisar, com algumas horas de antecedência, que vão ocorrer desastres naturais. Nobre explicou, em entrevista a mim, que o Cemaden conseguiu fazer baixar o número de mortes por tais desastres de mil a apenas cinquenta por ano. O que isso mostra? Mostra que a palavra "fatalidade" cessa de ter sentido. A morte de pessoas por desabamento de morros, após chuvas torrenciais, deixa de ser um "*Act of God*", como em inglês se designam esses atos inesperados da natureza, e passa a ser algo que pode ser previsto e, portanto, se não eliminado por completo, pelo menos controlado em seu impacto sobre vidas, humanas ou não.

Esse é um salto significativo na compreensão dos fenômenos humanos. Há que aproximá-lo da célebre passagem em que Maquiavel, no capítulo XXV d'*O Príncipe*, fala da ação devastadora da fortuna sobre as ações humanas:

> Comparo-a a um desses rios impetuosos que, quando se tornam encolerizados, alagam as planícies, destroem as árvores, os edifícios, arrastam montes de terra de uma parte para outra; tudo foge diante dele, tudo cede ao seu ímpeto, sem poder obstar-lhe e, ainda que as coisas se passem assim, não é menos verdadeiro que os homens, quando retorna a calma, podem executar reparos e barragens, de maneira que em outra cheia aqueles rios correrão por um canal e seu ímpeto não será tão livre nem tão prejudicial.

> O mesmo acontece com a fortuna; o seu poder se manifesta onde não há resistência organizada, voltando ela a sua violência apenas para onde não foram providenciados diques e barragens para detê-la. E se observardes a Itália, que é sede e origem de tais revoluções, vereis que ela é como uma região sem diques, e sem barreiras algumas, e que, se fosse convenientemente protegida, como a Alemanha, a Espanha e a França, ou as enchentes não provocariam as mudanças que existem ou mesmo não se verificariam. E com isso acredito que disse bastante a respeito dos obstáculos que podem ser opostos à fortuna.

É neste capítulo, quase final d'*O Príncipe*, que Maquiavel contrapõe, à fortuna (e sobretudo aos infortúnios), a *virtù*, isto é, a capacidade humana — viril, na etimologia — de controlar o imprevisto graças ao planejamento. Uma das grandes mudanças de nosso tempo é que aumenta a capacidade de conter imprevistos e tragédias, mediante o estudo de suas causas e a atuação humana decidida — uma *virtù* — sobre elas. Tivéssemos cuidado das bacias fluviais e dos dejetos que nelas vão dar, tivéssemos cuidado da nossa humanidade dando-lhe as oportunidades necessárias para que todos florescessem, não viveríamos as verdadeiras calamidades — *mas não fatalidades* — humanas e naturais que marcaram nosso País nos últimos anos.

Mas Maquiavel, mesmo assim, alerta que, passadas as enchentes, ainda é possível prevenir que novas ocorram ou que sejam tão devastadoras. Esta é a inspiração que devemos seguir.

***

Falei da natureza e do modo como nela se inscreve a miséria: miséria, no Brasil, é um acesso negado ao que a natureza tem de bom. E é desse modo também que se *naturaliza a miséria*: não apenas a miséria colhe, da natureza, sobretudo os desastres, como também a miséria é vista como natural, como o quinhão que cabe a alguém por algo independente da vontade dos homens. Essa causa que aloca uns na miséria e outros na riqueza pode ser chamada de acaso; de vontade de Deus, imperscrutável; de algum dado natural, talvez genético; mas na verdade decorre sobretudo da decisão humana.

Passo à história. Poucas semanas antes da eleição de 2018, o fogo destruiu o Museu Nacional, com seu acervo enorme de elementos da natureza e da história brasileiras — e não apenas brasileira, porque incluía uma múmia egípcia. Pouco escapou. Nada justifica dizer que tenha sido proposital, mas a frequência com que museus altamente simbólicos flambam é inquietante. Dos grandes museus que simbolizam a nacionalidade (o Nacional; o Imperial, em Petrópolis; o Paulista, no local em que foi proclamada a independência, em 1822), o primeiro foi-se, o segundo está bem cuidado e o terceiro só escapou do desastre porque sua diretora, sem consultar sequer seu chefe, o então reitor da Universidade de São Paulo, decidiu um dia de 2013 fechá-lo, dados os riscos enormes que corriam o prédio e a coleção. O Museu da Língua Portuguesa, moderníssimo, de título altamente significativo, ardeu; por sorte, seu acervo era virtual, mas mesmo assim caro, difícil de reconstituir.

Mas não há uma *lógica* no modo como as duas principais cidades brasileiras maltratam seus museus? Porque ambas também destruíram seus lugares de nascimento, seus berços. Em 1922, ano simbólico como poucos, pois se celebrava o centenário da independência, pôs-se abaixo o Morro do Castelo, onde em 1567 a cidade do Rio de Janeiro tinha sido fundada. O que é abater a origem? Em São Paulo, o Colégio dos Jesuítas, que dá nome ao Pátio em que foi fundada a cidade, em 1554, faz tempo é uma construção *fake*, copiando a original, mas sem conservar nada de sua materialidade. O que terá passado pela cabeça das gerações que deixaram ruir o Colégio, ou dos governantes que mandaram arrasar o Morro?

Aí está, talvez, uma dificuldade grande em lidar com o passado. Em 1994, quando foi lançada a atual moeda brasileira, o real, comentei que — pela primeira vez em século e meio de papel-moeda a circular no Brasil — nossas cédulas não tinham personagens históricos, mas figuras de animais. Desde a década de 1840, nossa moeda em papel celebrou imperador, presidentes, políticos, militares, alguns escritores, artistas e cientistas, e até um índio anônimo, esse último na década de 1960. Mas, quando a inflação se tornou hiper, seu enfrentamento final e vitorioso — no plano das significações — deu-se conferindo à moeda o nome de "real" e excluindo de sua iconografia a figura humana. O nome era significativo; no espaço luso-brasileiro o real, plural réis, mais tarde mil-réis, circulou durante muito tempo; mas consta que os economistas que levaram ao então presidente Sarney não sabiam disso, e que propuseram esse nome, não como derivado de *rei*, não como singular de *réis*, mas como adjetivo relativo à realidade. (O presidente, homem culto, chamou-lhes a atenção para o dado histórico.) Não sabiam eles que estavam inconscientemente fazendo uma *repetição*, pois acreditavam estar instaurando o *novo*, o *inédito*, estar renegando a história do país, uma história *errada*, que exigia uma nova partida, uma nova origem. E por isso as figuras: se ninguém sobrava como personagem na história nacional, ficasse a fauna. Seríamos um fracasso como humanidade. Teríamos sido um fracasso; daí em diante nova moeda, nova economia.[4]

Mas essa dificuldade de lidar com o passado não se basta nisso. Não soubemos, ou em parte não quisemos, em parte não exigimos, lidar com o passado atroz. Tenho insistido neste ponto desde o final da ditadura militar. A Alemanha chegou onde chegou porque promoveu um forte ajuste de contas com seu passado fortemente autoritário. Os Aliados decretaram, em fevereiro de 1947, a dissolução do que fora a Prússia, aquele território do qual se dizia que não era um Estado dotado de exército, mas um exército dotado de Estado; é verdade que os tribunais de desnazificação quer aliados quer alemães não foram tão longe quanto deviam, porque a guerra fria requereu a colaboração, sobretudo do lado ocidental, mas não só, dos antigos nazistas; mas o fato é que a Alemanha se tornou poderosa, entre outras razões, porque reviu sua história, sua educação, seus costumes, até mesmo sua legislação, que hoje considera crime qualquer exaltação do nazismo. Enquanto isso, no Brasil, a anistia para os criminosos da

4. Ver meu livro *A sociedade contra o social: o alto custo da vida pública no Brasil*. São Paulo: Companhia das Letras, 2000.

ditadura, a leniência com os antigos torturadores, a ausência de uma postura clara da sociedade em repúdio ao que é antidemocrático e até mesmo desumano deixaram as vias abertas para um elogio, por vezes despudorado, do que é crime contra a humanidade.

A interpretação dominante, na mídia e no Judiciário brasileiros, é que a livre discussão de *qualquer* ideia, por obscena que seja, constitui a melhor forma para a sociedade depurar os traços de intolerância que acaso haja. Aqui há, porém, pelo menos duas falhas. A primeira é que a própria legislação pune a apologia ou propaganda do crime. Portanto, a jurisprudência leniente não segue a lei. Ela é mais complacente com os crimes de ódio — pelo menos, os crimes de ódio expressos pela linguagem — do que a lei determina.

A segunda é que a sociedade brasileira é mais vulnerável a esse tipo de pregação do que as democracias consolidadas. Tanto assim que, estes últimos anos, pôde-se elogiar a tortura, o estupro, a violência contra inocentes, sem que isso causasse sequer reações de indignação significativas. A direita tolerou a extrema-direita, postura que seria inconcebível na França ou na Alemanha, por exemplo. O discurso do ódio foi posto fora da lei em vários países europeus, que sabem aonde ele conduz: a regimes que não respeitam os direitos humanos. No Brasil, esse discurso tem livre circulação.

O impasse brasileiro talvez seja pior que o dos países desenvolvidos, em especial os do Atlântico Norte. Aqui, jamais a direita ganhou uma eleição democrática para o governo nacional sem recorrer a *outsiders*, para dizer o mínimo, exóticos. A plataforma dita liberal, no Brasil, sempre dependeu, para vencer um pleito, de líderes autoritários, populistas, exaltados. A direita não foi capaz de gerar políticos orgânicos a ela que ganhassem nas urnas uma proposta associando um regime de mercado, com menos intervenção do Estado, e o respeito à democracia. As únicas três eleições vencidas pela direita foram as de Jânio Quadros (eleito em 1960, renunciou em 1961), Fernando Collor (eleito em 1989, sofreu impeachment em 1992) e, agora, Jair Bolsonaro. Nenhum deles se destacou no interior de um partido liberal: chegaram ao poder pela demagogia. A direita supostamente liberal não viu problemas em recorrer a eles cada vez (1960, 1989, 2018) que percebeu que perderia a eleição para candidatos progressistas, caso ela contasse apenas com seus quadros orgânicos. Daí que justamente aqueles que falam em seriedade econômica se valham de políticos que podem propor tudo, menos a seriedade e o equilíbrio, em qualquer sentido dessa palavra. Fernando Henrique Cardoso (1995-2002) foi a exceção que confirma a regra. Também um *outsider*, externo que era à elite do capital, ele soube convencê-la de que a via democrática era a melhor a trilhar. Foi o único líder político brasileiro a persuadir a direita de que o caminho da democracia era melhor que o do autoritarismo — e de que ela podia ganhar eleições. Assim, ela as venceu duas vezes, sob sua liderança. Mas depois dele, ante quatro sucessivas derrotas para o Partido dos Trabalhadores, a direita aderiu em massa à extrema-direita, na eleição de 2018, pouco se importando com os direitos humanos, os cuidados ambientais, a independência na política externa, a importância da educação no desenvolvimento econômico. Um dos preços que a própria direita pagou por isso foi a quase extinção da agremiação de Cardoso, o Partido da Social-Democracia Brasileira, o PSDB, que nunca foi social-democrata, mas poderia ter sido um grande partido liberal — e hoje está a reboque dos extremistas de direita, não apenas endossando sua agenda econômica como, espantosamente, manifestando seu acordo ou pelo menos pouco incômodo com sua pauta contrária às liberdades individuais e coletivas.

Esta situação desequilibrou completamente o quadro partidário brasileiro. Temos uns trinta partidos — o número varia constantemente — mas três foram realmente relevantes estes anos: o PT, pela centro-esquerda, o PSDB, pelo centro e depois cada vez mais para a direita, e o PMDB, sem ideologia, mas disposto a dar governabilidade a qualquer um dos dois anteriores, que disputaram a hegemonia no Brasil de 1994 a 2014. Ironicamente, o PT, afastado pelo impeachment, saiu da eleição de 2018 com a maior bancada na Câmara — os outros dois perderam mais parlamentares. E agora, por um lado a extrema-direita namora a ideia de fechar o PT, no que seria um golpe a mais contra a democracia, enquanto o grande partido de centro-direita, que foi um dia o PSDB, está reduzido à nona posição entre as bancadas de deputados. Se é fatal para uma democracia fechar o maior partido — ou fechar um partido representativo de interesses claros, no caso, os dos setores progressistas — é muito grave a direita institucional, que foi democrática, que defendeu os direitos humanos, não ter mais uma agremiação política que represente esses valores. Ou seja, enquanto continua havendo, embora ameaçado, um partido brasileiro — o PT — que representaria valores próximos aos dos partidos socialistas alemão, espanhol, português e francês, bem como aos dos trabalhistas ingleses, praticamente perdemos uma agremiação que fizesse as vezes do partido democrata-cristão alemão, ou dos conservadores ingleses, ou de seus congêneres em outros países europeus, isto é, partidos da direita democrática. A esquerda saiu da eleição enfraquecida, tendo na somatória de seus eleitos no máximo um quarto da Câmara, mas a direita democrática ficou ainda pior: a maioria dos parlamentares se move segundo interesses imediatos ou ideologias bem à direita do que está a direita democrática europeia.

***

Tudo o que uma história predatória fez contra as dimensões trabalhista, social e ambiental desnudou-se. A desigualdade, projeto cuidadosamente nutrido de sociedade, a corrupção e o patrimonialismo, projetos meticulosamente elaborados de Estado, tornaram-se evidentes. (Sustento que desigualdade e corrupção existem porque foram planejadas; que o Brasil não é um fracasso na igualdade, na justiça social, na honestidade com os dinheiros públicos, mas um *sucesso* na desigualdade, na exclusão social, na corrupção.) A vantagem disso é que não há mais como esconder de nós a cara por vezes horrível, desfigurada, do que poderia ser a grande democracia dos trópicos. Teremos de agir. Máscaras, como a da democracia racial, a da sociedade acolhedora, estão sendo arrancadas.

É difícil enfrentar estas dolorosas verdades sobre nosso País. Por isso mesmo, parte substancial da sociedade brasileira preferiu fingir que não tem parte nisso. Reagiu e reage com práticas de ódio. Será preciso restabelecer o diálogo, a conversa, a calma, a paciência.

***

Resta perguntar pelo futuro. Enfatizamos, como entendemos ser o espírito desta obra coletiva, o que é próprio a nosso País. Contudo, como assinalamos, o Brasil não está isolado de movimentos mundiais. Assim foi que participou do grande processo global pelo qual ditaduras de direita e esquerda caíram, ao longo da década de 1980 — e dos processos, também mundiais, através dos quais melhorou a renda dos mais pobres e aumentou o teor de democracia no mundo, inclusive em seus aspectos sociais.

Mais especificamente, devemos perguntar sobre o futuro da democracia no mundo — e no Brasil. Fique claro que não há mais democracia que não seja social. Se até algumas décadas atrás a pauta social podia ser vista como um acréscimo a um núcleo duro que seria o da democracia política, isso não faz mais sentido, uma vez que os direitos políticos não serão iguais se as pessoas não tiverem igualdade de oportunidades, o que depende da configuração da sociedade. Em outras palavras, a democracia não é um regime apenas do Estado, mas também da sociedade.

O fato é que desde a Renascença, fenômeno que pode ser datado de diferentes séculos, mas que começa a nascer entre 1200 e 1400, com o fortalecimento das cidades-Estado italianas, vive-se um crescimento constante dos direitos. Nos primeiros desses séculos se valorizou o Estado de direito, reconhecendo-se direitos civis, enquanto a partir do século xviii o elemento democrático se uniu a este. Nada disso foi, porém, uma procissão gloriosa, ininterrupta. A cada período de avanços, sucediam-se retrocessos. A Revolução Francesa assim conhece uma radicalização, à qual sucede um Termidor reacionário, por sua vez seguido da forma imperial de governo, que repudia a maior parte dos ideais republicanos, e ainda da restauração dos Bourbons e associados. Houve assim um período revolucionário de uns cinco anos a contar de 1789, seguido de um primeiro recuo que vai até 1815, de um forte retrocesso nos quinze anos seguintes — mas, depois disso, ocorre uma sucessão de revoluções (cada uma delas sofrendo um recuo, mas sempre voltando a acontecer novas) até que, na França do final da década de 1870, a forma republicana se consolida.

Se pensarmos as coisas de um ponto de vista mais mundial, podemos apontar o enorme retrocesso, no século xx, que é a vitória dos totalitarismos, especialmente na fase de 1922 a 1945, sob suas formas fascistas, encerrado graças à vitória dos Aliados. Nas décadas seguintes, contudo, muitos países viverão sob a tutela antidemocrática dos Estados Unidos (América Latina), da Grã-Bretanha e França (suas colônias na África e Ásia) e da União Soviética (seus estados dependentes na Europa Oriental). Mas as colônias britânicas e francesas se tornam independentes em torno de 1960, enquanto na década de 1980 os países latino-americanos e do Leste Europeu adotam formas mais democráticas de governo.

Deu-se, aos trinta anos que seguem o fim da Segunda Guerra Mundial, o nome de *trinta anos gloriosos*, a que pôs fim a crise do petróleo na década de 1970 — um período de prosperidade, sobretudo nos países mais desenvolvidos, que engrenou a criação ou fortalecimento de um Estado de bem-estar social. Todavia, essa prosperidade não beneficiou tanto ou mesmo nada os países que, na época, viviam em situação não ou pouco democrática, e que foram chamados de não alinhados, de Terceiro Mundo ou de satélites soviéticos. Pode-se dizer que esse segundo e maior pelotão de países viveu seus trinta anos gloriosos a partir de 1985, mais ou menos, com a democratização de seus Estados e sociedades. Isso incluiu uma valorização de seus indicadores sociais. A fome foi deixando de ser um problema de produção de alimentos suficientes para se tornar uma questão de acesso à comida existente; e sua distribuição melhorou. O Brasil, com programas como o Fome Zero e, sobretudo, seu sucessor, o Bolsa Família, adquiriu respeito mundial pela eficiência na redução da miséria e da pobreza, mas muitos outros países fizeram o mesmo.

A questão que fica, então, é: estaremos vivendo, hoje, um retrocesso análogo aos antes ocorridos na história? Assim como várias democracias europeias foram abatidas pelos totalitarismos, estaremos passando hoje por uma redução das liberdades pessoais e políticas, bem como dos direitos sociais e do poder aquisitivo dos mais pobres? Há indicadores fortes nesta direção. Hoje, quatro países da União Europeia têm partidos de extrema-direita ou aparentados a ela na chefia de seus governos (Polônia, Hungria) ou no gabinete ministerial (Itália, Áustria). Os Estados Unidos, país mais poderoso do mundo, são governados por um presidente de mesma persuasão, e o Brasil acaba de eleger presidente um político com visões análogas.

Olhando friamente, o único país importante a ter um governo realmente oposto às conquistas das últimas décadas é os Estados Unidos — mas são o país mais poderoso que há. Os demais não se comparam.

Mas há outros sinais inquietantes. A retirada do Reino Unido é o maior golpe que a União Europeia sofreu desde sua criação, inicialmente como um mercado comum de apenas seis países. Há o risco de que novas defecções se produzam. Em que pesem as críticas ao déficit democrático da União Europeia, ela assegurou que nunca, desde 1945, países-membros seus tenham se envolvido em guerras. Jamais a Europa viveu tanto tempo de paz como nestes setenta anos — evidentemente, deixo de lado a guerra na antiga Iugoslávia, que por sinal não fazia parte da União.

Outro problema é que o modelo da UE não foi seguido com êxito em outras partes do mundo. Uniões como o Mercosul e a NAFTA, ambas em nosso continente, são extremamente tímidas, em comparação. Estão muito longe de uma integração política, social, educacional, cultural e, para resumir, humana.

A diplomacia também melhorou muito, em especial se compararmos as últimas décadas com o período que levou à Primeira Guerra Mundial. Um mero atentado em Sarajevo levou, pelo jogo dos ultimatos e de alianças automáticas, a um conflito devastador, que tardaria mais de trinta anos, prolongando-se pela Segunda Guerra, antes de chegar a um resultado final de relativa paz. Hoje, ao contrário, o que as negociações diplomáticas mais procuram gerar é uma contenção severa dos conflitos. Mesmo no período da guerra fria, conversas entre Estados Unidos e União Soviética limitaram o potencial explosivo dos conflitos existentes. Poderia ter havido, mas não houve, a terceira guerra mundial, mais uma vez com foco na Europa. O que houve foram guerras por procuração, no Terceiro Mundo, isso até o fim da União Soviética; desde então, as guerras que ocorreram — sobretudo na África — foram essencialmente locais.

Mas, tudo isso posto, quais são os prognósticos para a democracia?

***

Antes de oferecer uma resposta, é preciso uma discussão teórica ou, quem sabe, de método. Uma das poucas certezas, digamos, que os historiadores de qualidade aprenderam no último século é que não há sentido na História. A ideia, vitoriosa ao longo do século XVIII e sobretudo do XIX, de que a humanidade seguia um caminho seguro de progresso parece ter sucumbido diante das tragédias do século XX. Sem a menor dúvida, os políticos e provavelmente muitos teóricos da política ainda acreditam no progresso. Na verdade, o ofício de político seria inviável se não conseguissem seus ocupantes convencer o público eleitor de que o papel deles consiste em melhorar-lhes a vida. Sem a promessa de progresso, não há política moderna. E, provavelmente, uma das diferenças entre a ciência política, mais conhecida, e a filosofia política, menos praticada, é que a primeira acredita bem mais no progresso, assim como em seu gêmeo chamado modernidade.

Contudo, a tragédia dos totalitarismos colocou em xeque a crença no progresso. Ainda que tão repetida, vale a pena lembrar a pergunta: como pôde a pátria de Kant e Goethe abrigar o pior regime da história humana? Como pôde uma sociedade culta e civilizada esmerar-se em chacinar milhões de pessoas? Dizia-me nos anos 1970 minha primeira orientadora de mestrado, Gilda de Mello e Souza, ainda que professora de estética e não de política, que essa era a principal questão a se colocar naqueles, e por que não nestes, dias. Em outras palavras, mais tradicionais na filosofia e sobretudo na teologia: a possibilidade do mal, as razões para o Mal. Chama-se teodiceia a discussão sobre a justiça divina. O problema que essa disciplina formula é: como pode um Deus, do qual se suponha ser único, onipotente e bom, tolerar o mal? Ou o Mal?

Examinemos a ideia de progresso, melhor dizendo, os progressos na ideia de progresso. Em primeiro lugar, ela supõe que haja um *sentido* na História. Os acontecimentos não são uma lista quase sem nexo de ocorrências. Não somos, decididamente não somos, contemporâneos de nossos antepassados. Não cabe mais, como cabia por exemplo para Maquiavel, citar indistintamente gregos, romanos e espanhóis para ilustrar suas teses acerca da natureza humana, ou da liderança política. A História é mudança. E essa mudança, repito, tem um sentido.

Segundo ponto, esse sentido é de uma *melhora* crescente da condição humana. Poderia ser o da degradação. Na verdade, das vezes em que um sentido na História aparece na Idade Média, ele parece ser o da decadência. É frequente dizer-se então que os homens do passado eram mais fortes, mais longevos, tudo de bom. Não afirma a Bíblia que alguns dos primeiros homens viveram quase mil anos? Imaginem que contraste isso faz, quando a expectativa de vida medieval batia nos trinta ou quarenta anos, se tanto. E como explicar as ossadas gigantescas que se encontravam de quando em quando, que hoje sabemos pertencer a dinossauros, mas que não seriam explicáveis quando se datava a criação do mundo do ano, tão recente historicamente, de 4004 antes de Cristo — mais precisamente, como quis o bispo James Ussher, primaz protestante da Irlanda, do dia 23 de outubro daquele ano? Só podiam pertencer a homens gigantes, portanto decaímos em tamanho e em duração de vida.

A novidade setecentista então é não só que o sentido da História deixa de ser preocupação excepcional, como seria na Idade Média, como também ele se torna *positivo*. Isto vai associado ao conhecimento. Não é fortuito que o século XVIII seja o único cujos estudiosos são, também, seus fãs. Alguém pode imaginar uma sociedade de estudiosos *e fãs* da Idade Média, isto é, admiradores não apenas de sua cultura como, ainda, de sua crueldade? Mas, se o século XVIII figura como o único a ter um fã-clube imenso, é porque é o tempo das Luzes. O conhecimento ilumina, melhora. As pranchas da *Encyclopédie* revelam os segredos da fabricação de inúmeros produtos. Seus verbetes fazem pensar. Os preconceitos, que Descartes já criticava, ainda que bem pouco, se tornam alvo direto dessa enorme expansão do saber.

O avanço no conhecimento implica uma melhora na ação. Montesquieu ataca a escravidão, no *Espírito das Leis*, outros filósofos também. Que contraste com Locke, que menos de um século antes não apenas a justificava, no *Segundo Tratado do Governo*, como também legislava sobre ela, nas *Constituições para a Carolina*. As luzes não são mera contemplação, elas iluminam igualmente a vida ativa. Ao termo desse século estão as Revoluções americana e francesa; não por acaso, esta última se abre para o mundo com uma declaração dos direitos que não se confina a seus cidadãos, mas pretende validade universal. (Isso, embora tentar estender os direitos às mulheres custe a vida a Olympe de Gouges, em 1793.)

Os tempos que se seguem parecem dar razão ao otimismo progressista. Já tinham, os ocidentais pelo menos, formado o que hoje chamamos Estado de direito; quando o progresso se torna um ideal, uma forma de ler o mundo, vai-se estabelecendo a democracia, o Estado *democrático* de direito. Contudo, sobrevêm então os totalitarismos — não apenas os fascistas, mas também os comunistas. Fica difícil entender tão grande recuo.

Além do mais, o progressismo tem um forte elemento ocidental. Descreve um processo cujo eixo está no Ocidente. Outras partes no mundo só entram nele como acessórias. Daí que, no limite, possa justificar os empreendimentos colonialistas. Em favor da ocupação da África Central, ao longo do século XIX, alegou-se a necessidade de abolir a escravatura e outras práticas odiosas. Os europeus assumiam a missão de civilizar culturas atrasadas. Ora, essa doutrina tinha pouco amparo nos fatos. O massacre de milhões de congoleses pelo rei Leopoldo, da Bélgica, diz muito mais sobre o colonialismo europeu do que seu elogio por Kipling.

Finalmente, ocorre nas últimas décadas uma clara mudança na compreensão dos direitos humanos, que seriam uma grande contribuição ocidental, iluminista, à humanidade. Sabe-se, por exemplo, que algumas tribos indígenas praticam o infanticídio, por exemplo, contra bebês albinos ou gêmeos, e isso nos causa horror. Contudo, é difícil utilizar essa prática odiosa como sinal de nossa superioridade sobre elas, porque em outros pontos — solidariedade entre os membros, relação com a natureza — o mesmo grupo cultural pode sair-se, digamos, melhor do que nós. Ou seja, se houver uma valorização universal dos direitos humanos, ela jamais poderá representar a supremacia da cultura branca — sequer a iluminista — sobre as demais culturas.

Assim, podemos manter o que antes dissemos sobre uma tendência, que começa no Ocidente renascentista, de construir sociedades políticas melhores, respeitosas do Direito e, depois, dos direitos, inclusive os sociais?

***

Proponho que sim. Para tanto, precisamos de uma definição mais precisa do que é esse progresso que apontamos na aventura humana dos últimos séculos. Definir não significará, aqui, explicar, justificar, menos ainda legitimar: será, apenas, descrever, delimitar. Digamos, primeiro, que não cabe ideia de progresso nas artes, na literatura, talvez na cultura em geral, nem na filosofia. Mas digamos que o progresso a que nos referimos significa uma crescente aceitação do outro em nossas vidas. Ele é uma abertura.

Jorge Luis Borges, sem falar em direitos humanos nem em progresso, inspira-nos a entender uma mudança radical na experiência humana, que ele data, "digamos, de 1225". O episódio está narrado em seu ensaio significativamente intitulado "O pudor na história".[5] Borges começa criticando a tendência, que ele data do relato que Goethe faz da batalha de Valmy, a dizer que certos momentos marcam "jornadas históricas", de que zomba associando-as a regimes totalitários e também à dramaturgia hollywoodiana ("os filmes de Cecil B. de Mille..."). Essa batalha, sabe-se, marca o advento dos exércitos e dos regimes de massas, substituindo as grandes monarquias, bem como as narrativas que têm, por protagonistas, os reis, os grandes homens. Pode ser que Borges, conservador, não apreciasse muito uma narrativa que coloque os povos no foco. Mas também pode ser, simplesmente, que, homem das letras talvez como nenhum outro, ele preferisse o que vai dizer a seguir, isto é, dois *escritos*, narrativas não no sentido que a palavra tem adquirido estes anos, mas narrativas como atos de narrar, de contar histórias.

As grandes jornadas históricas, pensa ele, são mais discretas. Uma terá sido a introdução de um segundo ator na cena do teatro, por Ésquilo. "Com o segundo ator entraram o diálogo e as indefinidas possibilidades de reação dos personagens uns sobre os outros." Já o episódio de 1225 é, não um acontecimento, mas uma narração escrita ("digamos") naquele ano. O polígrafo islandês Snurri Sturluson narra o momento — século e meio antes — em que o rei inglês Harold oferece a seu irmão traidor Tostig o perdão e uma terça parte do reino, desde que se separe do rei norueguês invasor Harald Sigurdarson, seu aliado.

5. Este ensaio forma parte do livro *Outras inquisições*. Cito-o aqui a partir da *Antologia Pessoal*, de Borges. São Paulo: Companhia das Letras, 2007.

Tostig recusa; ele e o rei invasor morrem na batalha que se segue. Mas o que chama a atenção de Borges não são as palavras trocadas entre Harold e o irmão, e sim o fato de que a história seja contada por um homem do sangue dos vencidos, que nem por isso deixa de registrar sua admiração pelo inimigo.[6]

Este, o ponto: a "jornada histórica", que esteve presente em 1225 e em vários outros momentos do passado, mas ainda não se firmou de vez, a "data profética de algo que ainda está no futuro", é a do "esquecimento de sangues e nações, a solidariedade ao gênero humano".

Penso que este é o vetor de progresso que podemos sugerir — ou desejar, ou nos esforçar por atingir — no conhecimento da história nos últimos séculos e na ação pelo futuro que, mesmo em pequena parte, cabe a cada um de nós realizar. Em primeiro lugar, a transformação do teatro, que era um culto dirigido por um único ator, o *hipócrita*, acompanhado de doze membros do coro, em cena compartilhada por dois atores, o que abre espaço para a troca de palavras, razões ("diálogo") e atos com o outro. E, em segundo lugar, o respeito a esse antagonista que, mesmo inimigo, mesmo em guerra, merece nossa admiração. Talvez por isso, embora Borges — como Goethe

6. Disse que Borges apreciava o discreto; faz parte de sua discrição que ele não mencione que esse mesmo rei inglês, Harold, morresse poucos meses depois, vencido pelas hostes do conquistador normando, Guilherme. O encontro dos dois reis Haroldos e do conde Tostig se deu em 1066; Harold venceu seus inimigos no dia 25 de setembro (para morrer, derrotado pelo duque da Normandia, em 14 de outubro); mas Borges prefere nos contar o *relato*, escrito um século e meio depois, não o acontecimento no estado, digamos, mais bruto.

— procure seus exemplos em guerras; essas guerras a seu ver permitem esquecer os sangues, o que podemos entender não apenas como metáfora para linhagens, mas também como o sangue que se derrama na luta. Na verdade, estou acentuando um, de dois aspectos que há em Borges; sua escolha pelo advento do antagonista como a primeira grande jornada histórica é bem nietzschiana; Borges, como vemos em muitos contos seus protagonizados por *gauchos*, admirava o conflito armado, elogiava o que Nietzsche exaltava como sendo o *agon*. Seus valores têm muito do aristocrata, do guerreiro. Mas penso que podemos ler esta passagem *pacificando-a*, fazendo a admiração pelo outro prevalecer sobre a vontade de destruí-lo. Afinal, o que ele louva não é o encontro real entre os reis Haroldos e o conde Tostig e sim o relato, bem posterior, todos eles já mortos. A escrita é uma forma de substituir as armas pela pena, o sangue pela tinta. Faz sentido dizer que os últimos oitocentos anos tenham sido marcados por um gradual crescimento do aprendizado com o diferente, com o antagonista tornado amigo, com o outro. O que por sinal Borges afirma, ao concluir proclamando a solidariedade com o gênero humano. O mural de Portinari, celebrando a paz no prédio das Nações Unidas, pode simbolizar esta esperança numa vitória dos valores humanos.

Janeiro de 2019

As colaboradoras e os colaboradores

Arjun Appadurai nasceu em Mumbai, em 1949. É professor da cátedra Goddard de Mídia, Cultura e Comunicação na Universidade de Nova York e, atualmente, professor visitante no Instituto para Etnologia Europeia da Universidade Humboldt, em Berlim. Sua última publicação individual foi o livro *Banking on Words: The Failure of Language in the Age of Derivative Finance* (Chicago: The University of Chicago Press, 2015).

Zygmunt Bauman nasceu em Poznań, Polônia, em 1925, e faleceu em Leeds, Inglaterra, em 2017. Foi professor, por último, na Universidade de Leeds. Recebeu numerosas condecorações, entre elas o Prêmio Theodor-W.-Adorno da cidade de Frankfurt (1998) e o Prêmio Príncipe das Astúrias (2013). *Retrotopia*, o último livro que escreveu, foi publicado em 2017 pela Zahar.

Donatella della Porta nasceu em Catania, Itália, em 1956. É professora de ciência política e diretora do Centre on Social Movement Studies na Scuola Normale Superiore em Florença, onde também coordena o programa de doutorado em ciência política e sociologia. Entre suas publicações mais recentes estão *Legacies and Memories in Movements* (Oxford: Oxford University Press, 2018) e *Sessantotto. Passato e presente dell'anno ribelle* (Milão: Feltrinelli, 2018).

Nancy Fraser nasceu em Baltimore, em 1947. É professora de ciência política, ciências sociais e filosofia na New School, em Nova York. Entre seus trabalhos recentes destacam-se *Fortunes of Feminism: From State-Managed Capitalism to Neoliberal Crisis* (Londres/Nova York: Verso, 2013) e o manifesto *Feminismo para os 99%*, junto de Cinzia Arruzza e Tithi Bhattacharya (São Paulo: Boitempo, 2019).

Heinrich Geiselberger nasceu em Waiblingen, Alemanha, em 1977. Trabalha desde 2006 como editor na editora Suhrkamp.

Eva Illouz nasceu em Fès, Marrocos, em 1961. É professora de sociologia na Universidade Hebraica de Jerusalém. Foi professora visitante na Universidade de Princeton, na Northwestern University e na École des hautes études en sciences sociales em Paris, e escreve regularmente para o jornal israelense *Haaretz*. No Brasil, seu livro *O amor nos tempos do capitalismo* foi publicado pela Zahar em 2011.

Ivan Krastev nasceu em Lukovit, Bulgária, em 1965. É presidente do Centro de Estratégias Liberais em Sófia e *permanent fellow* no Instituto de Ciências Humanas, em Viena. Desde 2015, escreve regularmente análises para a edição internacional do *New York Times*. Publicou em 2017, pela coleção Edition Suhrkamp, o livro *Europadämmerung* (em inglês, *After Europe* [Philadelphia: University of Pennsylvania Press, 2017]).

Bruno Latour nasceu em Beaune, França, em 1947. É professor do Instituto de Estudos Políticos de Paris (Sciences

Po.). Recebeu numerosas condecorações, entre elas o Prêmio Holberg, em 2013, e o título de correspondente da British Academy em 2018. Sua publicação mais recente no Brasil é *Políticas da natureza* (São Paulo: Unesp, 2019).

Paul Mason nasceu em Leigh, Inglaterra, em 1960. É autor e jornalista de televisão várias vezes premiado, conhecido por seu trabalho para a BBC e o Channel 4 News, e escreve regularmente para o *Guardian*. Sua obra recente *Pós-Capitalismo* saiu pela Companhia das Letras em 2017.

Pankaj Mishra nasceu em Jhansi, Índia, em 1969. É ensaísta, crítico literário e escritor. Trabalha para o *New York Times*, a *New York Review of Books* e o *Guardian*, entre outros. Em 2014, foi condecorado com o Prêmio do Livro de Leipzig para o Entendimento dos Povos Europeus. Seu livro *Age of Anger: A History of the Present* (Nova York: Farrar, Straus, and Giroux, 2017) foi amplamente celebrado pela crítica.

Robert Misik nasceu em Viena, em 1966. É jornalista e autor de textos políticos. Escreve para *Die Tageszeitung*, *Falter* e *Profil*, entre outros, e mantém o videoblog "FS Misik" no site do diário *Der Standard*. Em 2009, recebeu o Prêmio do Estado Austríaco de Jornalismo Cultural. Entre suas publicações recentes destaca-se *Herrschaft der Niedertracht: Warum wir so nicht regiert werden wollen!* (Viena: Picus Verlag, 2019).

Oliver Nachtwey nasceu em Unna, Alemanha, em 1975. É sociólogo na Universidade Técnica de Darmstadt e pesquisa nas áreas de trabalho, desigualdade, protesto e democracia. Escreve regularmente para diversos diários e semanários, assim como para portais. Publicou, em 2018, o premiado *Germany's Hidden Crisis: Social Decline in the Heart of Europe* (Londres/Nova York: Verso).

César Rendueles nasceu em Girona, Espanha, em 1975. Leciona sociologia na Universidad Complutense de Madri. A Edições Sesc São Paulo publicou, em 2016, *Sociofobia: mudança política na era da utopia digital*.

Wolfgang Streeck nasceu em Lengerich, Alemanha, em 1946. É sociólogo. Entre 1995 e 2014, foi diretor do Instituto Max-Planck de Pesquisa Social, em Colônia. Suas áreas de pesquisa são economia política comparada e teorias de transformação institucional. Escreve regularmente para a *New Left Review*. No Brasil, colabora com a revista *Piauí* e publicou *Tempo comprado* (São Paulo: Boitempo, 2018).

David Van Reybrouck nasceu em Bruges, Bélgica, em 1971. É escritor, dramaturgo, jornalista, arqueólogo e historiador. Em 2011, fundou na Bélgica, Holanda e Espanha a iniciativa G1000, dedicada às inovações democráticas. *Kongo. Eine Geschichte* recebeu diversas honrarias, entre elas o prêmio cultural de não ficção da NDR. Seu único livro publicado no Brasil é *Contra as eleições* (Editora Âyiné, 2017).

Slavoj Žižek nasceu em Liubliana, Eslovênia, em 1949. Leciona na European Graduate School, no Birkbeck

College da University of London e no Instituto de Sociologia da Universidade de Liubliana. No Brasil, algumas de suas últimas obras publicadas foram *Acontecimento: uma viagem filosófica através de um conceito* (Rio de Janeiro: Zahar, 2017) e *O sujeito incômodo: o centro ausente da ontologia política* (São Paulo: Boitempo, 2016).

Renato Janine Ribeiro nasceu em Araçatuba (SP), em 1949. É professor titular de ética e filosofia política na Universidade de São Paulo (USP), na qual se doutorou após defender mestrado na Universidade de Paris I (Pantheon-Sorbonne), França. Tem se dedicado à análise de temas como o caráter teatral da representação política, a ideia de revolução, a democracia, a república e a cultura política brasileira. Entre suas obras destacam-se *A sociedade contra o social: o alto custo da vida pública no Brasil* (2000, Prêmio Jabuti de 2001) e *A boa política: ensaios sobre a democracia na era da internet* (2017), ambos pela Companhia das Letras, e *A pátria educadora em colapso* (São Paulo: Três Estrelas, 2018).

Fontes

Uma versão mais curta do texto original em inglês de Nancy Fraser foi publicada em 2 de janeiro de 2017, sob o título "The End of Progressive Neoliberalism", no site da revista *Dissent*: <https://www.dissentmagazine.org/online_articles/progressive-neoliberalism-reactionary-populism-nancy-fraser>. Acesso em janeiro de 2017. Uma tradução em alemão, impressa nesta coletânea numa versão mais longa, foi publicada nas *Blätter für deutsche und internationale Politik* (2/2017, p. 71-76).

O texto de Pankaj Mishra foi publicado em 8 de dezembro de 2016, em inglês, sob o título "Welcome to the Age of Anger", no site do *Guardian*: <https://www.theguardian.com/politics/2016/dec/08/welcome-age anger-brexit-trump>. Acesso em janeiro de 2017.

A carta aberta de David Van Reybrouck para Jean-Claude Juncker foi publicada originalmente em novembro de 2016, em muitos meios de comunicação europeus. A versão alemã foi impressa em *Der Spiegel* (47/2016). Para este livro, o autor atualizou e ampliou consideravelmente o texto.

ESTE LIVRO FOI COMPOSTO EM ADOBE GARAMOND
PRO 12 POR 14,5 E IMPRESSO SOBRE PAPEL AVENA
90 g/m² NAS OFICINAS DA RETTEC ARTES GRÁFICAS
E EDITORA, SÃO PAULO – SP, EM AGOSTO DE 2019